新时代

中华优秀传统文化的传承与发展

钱 莹 钱青青 ◎ 著

吉林大学出版社
·长春·

图书在版编目（CIP）数据

新时代中华优秀传统文化的传承与发展 / 钱莹，钱青青著 . —长春：吉林大学出版社，2023.11
ISBN 978-7-5768-2765-1

Ⅰ.①新… Ⅱ.①钱… ②钱… Ⅲ.①中华文化 – 研究 Ⅳ.① K203

中国国家版本馆 CIP 数据核字（2023）第 242317 号

书　　名	新时代中华优秀传统文化的传承与发展
	XINSHIDAI ZHONGHUA YOUXIU CHUANTONG WENHUA DE CHUANCHENG YU FAZHAN
作　　者	钱　莹　钱青青　著
策划编辑	黄国彬
责任编辑	闫竞文
责任校对	张　驰
装帧设计	繁华似锦
出版发行	吉林大学出版社
社　　址	长春市人民大街 4059 号
邮政编码	130021
发行电话	0431-89580028/29/21
网　　址	http://www.jlup.com.cn
电子邮箱	jdcbs@jlu.edu.cn
印　　刷	三河市腾飞印务有限公司
开　　本	787mm×1092mm　　1/16
印　　张	14
字　　数	228 千字
版　　次	2023 年 11 月　第 1 版
印　　次	2024 年 1 月　第 1 次
书　　号	ISBN 978-7-5768-2765-1
定　　价	78.00 元

版权所有　翻印必究

前　言

　　文化是民族的血脉，是人民的精神家园。中华优秀传统文化是中华民族的"根"和"魂"，是中华民族最基本的文化基因，是我们最深厚的文化软实力。中华优秀传统文化是中华民族的突出优势，中华民族伟大复兴需要以中华文化发展繁荣为条件，必须结合新时代的历史方位传承和弘扬好中华优秀传统文化。因此，本书从中国梦的视域下探讨中华优秀传统文化的传承与创新，从优秀传统文化中汲取实现中华民族伟大复兴的精神力量。

　　立足于建设中华民族现代文明，从中华优秀传统文化与实现中华民族伟大复兴中国梦双向互动的辩证关系出发探讨中华优秀传统文化的传承与创新问题，具有重要理论价值和现实意义。

　　从理论上看，这一研究有助于我们对中华优秀传统文化形成一个完整、系统的概念，有助于深化对中华优秀传统文化知识体系、基本精神及其价值功能的认识。中华民族伟大复兴中国梦的提出植根于优秀的中华文化当中，本书以探讨二者之间的渊源关系入手，深入研究中华文化与中国梦的内在关联性，帮助我们进一步深刻理解中国梦的核心内涵。在实现中华民族伟大复兴中国梦的伟大进程中，弘扬中华优秀传统文化，不断推进优秀传统文化与社会主义先进文化的互动融合，有助于对中华传统文化中的优秀文化遗产进行理论创新和时代转换，从而使优秀传统文化在继承中得到繁荣发展。

从实践上看，通过对中华传统文化的挖掘整理和科学扬弃，有助于更好延续中华民族的精神血脉，始终保持中华文化的独立品格和鲜明特性，以时代精神激活中华优秀传统文化的生命力，不断推进中华优秀传统文化创造性转化和创新性发展，对于当前中国特色社会主义文化建设具有重大意义。对于建设中华民族现代文明，树立良好的国家形象，提升中华文化软实力，推动中华文化走向世界具有重要现实意义。亦有助于凝聚民族智慧和力量，在世界文化激荡中站稳脚跟。

本书从现代化视角解读中华优秀传统文化的重要意义，阐述新时代背景下中华优秀传统文化传承的主要内容、基本原则，以及中华优秀传统文化在当代传承和创新性发展重大意义、现实背景、主要问题、推动策略和战略举措，等筹推进"五位一体"总体布局和协调推进"四个全面"战略布局，实现"构建人类命运共同体"奋斗目标，实现中华民族伟大复兴的中国梦全局中的巨大价值与意义。

本书主要采用文献研究法和比较研究法，在本书撰写过程中查找、阅读、整理、借鉴了大量文献来获得资料，在此对深入研究传统文化传承与发展的诸位学者表示衷心的敬佩和感谢。囿于学识，书中难免存在疏漏之处，万望诸位专家、学者不吝指正。

编　者
2023 年 7 月

目 录

第一章　中华优秀传统文化的现代阐释 ··················· **1**
　第一节　文化及其辩证分析 ······························ 3
　第二节　中华优秀传统文化的主要贡献 ··················· 13
　第三节　中华优秀传统文化传承的主要内容 ··············· 44
　第四节　中华优秀传统文化传承的基本原则 ··············· 69

第二章　中华优秀传统文化传承与创新的重大意义 ······ **89**
　第一节　增强文化自信的深厚文化根基 ··················· 91
　第二节　提升人民群众文化素养的丰厚文化滋养 ··········· 94
　第三节　增强国家文化软实力的丰富文化资源 ············· 97
　第四节　推进国家治理体系和治理能力现代化的有益文化借鉴 ··· 99
　第五节　推动世界和平发展的宝贵文化智慧 ·············· 102

第三章　中华优秀传统文化传承与创新的现实背景与主要问题 ··· **105**
　第一节　中华优秀传统文化传承与创新的现实背景 ········ 107
　第二节　中华优秀传统文化传承与创新中存在的主要问题 ···· 114
　第三节　中华优秀传统文化创新发展的现实意义 ·········· 116

第四章　中华优秀传统文化创新发展的推动策略 ······· **127**
　第一节　加强中华优秀传统文化创新发展的顶层设计 ······ 129
　第二节　促进中华优秀传统文化创新发展的增量式实现 ···· 133
　第三节　建立健全中华优秀传统文化创新发展的制度保障 ···· 138
　第四节　优化完善中华优秀传统文化创新发展的环境支持 ···· 147

第五章　中华优秀传统文化传承与创新的战略举措·····157
第一节　中华优秀传统文化传承与创新的方向指引·····159
第二节　加强中华优秀传统文化的保护性开发与创造性转化·····160
第三节　中华优秀传统文化的多元化传播路径·····163
第四节　中华优秀传统文化教育的多样化主体·····164
第五节　中华优秀传统文化的创新型文化业态·····166

第六章　新时代中华优秀传统文化传承与创新发展的生动实践·····169
第一节　中华优秀传统文化在"五位一体"总体布局中的传承和创新发展·····171
第二节　中华优秀传统文化在"四个全面"战略布局中的传承和创新发展·····185
第三节　中华优秀传统文化在"五大发展理念"中的传承和创新发展·····193
第四节　中华优秀传统文化在"构建人类命运共同体"中的传承和创新发展·····202

参考文献·····211

第一章

中华优秀传统文化的现代阐释

- 第一节　文化及其辩证分析
- 第二节　中华优秀传统文化的主要贡献
- 第三节　中华优秀传统文化传承的主要内容
- 第四节　中华优秀传统文化传承的基本原则

黄河流域是人类文化发源地之一，孕育了古老的华夏文明，揭开了早期人类文明的曙光。随着人类的发展，逐渐出现了种群、部落，形成了最早的国家形态。"吾闻中国之君子，明乎礼义而陋于知人心。"说明早在春秋战国时期，"中国"就已经是被人普遍所知的概念。"中华"一词是从"中国"和"华夏"两个概念而来，"中"意为天下四方之中；"华"的原意是灿烂辉煌的，这里用来比喻文化的昌盛。此后，"中华"的概念逐渐深入人心，并逐渐发展成为人们广泛认同的文化概念和地理概念。如王元亮在《唐律疏议释文》中言："中华者，中国也。亲被王教，自属中国。衣冠威仪，习俗孝悌，居身礼仪，故谓之中华。"孙中山先生在创立同盟会时曾发出"驱除鞑虏，恢复中华"的号召。在中华民族发展的漫长历史过程中，生活在这片土地上的人民通过自己的勤劳与智慧、勇敢与不屈的精神，创建了多民族和谐共处、统一相生的美好家园，孕育了历久弥新、底蕴深厚的优秀文化。辉煌灿烂的中华传统文化是先辈们留给子孙后代的珍贵遗产，也对整个人类社会文明和文化的发展做出了伟大的贡献。这份宝贵的文化遗产具鲜明的积累性、历史性、时代性和创造性，是我们今天社会主义现代化发展和实现中华民族伟大复兴中国梦的实现的历史依据和现实思想基础。

第一节 文化及其辩证分析

一、"文化"范畴的界定

文化是什么？"文"的原意是物体表面的纹理，后来引申为文字、语言等符号象征以及制度典章等；"化"的原意是生成、改变。早在战国时期《易传》中就有将"文"和"化"联用的先例。到了汉代正式出现"文化"一词，"文化不改，然后加诛"，意思是圣人要先以文德教化天下，若不可行方可用武力征服天下，可见，这时人们已经将"文化"与"野蛮"对立起来，代表人类的教化和发展装填。

近代时期，国内外学者对"文化"一词的看法更加多元化。张岱年认为文化是"人类改造自然环境同时亦变易人性之成就，"①"文化是人类处理人和世界关系中所采取的精神活动与实践活动的方式及其所创造出来的物质和精神成果的总和，是活动方式与活动成果的辩证统一。"②因此，文化也可以称为"文明""人文"。庞朴则从系统和结构上剖析文化的概念，认为文化是由物质的、理论与制度的、心理的三个层次构成的整体。③马克思（Karl Heinrich Marx）认为，广义的文化是人类在改造自然、自身和社会过程中创作的一切成果，"环境的改变和人的活动的一致，只能被看作并合理地理解为变革的实践。"④

从狭义上来看，文化是相对于政治、经济而言的概念，反映的是社会政治、经济在思想、观念上的形态。张岱年认为，文化是"一个包含多层次、多方面内容的统一的体系"，⑤它包括哲学、文学、教育、艺术、风俗、宗教、科学等。泰勒（Edward Teller）认为，文化是"作为社会成员的人所掌握和接受的任何其他的才能和习惯的复合体"，⑥包括哲学、文学、教育、艺术、信仰、科学、宗教等在内的复杂的思想体系，它的核心是人的思维方式和价值观念。

本文是在广义的文化背景下探讨狭义的文化，尤其是思想文化，一方面探讨文化的静态结构，另一方面分析文化的动态演变。换句话来说，本书旨在探讨中华优秀传统文化在实现社会主义现代化和中华民族伟大复兴的历史进程中的良好传承和创造性发展。

二、文化的系统完整性与要素可分性

从上述文化的涵义可知，文化是一个多层面的、复杂的体系。要探究文化问题，就要坚持科学的方法论，正确理解"文化"体系中的基本矛盾，理解文

---

① 张岱年. 张岱年全集：第1卷 [M]. 石家庄：河北人民出版社. 1996：340.
② 张岱年. 张岱年全集：第1卷 [M]. 石家庄：河北人民出版社. 1996：112.
③ 庞朴. 文化结构与近代中国 [J]. 中国社会科学. 1986（5）.
④ 中共中央马克思恩格斯列宁斯大林著作编译局. 马克思恩格斯文集：第1卷 [M]. 北京：人民出版社，2009：504.
⑤ 张岱年. 张岱年全集：第6卷 [M]. 石家庄：河北人民出版社. 1996：130.
⑥ 爱德华·泰勒. 原始文化 [M]. 连树声，译. 桂林：广西师范大学出版社，2005：1.

化中各要素之间的关系，以及各要素与整个文化体系之间的关系。

陈序经受泰勒（Edward Teller）思想观念的影响，认为文化是一种"文化丛杂"，是"人类适应各种自然现象或自然环境而努力于利用这些自然现象或自然环境的结果"或"人类适应时境以满足其生活的努力的结果"。[①] 从"文化的特性的重心"来看，文化包括伦理、宗教、政治、经济四个方面，这四个方面是"文化的要素或原素"或"文化的特质与单位"。[②] 但陈序经又认为，这四个方面本身是"假定的、相对的、主观的"，并不是"一种完全可以单独存在的单位"。既然文化是一种"文化丛杂"，那么，文化的要素或特质也是一种复杂的丛体，而"丛杂"最显著的特点就是不可分割性。因此，陈序经认为"文化一方面的波动，往往会影响到文化的其他方面"，[③] 如宗教与政治、经济、社会道德之间都存在复杂的、相互交错的关系，因此，"文化本身是一个丛杂，是不能分开。分开是为着研究的便利起见，分开既没有一个准确的界线，分开是表面是工作，而非实体的本身"。[④] 换言之，因为各文化要素之间存在直接的、间接的、相辅相成的、此消彼长的复杂的关系，所以文化的特质只是我们在研究文化过程中的"假定"，而"在文化本身，并没有这么的一回事。其实文化是完全的整个，没能分解的"。[⑤] 正因如此，不同文化之间的差异其实就是不同"文化的特性的重心"的差异，不同文化之间的交流、碰撞的结果就不能是一种文化择取其他文化中的某个要素或特质，而只能"全盘地、彻底地转变为另一种文化"。

陈序经通过对"文化丛杂"及"文化特质"的深入探讨，为我们展示了文化体系内部各要素之间的复杂交错的关系，如他对北方文化与南方文化、文化中心与文化边缘等问题的探讨都十分引人深思。然而，陈序经过分强调各文化要素或特性之间的关系，执着于文化本身"不可分割"的特性，而没有看到文化发展、变化变迁过程中文化本身的内在规律，因而也就无法触及文化发展的自觉性。

[①] 陈序经. 文化学概观［M］. 长沙：岳麓书社版社, 2010：32.
[②] 陈序经. 文化学概观［M］. 长沙：岳麓书社版社, 2010：295.
[③] 陈序经. 文化学概观［M］. 长沙：岳麓书社版社, 2010：305.
[④] 陈序经. 文化学概观［M］. 长沙：岳麓书社版社, 2010：299.
[⑤] 陈序经. 中国文化之出路［M］// 罗荣渠. 从"西化"到现代化（中册）. 合肥：黄山书社. 2008：384.

毛泽东、张岱年等人受马克思主义思想影响，认为文化系统是具有可分性和综合性的。他们从新文化运动的经验教训中意识到"五四运动本身也是有缺点的。那时的许多领导人物，还没有马克思主义的批判精神，他们使用的方法，一般地还是资产阶级的方法，即形式主义的方法。……所谓坏就是绝对的坏，一切皆坏；所谓好就是绝对的好，一切皆好"，因此，倡导运用马克思主义思想对民族文化遗产进行批判性总结，"剔除其封建性的糟粕，吸收其民主性的精华"，[1]继承其中的思想精华，并将"这些遗产变成自己的东西"。[2]此后，他们还提出要"接受外国的长处，会使我们自己的东西有一个跃进"，但这种接受并不是全盘细化，而是"有机地结合，而不是套用外国的东西"。[3]只有将西方文化中的"民主性的精华"本土化、中国化，才能使其在中国社会和文化的基础上真正发挥作用，实现中国文化与西方文化各自优长之间的有机结合，才能真正"创造中国独特的新东西"。[4]这里我们可以看出，中外文化"有机结合"的基本前提是承认文化系统的可分性与重组性。

张岱年认为，不仅"同一文化系统或不同的文化系统所包含的文化要素之间有相容与不相容的关系。有些不同的文化要素，虽然似乎相反，实际上却是相辅相成、相互补充。如果仅取其一个而排斥另一个，就会陷于偏失，引起不良的后果"，[5]并且，"不同的文化系统包含一些共同的文化要素，也各自包含一些不同的文化要素。前者表现了文化的普遍性，后者表现了文化的特殊性"。[6]可见，任何文化系统都具有可分性或可析取性，任何文化的系统都是由多种要素、成分或单元构成的，各要素之间及存在必然联系，也存在非必然联系，既相容也不相容。例如，只有在学术自由、思想独立且开放的环境下才能催生科学创新；传统思想中的"三纲五常"只有在封建思想体系的土壤中才能生存；等级观念与平等思想、专制与民族、迷信与科学是相互对立的。洋务运动以"中学为体，西学为用"为指导思想，其根本错误就在于试图将封建伦理纲常与近代科学技术相结合，因此被严复讥讽为"牛体马用"；而社会主义

---

[1] 毛泽东. 毛泽东选集：第2卷[M]. 北京：人民出版社，1991：708.
[2] 毛泽东. 毛泽东选集：第3卷[M]. 北京：人民出版社，1991：191.
[3] 毛泽东. 毛泽东选集：第7卷[M]. 北京：人民出版社，1991：82.
[4] 毛泽东. 毛泽东选集：第7卷[M]. 北京：人民出版社，1991：82-83.
[5] 张岱年. 张岱年全集：第6卷[M]. 石家庄：河北人民出版社，1996：44.
[6] 张岱年. 张岱年全集：第6卷[M]. 石家庄：河北人民出版社，1996：44.

基本制度与市场经济、法律制度、道德观念等都是可以相容的。任何文化的内部都存在矛盾或对立，任何民族的文化中都包含进步的文化和腐旧的文化，优秀的传统文化和鄙陋的传统。又如，哲学体系之中包含的概念、范畴、命题等理论环节都是有"见"亦有"蔽"，如马克思、恩格斯发现了黑格尔哲学系统与其方法的矛盾，在批判其哲学系统的同时却剥取了黑格尔辩证法的合理内核。[1]

总而言之，每个文化都是包含多种要素的复杂的体系，并且文化的各要素之间存在复杂的关系，有些要素是相辅相成的、密不可分的，有些要素是彼此对立、相互矛盾的，"一切符合客观实际的正确思想必然能够脱离其原来的系统而独立存在；一切适合社会发展需要的文化成果也必然是并行不悖、彼此相容的"，[2]正因如此，文化的继承与创新才有据可依。从文化系统的层面来看，文化发展的本质就是文化各要素的推陈出新、有目的的选择与舍弃的过程，即"文化系统的新陈代谢"。这种新陈代谢势必会产生文化要素的增减，"但根本改造的途径在于旧系统结构的解构和新形态结构的重构"。[3] 如今，我们将马克思主义理论与中华优秀传统文化有机结合，致力于创造能够超越资本主义文化的、具有更高水平中国特色社会主义新文化。在这个过程中，我们不仅要避免固执于文化的整体性和不可分割性，出现"全盘西化"片面思想，也要避免错误理解了文化的可分割性而忽视了文化的系统性的思想偏颇。就像张岱年提出的"既肯定了文化的整体性，又肯定了文化的可分性，克服了东方文化派和全盘西化派的笼统的思维方式"，[4]这种观点和方法对现今的文化研究仍然具有重要启发。

三、文化的历史连续性与时代变革性

纵观文化的发展历程，可以发现文化的发展具有明显的连续性与变革性、累积性与创新性相统一的特点。文化的连续性表现在文化发展的方向从总体上看是稳定的、一贯性的，文化成果具有累积性。文化变革性的表现相对较为复

---

[1] 杜运辉. 张岱年文化哲学研究 [M]. 北京：中国社会科学出版社，2014：65.
[2] 张岱年. 张岱年全集：第6卷 [M]. 石家庄：河北人民出版社，1996：47.
[3] 张岱年，程宜山. 中国文化论争 [M]. 北京：中国人民大学出版社，2006：327.
[4] 刘静芳. 文化的综合创造何以可能——张岱年"综合创造"的文化观研究 [J]. 哲学动态，2006（7）.

杂,一方面表现在文化既可以从低级的形态向高级的形态发展,也能因为发展过程中文化的断裂从高级水平掉落低级的水平,可见,文化的变革是飞跃、降级、歪曲、消亡并存的。从整体上看,文化发展历程是"变"中有"常",由低级到高级的曲折历程。①

张岱年认为,要促进社会主义文化的发展势必要"否定资本主义文化",但他认为"资本主义文化亦非无所取",而是要有"对于资本主义文化之有价值的文化遗产,是要选择地承受的。"②换言之,要促进社会主义文化的发展,就要"吸收和改造了两千多年来人类思想和文化发展中一切有价值的东西"。③新文化不仅要继承前面文化的优良成果,还要避免机械化的生搬硬套,如"中体西用"的观点,就是以中国封建伦理纲常为文化主体,用西方现今科学技术武装自己,维护封建伦理制度的保守主义思想。近代西方资本主义制度倡导的"平等""自由"等观念是在其特殊的社会、文化、历史背景下形成的,具有特定内涵,维护的是资产阶级的利益,因此不能全盘照搬使用。

列宁认为,要建设属于社会主义社会的文化,首先应当"确切地了解人类全部发展过程所创造的文化",在此基础上对这些"文化加以改造,才能建设无产阶级的文化……无产阶级文化应当是人类在资本主义社会、地主社会和官僚社会压迫下创造出来的全部知识合乎规律的发展。"④新民主主义革命时期,我国一些思想家、革命家受到马克思主义思想影响,批判性继承中华传统文化,同时对西方文化进行甄别、创新,择取二者当中符合当时中国社会实际、顺应时代发展的部分,探索出了一条中国新文化发展的道路。在当时的社会背景下,中国新文化的发展需要一个从新民主主义文化过渡到社会主义文化的过程,⑤坚持批判、改造、继承、创新的文化发展基本环节和规律,建设一个具有民族性、科学性、大众化的新民主主义文化。民族性是指以中华民族为本位,以中华传统文化为基础,将西方文化和马克思主义思想民族化,并与

---

① 杜运辉. 张岱年文化哲学研究[M]. 北京:中国社会科学出版社,2014:70.
② 张岱年. 张岱年全集:第1卷[M]. 石家庄:河北人民出版社,1996:250.
③ 中共中央马克思恩格斯列宁斯大林著作编译局. 列宁专题文集:论社会主义[M]. 北京:人民出版社,2009:167.
④ 中共中央马克思恩格斯列宁斯大林著作编译局. 列宁专题文集:论无产阶级正当[M]. 北京:人民出版社,2009:281.
⑤ 毛泽东. 毛泽东选集:第2卷[M]. 北京:人民出版社,1995:706.

中华民族的特点相结合，体现出具有中华民族特色的民族形式；科学性是指坚持实事求是，摒弃封建迷信等传统文化糟粕，反对主观主义、教条主义，用唯物主义、辩证法武装人们的思想；大众化即文化的民族性，主要体现在三个方面：一是新文化的主体是广大人民群众；二是新文化在思想上、情感上应紧密贴近广大人民群众；三是新文化应使用人民群众的语言，采用大众喜闻乐见的形式，用接近大众能够广泛接受的普遍水平表达。从新文化的特点我们可以发现，它是能够反映社会发展一般规律的、体现出"中国自己的、有独特的民族风格"的文化。[1] 只有坚持人民与真理性相统一的新文化，才能帮助中华民族在巨大时代变革中找到文化自我，树立文化自信，走出一条具有民族特色的现代文明发展道路。

从生产力与生产关系的关系演变和历史递嬗的角度来看，文化体现出明显的连续性与变革性、绝对性与相对性的统一。因此，在看待文化发展的问题上，一方面要避免"固执己见"，拒绝文化的变革性；另一方面，也不能盲目追求"变"，割裂了文化的连续性。目前，我国正处于促进文化现代发展的过程中，必须要坚持科学的思想指导，避免陷入思维偏颇，科学地甄别和集成一切符合我国客观实际、适合我国国情的文化成果，创造文化发展的新境界。

四、文化的民族独创性与对外交融性

辩证唯物主义认为，矛盾的普遍性与矛盾的特殊性之间的关系实质就是矛盾的共性与矛盾的个性之间的关系。矛盾的共性存在于矛盾的所有过程之中，矛盾可以是事物也可以是运动，既可以是思想也可以是过程。同样地，文化的民族性与世界性、独创性与交融性的关系，实质是文化的特殊性与普遍性二者关系的具体表现。不承认矛盾就是不承认一切，这是一个共通的道理，既是共性也是绝对性。这种"共性，即包含于一切个性之中，无个性即无共性。假如除去一切个性，还有什么共性呢？"[2] 关于矛盾的共性与矛盾的个性的论断同样适用于文化研究。文化的发展不是对前期文化成果"毫无芥蒂"的完全继承，而要与其他文化、当前社会背景以及时代发展进行比较、对照和批判，在

---

[1] 毛泽东. 毛泽东选集：第7卷 [M]. 北京：人民出版社，1999：83.
[2] 毛泽东. 毛泽东选集：第1卷 [M]. 北京：人民出版社，1991：319-320.

吸收前者精华、赋予文化时代精神的基础上，突出中华民族的特色，使文化更符合我国国情和世界发展的要求。越是民族的就越是世界的，只有解决好民族性问题，才能更好地解决世界性问题；只有在我国做好实践总结，才能更好地为解决世界性问题提供有建议性的思路和方法，这是由特殊性到普遍性的发展规律。①

有学者认为，20世纪20年代的中国文化以静为主，主要体现出精神文明；西方文化以动为主，主要体现的是物质文明，但这一观点并不全面，是一种脱离了社会实践的抽象的观点。20世纪30年代，一些主张文化发展全盘西化的人们过分夸大文化的普遍性，没有意识到中华文化的民族性。陈序经认为，像心理基础、生物基础、地理基础等文化对象只具备人类的一般性，不具备民族的特殊性，因此，文化和民族是两个可以完全分开看待的概念，"文化的本身，是整个人类所共有共享的东西，而不是任何一个国家，任何一个民族的专有或专利品；所以说文化亡，不见得民族也随之而亡"。② 因此，一个文化被认定为低级文化，则其所有文化要素对于文化这个整体来说已经不具备存在的价值了，该文化所在的民族需要的只有完全接受一个比本文化水平更高的外来文化。一种文化，如果自身发展水平高于其他文化，其他文化就必须"模仿"它才能促进自身进步，只有在"模仿"的过程中才能有创新。陈序经所说的文化对象实际上"只是从客体的或者直观的形式去理解，而不是把它们当作人的感性活动，当作实践去理解"。③ 他希望能够通过创造一种世界主义的文化促进全人类的发展，打破狭隘的国家主义的偏见。然而，他没有看到文化的发展是以民族的生存和发展为重的，忽略了民族文化对整个文化的独特贡献，没有觉察到文化背后民族利益与阶级利益的区别、对立和冲突，这种思想偏颇导致在发展文化的过程中无法真正汲取先进文化的内在基础、创造性和主动性，只能做到从"落后文化"向所谓的"先进文化"的机械式平移。

历史唯物主义认为，文化是民族性与世界性的统一。我国近代诸多思想家都十分重视中华文化的民族主体性，认为"我们的态度是批判地接受我们自己

---

① 习近平. 在哲学社会科学工作座谈会上的讲话［N］. 人民日报. 2016-05-19.
② 陈序经. 中国文化之出路［M］// 罗荣渠. 从"西化"到现代化［M］. 合肥：黄山书社. 2008：387.
③ 中共中央马克思恩格斯列宁斯大林著作编译局. 马克思恩格斯文集：第1卷［M］. 北京：人民出版社，2009：503.

第一章　中华优秀传统文化的现代阐释

的历史遗产和外国的思想。我们既反对盲目接收任何思想也反对盲目抵制任何思想。我们中国人必须用我们自己的头脑进行思考，并决定什么东西能在我们自己的土壤里生长起来。"①对于中华文化的发展，主张运用马克思主义思想对传统文化进行批判性总结，继承其中的"民主性的精华"，使其成为适合中国自身发展的文化。②

在建设和发展中国现代文化上，毛泽东同志主张应"以中国艺术为基础，吸收一些外国的东西进行自己的创造为好"。③认为，中国的现代文化就应以"中国人自己的东西为主"，"向古人学习是为了现在的活人，向外国人学习是为了今天的中国人"。④强调对中华传统文化应有甄别的继承、科学的改进和弘扬，在此基础上创造独特的、具有中华民族特色的、符合时代发展的现代文化。张岱年认为："文化有世界性，然而也有民族性……其不同之点，即其独特的贡献；其特色的地方，即其独立的创造。"⑤这里说的"独特的贡献"和"独立的创造"就是民族文化中蕴含的独特的"民族精神"。不同民族的"民族精神"也是不同的，即便他们的文化都处在相同发展水平上。⑥

"中华文化源远流长，积淀着中华民族最深层的精神追求，代表着中华民族独特的精神标识，为中华民族生生不息、发展壮大提供了丰厚滋养。"⑦文化的世界性寓于文化的民族性之中，人类文化是世界各民族文化交相辉映的统一体。要正确看待人类各文化，促进文化发展，首先要保持世界各民族文化的多样性和多元性，尊重各民族自主选择自身发展道路，尊重各民族文化的自主性和创造性。文化没有标准模式，我们不能以某种文化的发展模式去规定所有文化的发展道路，各民族都应在自身历史传统和基本国情的基础上选择适合自己文化的发展道路，不需要刻意追求与世界文化的同一。同理，多民族国家应充分尊重不同地区文化资源的差异性和特殊性，选择与地方文化特色相适应的发展道路，避免盲目趋同，促进文化多样性、多元化发展。其次，我们必须要

---

① 毛泽东. 毛泽东文集：第3卷[M]. 北京：人民出版社，1996：192.
② 毛泽东. 毛泽东文集：第3卷[M]. 北京：人民出版社，1996：191.
③ 毛泽东. 毛泽东文集：第7卷[M]. 北京：人民出版社，1996：76-77.
④ 毛泽东. 毛泽东文集：第7卷[M]. 北京：人民出版社，1996：77-82.
⑤ 张岱年. 张岱年全集：第1卷[M]. 石家庄：河北人民出版社，1996：230.
⑥ 张岱年. 张岱年全集：第1卷[M]. 石家庄：河北人民出版社，1996：232.
⑦ 习近平. 习近平谈治国理政[M]. 北京：外文出版社，2014：163-164.

意识到文化并不是"完美"的，既存在优点，也存在弊端，不同文化之间应在平等、开放的前提下进行友好交流，不能将其他文化视作敌人或威胁，而应实现和谐共生，互促互进。"不同民族的不同类型的文化传统，彼此之间，相互影响，交光互映，这是文化发展的正常情况。摄取外来文化，从而丰富自己的文化传统，这是文化发展的一个正常途径"。① 狭隘的文化冲突论并帮助我们探索出一条适合自身文化发展的真正出路，"天下同归而殊途，一致而百虑"，只有尊重文化的民族性、多样性、多元性，各民族文化百花齐放、共同繁荣才是人类文化发展的正途。

陈寅恪认为，要促进中华文化的发展"必须一方面吸收输入外来之学说，一方面不忘本来民族之地位。"② 张岱年十分认同这一观点，并提出对于处在转型期的中华传统文化，"一方面不要使中国文化完全为西洋所克服而归于消亡，要使中国仍保持其特色的文化；同时另一方面，又要使中国文化与世界文化相适应，使中国文化变成新的，而成为新的世界文化之一部分。也即是，固要吸纳西洋文化，却又要避免为西洋所同化；其吸纳西洋文化，要按着一种标准，但此标准是依中国文化之特性及现代的需要来决定的。换言之，即是要建设新的中国文化，既非旧文化，也非西洋文化之附庸"。③ 中国文化的发展要以保持自身民族独立性为基本前提，"兼采并纳西洋近代之创获，以裨益固有之精神，而卓然自立于世，与人并驾而不仅追随于后"，④ 既不因循守旧，也不全盘西化，而是另辟新路，走出一条具有中国特色的文化现代化的发展大道。

从中国现代文化发展的实践来看，要坚持唯物史观和唯物辩证法的科学指引，才能准确看待文化的系统性与可分性、连续性与变革性、民族性与世界性等一系列基本矛盾，才能探索出适合中华传统文化传承和现代化发展的方法论基础。"对于中国传统与西方文化进行分析选择，然后将古今中外的一切有价值的文化成就综合起来"。⑤ 同时，在对中华传统文化和西方文化进行分析、

---

① 张岱年. 张岱年全集：第6卷[M]. 石家庄：河北人民出版社，1996：159.
② 冯友兰. 三松堂全集：第3卷[M]. 郑州：河南人民出版社，2001：462.
③ 张岱年. 张岱年全集：第1卷[M]. 石家庄：河北人民出版社，1996：229-230.
④ 张岱年. 张岱年全集：第1卷[M]. 石家庄：河北人民出版社，1996：344.
⑤ 张岱年. 张岱年全集：第7卷[M]. 石家庄：河北人民出版社，1996：142.

综合的时候，还要对古今中外各文化的精粹做进一步改造与创新，如此才能使中国文化超越已有文化，达到新的境界。文化创新是对既有文化成果的批判性继承和创造性发展，"我们要虚心学习借鉴人类社会创造的一切文明成果，但我们不能数典忘祖，不能照抄照搬别国的发展模式，也绝不会接受任何外国颐指气使的说教。"① 在对待其他文化方面，要保持友好尊重、和平交流的态度，吸纳、融合其他文化中的精粹不断丰富中华文化的内容；要始终坚持中华民族的文化主体意识，保持自身文化的独立性、独创性，如此才能在文化交流与融合中不会"迷失"自己。从我国文化发展的历史来看，传统文化经历过数次文化创新，孔子对夏商周三代文化的综合与创新、汉代新儒学对诸子百家的综合创新、佛教的中国化综合创新、当代中国特色社会主义新文化的创建等，每次创新都是在继承并弘扬传统文化优良传统的基础上，吸收其他文化的精粹和先进成就，只有这样才能实现中国文化的当代复兴。

第二节 中华优秀传统文化的主要贡献

我们要坚持阶级分析与理论分析相结合的科学态度，按照是否符合客观实际，是否适合社会发展的客观需要即科学性、客观性与进步性、人民性相统一的判断标准，对传统文化特别进行科学的分疏和扬弃。中华优秀传统文化的主要贡献，主要体现在下述八个方面。

一、"自然两一"的宇宙观

我国传统文化和古代哲学有一个独到的内容就是唯物主义思想，特别是唯物主义无神论与辩证思维体现出了较为紧密的结合。对于本体论和宇宙论，我国古代哲学坚持本体与现象、实在与过程之统一。先秦时期我国就出现了足以与希腊辩证法相媲美的辩证思维，每个时期都有较为典型的唯物论典型学说和

---

① 习近平. 青年要自觉践行社会主义核心价值观——在北京大学师生座谈会上的讲话[N]. 人民日报，2014-05-05.

代表人物，这为传统文化的健康发展奠定了良好的哲学基础。

阴阳观念和五行学说是我国目前有记可考的最早的唯物主义思想。先秦思想家老子研究天地起源的问题，提出了"道法自然""道之尊，德之贵，莫之命而常自然"的观点，认为宇宙天地是很早就存在的，他不会因为其他任何事物而改变，并且永远流转在万物之间不会停歇，这里所说的"自然"即自身的样子，指不受外物干涉的自由的状态。老子的观点实质上否认了"帝"在社会中的主宰地位，其"道"的范畴具有存在与过程之统一的深湛内涵。除此之外，老子还揭示了正与反的统一性，"反者道之动，弱者道之用"就是老子反向辩证思想的高度概括，这一观点对我国哲学的发展影响深远。孔子正确解读了"学"与"思""富"与"教"的关系。他提出的"时""逝""生""中庸""两端"等观念都在一定程度上体现出辩证思维，这也是孔子学说的重要精华。战国时期惠施提出的"小一"（"至小无内，谓之小一"）说，在庄子观点的基础上进一步抽象出"大一"和"小一"的概念用以表达大和小的极限，表示出宇宙在宏观上的无限性和微观上的整体性；管子在老子"道"为宇宙本源的基础上提出了"精气"即"道"的观点，认为"凡物之精，此则为生"，世间万物都是精气构成的，人的智慧、精神也都是精气的产物，揭示了物质的根本内涵和运动规律。惠施和管子的观点是我国古代哲学中具有鲜明特色的的原子论思想。

庄子认为"人之生，气之聚也，聚则为生，散则为死。……故曰：通天下一气耳。"即人的躯体是由气聚合而成，气的聚散与人的生命、成长息息相关；自然万物都在气的作用和影响之下，因此，世间万物在气的聚散、升降过程中进行沟通，实现和谐统一。"通天下一气"是十分典型的唯物主义观点，对后来的气一元论产生了深刻影响。管子提出了"天不变其常，地不易其则"等观点，荀子在此基础上提出了"天行有常，不为尧存，不为桀亡""制天命而用之"等天人相分的思想，一方面否定了对"天"的盲目信仰，另一方面肯定了自然规律的客观存在，强调要发挥人的主观能动性，有意识地利用自然，实现另一种"天人合一"。韩非试图通过人口和财富的关系解读历史的演变，从中可以看出一些类似唯物史观的思想萌阳。《易传》认为，"一阴一阳之谓道""刚柔相推而生变化"，解释了事物普遍存在对立统一的规律，使先秦时期辩证思想发展的最高峰,而这种"日新之谓盛德,生生之谓易"的哲学观点也为我国传统文化奠定了思想基础。

两汉时期,杨雄重新阐释了"道法自然"的概念,认为宇宙是自由流转的,不被外力所干扰,人应该顺应这种流转的规律,探索内心的平衡,这一观点对我国"自然主义"哲学的发展影响深远。桓谭否定了谶纬学说,用唯物主义观点分析了形神的关系,提出了"人死如烛灭"的命题。王充批判了当时流行的"天人合一"观点,提出"天地,含气之自然也""元气,天地之精微也"的论点,直接否认了"神"的存在,认为世间万物都是"元气"构成的,并非神造。

魏晋南北朝时期,裴頠提出了"以有为本"的本体论观点,认为"夫总混群本,宗极之道也",全面否定了"以无为本"的观点。并且,在"群本"这个整体中,不同事物因性质不同可划分为不同的族类,"方以族异,庶类之品也。形象著分,有生之体也。化感错综,理迹之原也"。范缜用"形质神用"的观点解答了形神关系,认为"形"和"神"是统一整体,不可分割;"形"是实体,"形"在则"神"在。

唐代柳宗元探讨宇宙起源的问题,提出了"唯元气存"的观点,认为"元气"是宇宙的本源,驳斥了神创宇宙的观点。并且,"元气"是不停运动着的,宇宙万物的产生就是"元气"运动的结果。刘禹锡总结了前人对天人关系的唯物主义思想,认为"天,有形之大者也;人,动物之尤者也。天之能,人固有所不能也;人之能,天亦有所不能也"。人与自然各有其职能,否定了自然能够干预人生的"福祸成败"学说,提出"天人交相胜"的论点,将古代唯物主义推向了新的阶段。

宋明时期,张载提出"太虚无形,气之本体"的观点,认为宇宙就是原始状态的"气",而"气"的本体是万事万物,"气之本体,其聚其散,变化之客形尔",因此,有形的万事万物就是无形的宇宙演化而成的。张载观点中"太虚"的含义与现代英国哲学家的"空时"观念相似,"张子谓太虚乃气之本体,即谓空时非纯然无有,而乃物质之本原。空时凝结而成最细微的物质,最细微的物质聚合而成通常的物质。所以张子的本根论,确实可以说是一种唯物论"。①此外,张载还提出了"一物两体"的矛盾观,认为万物都是一分为二或对立统一的,解释了事物变化的基本规律,承认了事物的普遍联系。

明代王夫之的哲学思想"哲学思想是中国近古时代唯物主义和辩证法思想的最高峰",②他继承了张载"太虚无形,气之本体"的观点,提出了凡虚空皆气也,聚则显,显则人谓之有;散则隐,隐则人谓之无",肯定了"气"的唯一实在性,承认了物质世界是客观存在的,是永恒的。同时,王夫之阐述了"动"与"静"对立统一的关系,揭示了客观事物和运动的关系,在道器、理气、有无、能所等问题上都提出唯物主义的光辉论断,从而在唯物主义立场上对宋明哲学思想做了一个总结。

我国古代唯物主义思想在一定层面上实现了唯物观点与辩证思维的结合,集中体现在"气"和"诚"这两个概念上。"气"代表广阔的、运动的存在,"诚"代表客观实在性与客观规律性的统一。宋明时期哲学家将唯物主义和辩证思维有机结合,可以称为中国特色的"辩证唯物主义"。③我国古代唯物主义思想体现出整体观、过程观、对立统一观等辩证思维,与唯物史观和唯物辩证法有相通之处,这也是马克思主义理论能在我国生根发芽的重要原因,是我国传统文化现代化转型与创新性发展的必经之路。

二、"知行合一"的认识论

相比于西方哲学,我国传统哲学侧重于政治哲学和人生哲学,在认识论方面较为欠缺,尽管如此,认识论仍然是我国传统哲学的重要组成部分。历代哲学家都坚持不懈地探索认识问题,为认识论发展做出巨大贡献。

(一)王夫之的认识发生过程论

王夫之认为,"因所以发能、能必副其所","能"即"能知","所"即"所知","能知"和"所知"分别代表主观认知能力和客观认识对象,即认识的主体与客体,正确地区分认识的主客体是产生认识的逻辑前提。

① 张岱年. 张岱年全集:第2卷[M]. 石家庄:河北人民出版社,1996:83.
② 张岱年. 张岱年全集:第5卷[M]. 石家庄:河北人民出版社,1996:448.
③ 周桂钿. 中国哲学与张岱年先生[J]. 中国哲学史,2004(3).

在我国哲学史上，已知最早明确区分认识的主体与客体的观点记载在《管子》中，"其所知，彼也；其所以知，此也"。其中，"所以知"就是认识的主体，即"此"；"所知"是认识的客体，即"彼"。孔子"已欲立而立人，已欲达而达人"的主张，通过探讨"人"和"己"的关系肯定了人的自觉精神和认识的主体地位。《孙子兵法》提中"知彼知己，百战不殆"的战略思想也体现出了对主体和客体辩证关系的理解。墨家解释了主体和"物"的区别，提出"知，材也"的观点，认为"材"是主体必备的条件。同时，墨家还提出了"知也者，所以知也，而不必知""以其知遇物而能貌之"的观点，认为主体与客体接触是形成认识的必要条件。荀子在《管子》"所以知"思想的基础上提出了"凡以知，人之性也；可以知，物之理也"的观点，总结了主体与客体的关系。朱熹从前人"彼"与"此"关系的思想基础上提出了"知者，吾之心知；理者，事物之理。以此知彼，自有主客之辨，不得以此字训彼字也"，进一步阐释了"格物致知"的内涵，明确区分了认识的主体和客体，提出"知在我，理在物"，这里的"我"和"物"分别是认识的主体和客体。

从上述可见，汉代以后，我国古代哲学从最初的"能知""所知"逐渐向"能""所"的范畴演变，王夫之对"能"和"所"进行了明确的区分，认为"境之俟用者曰'所'，用之加乎境而有功者曰'能'"，"能"是主体，"所"是客体，强调"乃以俟用者为所，则必实有其体；以用乎俟用，而以可有功者为能，则必实有其用"，认为无论是主体还是客体都具有客观实在性，否定了唯心主义将认识的主体归于"心"的根本观点。

我国传统哲学不仅明确区分了认识的主客体，还深入探讨了主体与客体之间的关系。墨家"以其知遇物"，以及荀子"知有所合谓之智"的观点，体现了主体与客体相结合的认识。南宋叶适提出"自用则伤物，伤物则己病"，认为认识有"自用"和"以物用"两种态度，前者是主观主义态度，后者是以主观符合客观的态度，应做到用心"通物"，形象地说明了主客体的统一关系。王夫之"体俟用，则因所以发能；用用乎体，则能必副其所"的观点明确阐述了主客体的关系，认为主体是能够作用于客体的实际能力，客体是主体的作用对象，认识就是产生于主客体对立统一的关系中的。进而，他将"能""所"

概括为"体""用"关系,认为客体是主体的基础,主体要反映客体,在一定程度上体现了辩证唯物主义思想。

上面阐述的这些传统哲学思想对我们今天正确处理人与社会、人用户自然的关系仍具有一定启发意义。

(二)"天官薄类、心有征知"的认识发展过程论

于认识的产生息息相关的是认识的发展过程,在这方面,我国传统哲学主要关注的是感性认识与理性认识的关系。

在《尚书·洪范》中,就有关于"视""听"与"思"的论述。孔子认为"学"与"思"分别属于感性认识和理性认识,是认识的两个阶段。通过"学而识之"能实现认识的提升,也可以通过"择其善者而行之,其不善者而改之"的"思"进行理性的选择与判断。墨家承认认识是"众人耳目之情"的感官经验,认为"知以目见,而目以火见,而火不见,惟以五路知",即感官与客观事物相接而产生了"知",肯定了感性认识与理性认识的统一。道家在"庖丁解牛"中探讨了认识发展的问题,肯定了认识发展是从"技"到"道"的飞跃。荀子较为明确的阐述了认识的来源和两个发展阶段。他认为,认识源于"耳目鼻口形,能各有接而不相能也,夫是之谓天官"的感官,以及"心居中虚,以治五官,夫是之谓天君"的理性能力。认识的过程分为"缘天官"和"心有征知"两个阶段,并且这两个阶段是相互关联的,"征知"的前提和基础是"缘天官","必将待天官之当簿其类然后可",即必须通过感官感受事物之后才能产生认识,而"天官簿类"也有待于"征知"。此外,荀子还认为,思考应有科学的方法,不能偏颇于事物的某个方面,才能形成全面的认识。韩非认为认识源于人的感官,"孔窍者,神明之户牖也"。要真正做到明事理,就需要在感官认识的基础上"思虑熟",最终实现"得事理",肯定了感性认识与理性认识的统一。杨雄继承了孔子的观点,提出"学以治之,思以精之"的观点,进一步肯定了孔子关于"学"与"思"统一关系的论点。王充在《论衡》中指出,人的所有认识的根本来源都是感官,即"目见口问",在此基础上,"以心意议",才能达到"信闻见于外,不诠于内,是用耳目论,不以心意议也"的阶段。

宋明时期理学家对感性认识和理性认识的关系也进行了深刻的思考。张载提出了"人谓已有知，由耳目有受也；人之有受，由内外之合也"的观点，认为认识源自"耳目有受"，而这种"受"并不是被动地接收，而是外物和人心相"合"的结果。同时，他认为，"耳目有受"只能获取有限的认识，无法做到"尽物"，只有"见物多，穷理多，如此可以尽物之性"。程颐也认为，"闻见之知"是认识的来源，认识就是从"博物"到"穷理"的一个发展过程。朱熹认为，要形成全面、深刻的认识，必须要在"见闻"的基础上有"思"，如此才能不"蔽于外物"，做到"博观"与"内省"的统一。朱熹认为"格物致知"就是"物而穷其理"，即理性认识是在感性认识的基础上产生的。叶适认为认识是感性认识与理性认识的"内外交相成之道"，并提出"耳目之官不思而为聪明，自外人以成其内也。思曰睿，自内出以成其外也。……古人未有不内外交相成而至于圣贤"的观点，强调感性认识与理性认识的统一。王廷相认为，"见"能够觉察"事物之实"，而"思"能够获得"事理之精"，提出"夫圣贤之所以为知者，不过思与见闻之会而已"的观点，认为"见"与"思"相"会"才能获得正确的认识。方以智将认识概括为"通几"和"质测"两个阶段，"寂感之蕴，深究其所自来，是曰通几。物有其故，实考究之，大而元会，小而草木螽蠕，类其性情，征其好恶，推其常变，是曰质测"，认为"质测即藏通几者也"，而"通几护质测之穷"，体现出认识与事物的一般规律之间相互为用的关系。王夫之从根本上解决了宋明理学关于身心关系问题的困惑，认为"一人之身，居要者心也；而心之神明，散寄于五藏，待感于五官"，身心关系实质上就是"格物"与"致知"的关系，"博取之象数，远证之古今，以求尽乎理，所谓格物也。虚以生其明，思以穷其隐，所谓致知也"，肯定了感官获得的直接经验与理性思维辩证统一的关系。并且，他认为"格物"是"心官与耳目均用，学问为主，而思辨辅之"，"致知"是"唯在心官思辨为主，而学问辅之"，确定了"格物"与"致知"的主次之分。

我国古代哲学家从不同角度阐述了自己对感性认识与理性认识的理解，在不同程度上解释了二者辩证统一的关系，对我国传统认识论的发展做出了积极贡献。

(三)"知行相资以为用"的知行关系论

"知行关系问题,即人类自身的认识和实践这两种能动的活动之间的关系问题",① 我国传统哲学关于"知""行"问题的研究主要围绕在论证知与行、认识与实践的辩证统一关系方面。

关于"行""知"谁是第一性的问题上,我国古代哲学家的观点基本一致,认为"行"对"知"起决定作用。

《左传》中就有"非知之实难,将在行之"的阐述。孔子提出的"听其言而观其行""行有余力,则以学文"中,强调要身体力行。墨子提出的"言足以复行者常(尚)之,不足以举行者勿常(尚)",强调"行"高于"言"。荀子提出"不闻不若闻之,闻之不若见之,见之不若知之,知之不若行之。学至于行之而止矣",认为"行"方可见"知"。朱熹肯定了"知之非艰,行之惟艰"的知行观,提出"论先后,知为先;论轻重,行为重"的观点。王廷相提出"事机之妙得于行,徒讲说者浅",主张"行""见""思"三者必须相结合,"行得一事即知一事,所谓真知矣"。王夫之完全肯定了"行"的第一性地位,认为"行可兼知",并通过具体事例论证这一观点,进而得出认识来源于实践,通过实践才能获得成功的论点,"知也者,固以行为功者也,行也者不知为功者也。行焉,可以得知之效也,知焉未可以得行之效也"。同时,王夫之认识到唯心主义和唯物主义的区别,前者表现为"离行以为知",后者表现为"未尝离行以为知",进而认识到"行"与"知"存在矛盾的主次方的关系。颜元重新解释了"格物致知"的内涵,认为"格"即"犯手去做","格物"即"手实做其事",提出"手格其物,而后知至",主张人要亲身实践,肯定了实践在认识中的主要地位。

我国古代哲学家还充分肯定了"知"对"行"的指导作用,主张知行统一。墨子主张"言必行,行必果,使言行之合犹合符节也,无言而不行也",强调人要言行一致,知行统一。荀子认为"知明而行无过",并且列举了"君子之学"与"小人之学"的不同表现,前者是"入乎耳,著乎心",后者是"入乎耳,出乎口",主张"察,知道;行,体道",强调"君子之学"应知

---

① 方克立. 中国哲学史上的知行观 [M]. 北京:人民出版社,1982:377.

行一致。朱熹提出"知行常相须""论先后,知为先;论轻重,行为重"的观点,认为"致知力行,用功不可偏"就能达到"行之愈笃""知之益明"的境界。王廷相认为"知之精由于思,行之察亦由于思",肯定了知行统一的关系,并且强调要做到"深省密察"和"笃行实践"相结合。王夫之认为"知"能够增强"行"的预见性,"要以行听乎知,而其知也愈广大、愈精微,则行之合辙者愈高明愈博厚矣"。此外,可以增强动的而指导行动成功。他既承认知行之分,"功可得而分,则可立先后之序";又肯定知行相互渗透、相互作用,"知行终始不相离""知行并进而有功""唯其各有致功,亦各有其效,故相资以互用",知行的辩证统一就具体体现为"由知而知所行,由行而行则知之"的循环往复、无限发展的过程之中,由行得知、因知进行、知行并进,人类的认识能力与实践水平都不断提高,从而"知能日新""日进于高明而不穷"。

实践观点是马克思主义的基本观点,毛泽东曾对知行关系做出科学的论断,指出"实践、认识、再实践、再认识,这种形式,循环往复以至无穷",[①]在一定意义上可以说,王夫之"知行相资以为用,并进而有功"的命题是最接近于这一辩证唯物主义认识论的理论雏形。重新回顾和客观评价古代知行观的积极贡献,这对于我们加深理解对新时代中国特色社会主义建设的伟大实践具有重要的启迪作用。

(四)"三表""符验"的认识检验论

先秦墨家最先提出认识的标准问题,主张"言必立仪"以确定"是非利害之辨",并明确提出了"三表"的真理检验方法,"仪""表"即"表准"或标准,三表就是"本之于古者圣王之事""原察百姓耳目之实""发以为刑政,观其中国家百姓人民之利",也就是以前人的间接经验、群众的直接经验、社会政治的实际效果作为判断标准。荀子提出"凡论者贵其有辨合,有符验;故坐而言之,起而可张设,张而可施行",言论既要有事实的依据,又要可"行"。韩非进而提出"参验",要求"循名实以定是非,因参验而审言辞",并提出"参伍之道"即"行参以谋多,揆伍以责失。……言会众端,必

---

① 毛泽东. 毛泽东选集:第1卷[M]. 北京:人民出版社,1991:296.

揆之以地，谋之以天，验之以物，参之以人"，这既包括事实的排列比较、经验的互相参照，也包括实践效果的验证。西汉杨雄重"验"，提出"无验而言之谓妄"的命题。东汉王充重"实"，以"疾虚妄"的精神而主张"实事之验"，认为"事莫明于有效，论莫定于有证"，"凡论事者，违实不引效验，则虽甘义繁说，众不见信"，强调主观认识要合乎客观实际。王充把"耕夫""刺绣"之"女工"等生产实践活动都纳入其认识论中，在一定意义上接触到了"实事之验"的本质，这具有十分重要的理论意义。

北宋张载主张以"共见共闻""断事无失"作为检验标准。南宋叶适提出"无验于事者，其言不合；无考于器者，其道不化"，强调"功利"在检验认识中的重要作用，认为"既无功利，则道义乃无用之虚语耳"，认识必须有其实际效果才具有真理性。王廷相认为"近世学者之敝"就是"不于实践处用功，人事上体验"，主张"学者于道……验诸天人，参诸事会，务得其实而行之"，以实践来对学说进行检验。王夫之提出"行焉，可以得知之效也；知焉，未可以得行之效""得而信，失而疑，道乃益明"，要求以"行"来检验"真知"，只有"力行"才能断定"知之真"。颜元提出"人之为学，心中思想，口中谈论，尽有百千义理，不如身上行一理之为实也"，只有"实做其事"才是检验真知的正确途径。

中国传统哲学"以行验知""以行证知"命题的理论实质就是以"行"（实践）作为检验真理的最终标准，这与"通过实践而发现真理，又通过实践而证实真理和发展真理"是基本一致的。

（五）"学思并重""即物穷理"的致知方式论

先秦哲学家都探讨了致知方式的问题。老子提出"观复"即发现事物变化之"常"，这主要是一种"物或损之而益，或益之而损"的辩证思维。《庄子》主张"以明"，认为"彼出于是，是亦因彼"，其合理因素是超脱人为偏见而揭出对立之交参互函，从而达到对事物的全面认识。《庄子》还提出"见独"与"体道"，主张"不以心捐道，不以人助天"、"无思无虑始知道，无处无服始安道，无从无道始得道"，二者都是一种直觉方法。孔子兼重"学""思"，认为"学而不思则罔，思而不学则殆"。他主张"多学而识"

"博学于文"《论语》就载有"子入太庙，每事问"。在"学"的基础上还要"思"，"默而识之"以达到"一以贯之"之道。孔子又提出"叩其两端"以达到对事物的全面认识。孟子重"思"，认为"心之官则思，思则得之，不思则不得也"，"心"能够克服耳目等感官"蔽于物"的不足而认识"理义"；他提出"博学而详说之，将以反说约也"，由"博"反"约"是孟子方法论的主旨。荀子针对认识的片面性提出"兼陈万物而中县（悬）衡"的认识方法，他注重"类不悖，虽久同理"的类比推理，主张"以近知远，以一知万""以人度人，以情度情，以类度类"。荀子进而认为"精于物者以物物，精于道者兼物物，故君子壹于道，而以赞稽物"，由"物"到"类"再到"道"是认识的不断拓展和深化。秦汉儒家的《易传》也注重对事物的观察和辨析，提出"观乎天文以察时变，观乎人文以化成天下""仰以观于天文，俯以察于地理"，既肯定"见天下之赜"的必要性，又强调"观其会通""易简而天下之理得"，主张"赜"与"简"的统一。墨子提出"摹略万物之然"，注重对客观事物的观察与辨析；又提出"类……'故"观点，强调"知类"以"明其故"并进而"知来"，即通过提出概念范畴、辨别事物的因果关系以对未来有所预见，这在自然科学的探索中具有重要作用。后期墨家进一步提出"闻、说、亲"的概念，"亲"是亲身实践以获得直接经验，"闻"主要是获得别人的间接经验，"说"是以"类"的方式进行推理，并主张"以名举实，以辞抒意，以说出故"，对形式逻辑的发展做出了重要贡献。名家惠施、公孙龙也都注重对事物的观察，惠施"遍为万物说……散于万物而不厌"，其对"历物十事"的分析表明"他注意并善于从部分把握整体，从多把握一，从有限把握无限，从差异把握同一"，其中包含着辩证思维的合理因素。公孙龙探讨了一般与个别的关系，在著名的"离坚白"命题中，他在"'坚、白、石三，可乎？'曰：'不可'"的表述中肯定了"坚、白、石"的统一性，同时又认为"得其所白，不可谓无白；得其所坚，不可谓无坚""得其白，得其坚，见与不见离。不见离，一一不相盈，故离"，辨析了"石"所蕴含的"坚、白"两种内在属性，这其中包含着对分析方法的重视。

东汉王充主张"方比物类"，要求"推原事类"即以"类"的方式对事物进行归纳，从而"案兆察迹""揆端推类"，发现事物发展变化的内在联系

而"处来事"。北宋张载深刻阐发了对立统一的辩证思维,认为"两不立则一不可见,一不可见则两之用息",在认识方法上也主张全面观察事物之"两一"。程颐把《大学》的"格物致知"解释为"凡一物上有一理,须是穷致其理。……须是今日格一件,明日又格一件,积习既多,然后脱然自有贯通处",在积累的基础上发生质的飞跃即可由个别之理达到一贯之道,其中包含着科学归纳法的合理因素。朱熹认为"即凡天下之物,莫不因其已知之理而益穷之,以求至乎其极。至于用力之久,而一旦豁然贯通焉,则众物之表里精粗无不到,而吾心之全体大用无不明矣",他在认识论上的一个重大贡献是肯定了分析与综合的统一,一方面主张"析之极其精而不乱",另一方面又强调"合尽之其大而无余",既要"知其粗"又要"晓其精"。明代王廷相提出"理可以会通,事可以类推,智可以旁解",由"知其理"可以"知来"。方以智反对"离一贯之多识"与"离多识之一贯"两种错误偏向,主张"多识"与"一贯","博"与"约"的统一,王夫之肯定孔子的"学""思"并重思想,认为"致知之途有二,曰学曰思。……二者不可偏废,而必相资以为功",认为"学""思"也就是"格物"与"致知"的关系,"船山所谓格物,是验事以得理,实即今所谓归纳法;其所谓致知,是专用思以穷理之隐,实即今所谓演绎法"。清初颜元注重"习行",批评"以讲读为求道之功",主张"犯手实做其事",从"习行"中获得真知,表现了勇于创新的理论品格。戴震注重分析,强调"理义在事情之条分缕析""必就事物剖析至微而后理得"。

中国古代哲学家从多个方面对致知方式进行了探索,其中既有辩证思维方法,也有演绎与归纳、分析与综合等具体方法。但从整体上来说,我国古代的逻辑分析方法不够完善,这与实证科学的不发达直接相关。我们今天既要发挥辩证思维的优良传统,又要学会缜密分析的科学方法。深入总结、继承和发挥古代致知方式的积极贡献,对于实现思维方式的现代化具有重要的意义。

(六)"修此知彼"的主体修养论

张岱年指出:"中国哲学中的方法论,有一根本倾向,即注重致知与道德修养的关联，甚或认为两者不可分，乃是一事。"深刻探讨认识谬误产生的缘由，高度重视认识主体的精神修养是中国传统哲学的一个特异贡献。

《管子·心术》首先提出"不修之此，焉能知彼"的命题，充分强调主体修养对认识的重要性，并以"虚""静""因"为修养方法，"因"即"舍己而以物为法者也"，主观要"以物为法"以如实地反映客观，"因也者，无益无损也"。"因"以"虚""静"为前提条件：第一，"修之此，莫能如虚矣。虚者，无藏也"，在认识事物之前不能有预先的成见，为此要"洁其宫，开其门，去私毋言，神明若存"，所谓"无藏"也就是"去私"，这样就可以使精神保持正常状态；第二，"静乃自得"，"毋先物动者，摇者不定，躁者不静，言动之不可以观也"。做到了"虚""静""因"就能够"感而后应""缘理而动"，达到对事物的正确认识。孔子明确提出"蔽"的问题，认为"好仁不好学，其蔽也愚；好知不好学，其蔽也荡；好信不好学，其蔽也贼；好直不好学，其蔽也绞；好勇不好学，其蔽也乱；好刚不好学，其蔽也狂"，而克服"蔽"的方法就是"学而不厌""学而知之"。《论语》又载孔子反对"毋意，毋必，毋固，毋我"而提倡以"知之为知之，不知为不知"作为求知的基本态度。孟子提出"求放心"，以"专心致志"作为学习的必要条件。道家高度重视主体修养，老子提出以"为道日损""涤除玄览"作为认识的主体条件。庄子明确主张"且有真人而后有真知"，认为"道隐于小成，言隐于荣华"，满足于既有知识和浮华言辞是导致是非争辩的原因，因此要超脱人我彼此之界限而力求"以道观之"。

荀子对先秦认识论进行了理论总结，提出了比较系统的主体修养学说。他继承了孔子对"蔽"的认识，指出"蔽于一曲"而又曲意掩饰是造成认识谬误的主要原因。那么"蔽"的原因又是什么呢？从其客观方面来说，"凡万物异，则莫不相为蔽"；从主观方面来说，"凡观物有疑，中心不定，则外物不清。吾虑不清，则未可定然否也……以疑决疑，决必不当；夫苟不当，安能无过乎？"。为了防止认识的片面性，荀子继承和发展了《管子》的"虚""静""因"思想，提出"虚壹而静"的修养方法。所谓"虚"即"不以所已藏害所将受"，"已藏"与"将受"之间是辩证统一的关系，对新的事物不能预存成见，不以已有的认识妨害新的认识。荀子认为"心生而有知，知而有

异",多种认识同时发生乃是"心"之必然,因此"壹"或专一并非消极排斥其他认识,而是"不以夫一害此一",对每一个认识对象都要专心致志,并能够顺利做到注意力在不同认识对象之间的转换,以达到"异也者同时兼知之"的认识效果,这是对《管子·心术下》"专于意,一于心"的继承与发展。荀子认为"心未尝不动也",但"动""静"之间有其统一,"静"就是不以"梦剧"等消极心理扰乱心知,以保证思维的正常活动,"虚""壹""静"三者的统一即为认知的境界——"大清明"。韩非提出"思虑静""孔窍虚"的修养学说,主张"用神也静""执一以静",这就要求"去喜去怒,虚心以为道舍"以摆脱"无缘而妄意度"的"前识",从而达到"缘道理以从事"的认识目的。

北宋邵雍的《皇极经世·观物外篇》认为"任我则情,情则蔽,蔽则昏矣",主张"因物则性,性则神,神则明矣"。张载要求"不以嗜欲累其心,不以小害大、末丧本焉",认为"'穷神知化',乃养盛自致,非思勉之能强",肯定道德修养对于认识的重要作用。程颐认为"人道莫如敬,未有能致知而不在敬者","敬"即专心一意,"人心不能不交感万物,难为使之不思虑?若欲免此,惟是心有主。如何为主?敬而已矣。有主则虚,虚谓邪不能入。无主则实,实谓物来夺之。大凡人心不可二用,用于一事,则他事更不能入者,事为之主也。事为之主,尚无思虑纷扰之患,若主于敬,又焉有此患乎?所谓敬者,主一之谓敬",如果"为利欲所昏"就不能"致其知",因此主张"将致知者,必先有以养其知。……欲养其知者,惟寡欲而已矣","寡欲"也即"存其心",由此而"知益明""得益固"。

楼宇烈认为:"强调认识过程中的主体修养,认为认识活动与道德修养有密切关系,是中国传统哲学的一大特征。"古代哲学注重克服认识主体的片面性,要求在认识过程中养成一种虚心、专一、宁静的精神状态,这在今天看来仍然是正确的。同时,中国传统哲学的这一特征与古代学者强调身心修养,注重思想、学说与实际生活相结合的"知行合一"思想也有密切关系。今天重新思考古代的主体修养学说,对于我们重新培养"知行一贯的精神"也有深刻的启迪意义。

三、"修身为本"的人生观

中国传统哲学的核心是人生哲学,"人生论实是中国哲学所特重的。可以说中国哲学家所思所议,三分之二都是关于人生问题的"。中国古代的哲学家们在天人关系论、人性论、人生价值论、人生理想论、道德修养论等方面进行了大量探索,留下了丰富的思想遗产,其中仍有许多精义值得我们珍视和借鉴。

(一)"人为最灵""天人合一"的天人关系论

中国传统人生哲学往往以"究天人之际"为开端,即首先探讨人在天地之间的地位和天人之间的关系问题。总体上来看,一些哲学家从量上论述人之形体的局限性和个体生命的有限性,认为"吾在天地之间,犹小石小木之在大山也。方存乎见少,又奚以自多"。但大多数哲学家都肯定人在宇宙之间的卓越地位,如老子认为:"故道大,天大,地大,人亦大。域中有四大,而人居其一焉。"许多哲学家从不同角度强调人之超越其他物类的优异特性,如墨子重"力",认为人"赖其力者生,不赖其力者不生",由此而异于"禽兽麋鹿蜚鸟贞虫"。荀子从宇宙层次论上提出:"水火有气而无生,草木有生而无知,禽兽有知而无义,人有气有生有知亦且有义,故最为天下贵也。"肯定"有义"是人的根本特征。秦汉儒家提出"人者,天地之心也",认为人可以达到宇宙之自觉。汉代董仲舒认为人"粲然有文以相接,欢然有恩以相爱",因而"超然万物之上而最为天下贵",可以"下长万物"而"上参天地"。周敦颐认为:"二气交感,化生万物,万物生生,而变化无穷焉,唯人也得其秀而最灵。"邵雍提出:"人之所以灵于万物者,谓其目能收万物之色,耳能收万物之声,鼻能收万物之气,口能收万物之味。……人也者,物之至者也。"戴震亦肯定人超越于"卉木之生……'飞走蚑动之俦'"而为"天地至盛之征",能够认识其他物类之性而"以驯以豢……'良农以莳刈''良医以处方'"。总之,古代哲学家从宇宙论和劳动、智慧、伦理道德等角度论证了人在宇宙中的卓越价值,强调人应该具有不同于他物的生存方式和生活方式。

传统天人关系说主要有"天人之分"与"天人合一"两种基本类型。"天人之分"思想萌芽于传说中颛顼时代的"绝地天通",以荀子和刘禹锡为代表。荀子提出"明于天人之分,则可谓至人矣",既肯定"天行有常"又主张"制天命而用之",揭示了客观规律与人类主观能动作用的辩证统一;刘禹锡认为"天之道在生植,其用在强弱。人之道在法制,其用在是非",主张"天与人交相胜"。这种思想区别天道与人道,蕴含着人对于自然界的主体地位和改造自然等合理因素。"天人合一"在天人关系说中居主导地位,周宣王时的"天生烝民,有物有则;民之秉彝,好是懿德"是"天人合一"观念之滥觞。所谓"天"虽然有自然之天、主宰之天、义理之天等内涵,但其最基本的含义是指自然界,人与自然的关系是传统天人合一思想中最具有当代价值的精粹内容。正确认识人与自然的关系不仅有助于克服狭隘的人类中心主义,超脱流俗以提升精神境界,而且有助于建立更高水平的"天人合一"的生产方式和生活方式。特别是《中庸》"赞天地之化育…与天地参"命题,与《易传》"先天而天弗违,后天而奉天时"和"裁成天地之道,辅相天地之宜"命题都肯定人与自然既区别又统一,强调人在遵循自然规律的前提下赞助自然、调整自然、改善自然而实现天人调谐的理想境界,可与恩格斯"我们每走一步都要记住:我们决不像征服者统治异族人那样支配自然界,决不像站在自然界之外的人似的去支配自然界——相反,我们连同我们的肉、血和头脑都是属于自然界和存在于自然界之中的;我们对自然界的整个支配作用,就在于我们比其他一切生物强,能够认识和正确运用自然规律"的观点相映照。新时代,我们应该以人民群众的社会实践为基础对其进行现代转化,使其在建立人与自然和谐共存、持续发展的生态文明中发挥积极作用。

(二)"人禽相分""人之为人"的社会人性论

中国传统哲学对人性或人的本质问题进行了深入探索,揭示了人性的多重意蕴,并往往以人性论作为整个人生论的理论基础。

总体上传统哲学对"性"的界定主要有三种观点。观点一,一些哲学家注重人所具有的自然本能,如告子提出"生之谓性""食色性也",荀子讲"凡性者,天之就也""不事而自然谓之性",戴震认为"人之血气心知本乎阴阳五行者,性也"。观点二,一些哲学家更重视人的社会性、伦理性、智能性,这是中国哲学家的突出贡献。孔子讲"性相近",又云:"鸟兽不可与同群,吾非斯人之徒与而谁与?"其所谓"性"乃人所特有之性。孟子所谓"性"特指"人之所以异于禽兽者",他提出"恻隐之心,人皆有之;羞恶之心,人皆有之;恭敬之心,人皆有之;是非之心,人皆有之。恻隐之心,仁也;羞恶之心,义也;恭敬之心,礼也;是非之心,智也。仁义礼智,非由外铄我也,我固有之也","仁义礼智"是人区别于禽兽的根本特征,这"四端"只要"集义"以"扩而充之"就能够达到"大丈夫"的崇高境界,所谓"先立乎其大者,则其小者弗能夺也"充分肯定了道德高于"味、色、声、臭"等自然属性。荀子虽然讲"性者天之就",但他所强调的是"人之所以为人者""以其有辨也",认为"力不若牛,走不若马,而牛马为用,何也?曰:人能群,彼不能群也。人何以能群?曰:分;分何以能行?曰:义",作为人与禽兽之根本区别的"义"是自然属性之改易,即"圣人化性而起伪,伪起而生礼义",肯定了人的主体能动性和创造性。戴震认为"人以有礼义,异于禽兽,实人之知觉大远乎物则然",强调人以其"知"而"有礼义"。观点三,宋明理学家试图为人性论提供宇宙论的依据,在"气质之性"外提出"天地之性"或"极本穷原之性",而"自性而行皆善也,圣人因其善也,则为仁义礼智信以名之",这实际上是把伦理道德抬高为宇宙的根本原则,其合理性则在于肯定人与宇宙的统一性。从宇宙论上讲人性的观点中,比较平实的是王夫之的"性日生日成"观点,他认为"夫性者生理也,日生则日成也。则夫天命者,岂但初生之顷命之哉?……故天日命于人,而人日受命于天。故曰性者生也,日生而日成之也",既肯定人性有天的根源,又强调"已生以后,人既有权也,能自取而自用也",从而把客观察受与主体能动性统一起来。

  从当代哲学的立场来看,在经过重新释义之后,可以把"极本穷原之性""生之谓性""人之所以异于禽兽者"作为人性的三层内涵:其一,从人与自然相统一的角度来看,人与其他物类共存于宇宙统一体中,人性有着物质世界生生不已的客观依据;其二,"食色""血气"等自然属性是人性的内容,是人与其他生物共同具有的特征;其三,人性的主导因素应该是"人之所以异于禽兽者""人之所以为人者"的特异性质。传统儒家对"性"的界定虽有不同,但都以"理义"或"礼义"作为人超然于禽兽的根本标志;墨家则认为"力"是人之不同于禽兽的特点。马克思主义认为实践性是人的本质属性，"人的类特性恰恰就是自由的自觉的活动"，我们应该在社会实践的基础上汲取传统人性论的合理因素，既肯定人与自然的统一性，又肯定自然本能与道德属性、智慧属性的统一，促进人类物质生活与精神生活的协调发展。

（三）"良贵""能群""贵己""齐物"的人生价值论

人生价值问题是人生哲学的重要内容，中国传统哲学对此进行了深入探讨。先秦价值论以儒道墨三家为代表。

儒家高度重视道德的内在价值，孔子区别以仁为内在价值的"仁者安仁"与以仁为外在价值的"知者利仁"，而以仁者高于知者；他赞扬"匹夫不可夺志也"，肯定普通人的独立人格。孟子提出："人人有贵于己者，弗思耳。人之所贵者，非良贵也。赵孟之所贵，赵孟能贱之。"以仁义礼智为内涵的"天爵"或"良贵"即人所固有的内在价值，它高于"人爵""赵孟之所贵"等外在的世俗价值。荀子讲"志意修则骄富贵，道义重则轻王公，内省而外物轻矣"，强调"道义"的价值高于外在的富贵。

儒家还注意到人的外在价值，如孔子云："夫仁者，己欲立而立人，己欲达而达人"，仁是"己立"与"立人"，"己达"与"达人"的统一。他以"知、仁、勇"为理想人格的内涵，并强调"吾非斯人之徒与而谁与？""苟有用我者，期月而已可也，三年有成""我待贾者也"，肯定为天下所用的外在价值。孟子倡导"以德行仁者王……以德服人者，中心悦而诚服也""以不忍人之心，行不忍人之政，治天下可运之掌上"。荀子认为"仁义"是"彼固天下之大虑也，将为天下生民之属长虑顾后而保万世也"，肯定道德（"义"）能够保障人们的整体利益、长远利益。总体上来看，虽然儒家在兼顾内外价值的同时又表现了重"内"轻"外"的倾向，但其肯定道德自觉，追求人格尊严与社会责任相统一的理论仍然具有积极意义。

道家的显著特点是强调真善美等人为价值的相对性，要求超越相对价值而达到绝对价值。老子云："天下皆知美之为美，斯恶矣；皆知善之为善，斯不善矣。"主张追求"不可得而亲，不可得而疏，不可得而利，不可得而害，不可得而贵，不可得而贱，故为天下贵"。《庄子》提出："物固有所然；物固有所可，无物不然，无物不可。故为是举莛与楹，厉与西施，恢恑憰怪，道通为一。"又云："以道观之，物无贵贱。以物观之，自贵而相贱。以俗观之，贵贱不在己。"道家由此揭示了"仁义"的两重性："大道废，有仁义；智慧出，有大伪；六亲不和，有孝慈；国家昏乱，有忠臣"，"彼窃钩者诛，窃国者为诸侯；诸侯之门而仁义存焉，则是非窃仁义圣智邪"，主张"夫至德之世，同与禽兽居，族与万物并，恶乎知君子小人哉？"，表达了对等级制度的批评和对平等自由的向往。

墨家提出"义，利也""利，所得而喜也。害，所得而恶也""义利，不义害"诸命题，认为"义"具有达到"国家百姓人民之利"的外在价值。后期墨家进而提出"仁，爱己者非为用己也，不若爱马者"，肯定"仁"具有内在价值，因而墨家在总体上也肯定了内外价值的统一。

在价值观的基本问题上，中国传统人生哲学对生义、义利、德力、理欲、和同等问题进行了探讨。

春秋时期的隐者之流追求"洁其身"。道家重"生"，杨朱讲"为我""贵己"，老子讲"长生久视之道"，庄子要求超脱人世之是非而"保身、全生"。儒家重"义"，孔子讲"义以为上"，又肯定"知生"的重要，在生与仁、义冲突时强调"杀身以成仁"。孟子既肯定"生"之重要，更讲"舍生而取义"。"杀身成仁""舍生取义"陶铸了中华民族的伟大气节。王夫之讲"珍生"而反对"贱形、贱生"，又强调"务义"而讲"生以载义"，达到了对生义关系的正确理解。

中国传统道德的主题是发端于先秦的"义利之辨"，它"包含个人利益与群体利益的关系问题以及精神生活与物质生活的关系问题"。一般来说，"义"训"宜"，指以公正为核心的道德原则、道德义务等，是"人之所以异于禽兽者"或"人之所以为人者"；"利"一般指物质利益如财富、地位等，又有私利与公利之别。春秋时期晏婴提出"义，利之本也"，"义"即"当然，亦即行为的裁制"；"利"即"能维持或增进人之生活者，亦即能满足人之生活需要者"，包括私利和公利。在道德高于私利的前提下，孔子既认为"君子义以为上"、"君子喻于义，小人喻于利"，又主张"因民之所利而利之"；孟子既认为"王亦曰仁义而已矣，何必曰利？"，又主张"制民之产"；荀子则主张"义与利者，人之所两有也"。墨家认为"仁人之所以为事者，必兴天下之利，除去天下之害，以此为事者也"。后期儒家既有重义轻利的倾向，也有兼重义利的潮流，如董仲舒认为"天之生人也，使人生义与利；利以养其体，义以养其心"，张载提出"义，公天下之利"，程颐主张"凡顺理无害处便是利，君子未尝不欲利……仁义未尝不利"。李觏批评"贵义而贱利"，叶适认为"既无功利，则道义乃无用之虚语耳"，王夫之提出"立人之道曰义，生人之用曰利。出义入利，人道不立；出利入害，人用不生"，颜元主张"义中之利，君子所贵也。……正其谊以谋其利，明其道而计其功"。应该肯定，这种义利合一思想是对义利问题的正确解答。这种以义为尚、兼重义利的思想倾向可以说是儒家的基本态度，它塑造了中华民族重德尚义的精神气质、"乐以天下、忧以天下"的强烈使命感和"富贵不能淫，威武不能屈，贫贱不能移"的大丈夫气概。今天，如果我们把"义"诠释为最广大人民的根本利益，那么兼重义利、以义兴利的新义利之辨完全可以与社会主义市场经济相协调，既要支持个人利益、企业利益、地方利益的正当发展，保护个人的相对自由，又要强调国家利益高于个人利益、企业利益、地方利益，必要时候个人、企业、地方应为国家利益做出牺牲，如此才能有中华民族的伟大凝聚力。同样地，社会主义市场经济肯定物质生活与精神生活的协调发展，既肯定物质生活是提升精神生活境界的基本条件，始终坚持以经济建设为中心不动摇，不断提高人民物质生活水平，又强调追求真、善、美的精神生活高于物质生活的享受，要不断提高国民综合素养，反对唯利是图、物欲横流、奢靡浮华的消极现象。个体利益与国家利益，物质文明与精神文明的协调发展的新型社会主义市场经济，必将是中国特色社会主义的重要特色。

"理欲之辨"也发端于先秦，《礼记》提出"灭天理而穷人欲"，"天理"实际上是"自然的普遍的规律或准则"或"必然的规律或准则"，其中包括"凡有普遍满足之可能，即不得不满足的，亦即必须满足的欲"，只有"未有普遍满足之可能，非不得不然的，即不是必须满足的欲"才是"人欲"或私欲。孔子提出"七十而从心所欲，不逾矩"，孟子认为"养心莫善于寡欲"，荀子主张"以道制欲，则乐而不乱"，胡宏提出"天理人欲，同体而异用，同行而异情"，王夫之认为"随处见人欲，即随处见天理"，戴震主张"理者存乎欲者也"。应该说，以（道）理导欲是"理欲之辨"的正确结论。

"德""力"对举始于孔子，孔子提出"骥，不称其力，称其德也"，又认为"桓公九合诸侯，不以兵车，管仲之力也"；孟子把"以力服人"与"以德服人"对举，又提出"圣，譬则力也"。荀子认为"君子以德，小人以力，力者德之役也"，又提出"全其力，凝其德"。总之，儒家在重德轻力的前提下对德力都有所认识。墨家"尚力"，提倡"竭力从事"；法家重力，提出"古人亟于德，中世逐于智，当今争于力"。王充讲"一曰养德，二曰养力。……夫德不可独任以治国，力不可直任以御敌也"，这种"德力具足"观点是对德力问题的正确回答。

"和同之辨"源于西周的史伯："夫和实生物，同则不继。以他平他谓之和，故能丰长而物归之；若以同裨同，尽乃弃矣。"晏子提出："君所谓可，而有否焉，臣献其否，以成其可。君所谓否，而有可焉，臣献其可，以成其否。"孔子主张"君子和而不同"，其弟子有若提出"和为贵"，所谓"和"是多样性的统一。

市场经济与伦理道德的关系是中西学界长期以来论争的重要课题，西方经济学创始人亚当·斯密试图达到自由主义经济观与利他主义道德观，改革开放以来国内学界曾热烈讨论传统道德与社会主义市场经济的关系等问题，肯定道德是连续性与变革性、民族性与世界性的辩证统一，使得社会主义道德对市场经济的重要作用达成共识。中国特色社会主义市场经济是前无古人的伟大创新，我们要继承和弘扬中华传统美德，"在去粗取精、去伪存真的基础上，坚持古为今用、推陈出新，努力实现中华传统美德的创造性转化、创新性发展，引导人们向往和追求讲道德、尊道德、守道德的生活"。从当代立场来看，传统人生价值论有助于我们正确理解人格尊严等内在价值和社会责任等外在价值、生命价值和精神价值的统一；如果赋予义、理以广大人民群众根本利益的新内涵，那么"义利之辨""理欲之辨"有助于正确理解个人利益和社会利益、物质生活和精神生活的协调发展；"和同之辨"有助于正确理解"一元主导、兼容多元"的和谐本义。它们可以转化为社会主义核心价值观的合理因素，建立富有民族特色与时代精神的新价值观和新道德，以克服市场经济的自发性、趋利性等弱点。这对提高道德觉悟和弘扬民族精神、规范社会主义市经济的健康发展都具有积极意义。

（四）"仁智""兼爱""兼士""至人"的人生理想论观

中国传统人生理想观的基本内容是关于"仁""爱"的学说。儒家以"仁"为最高准则，"孔子贵仁"。"仁"即"爱人"，其主要含义是"夫仁者，己欲立而立人，己欲达而达人"，孟子认为仁是"恻隐之心"（同情心）的扩充，"人皆有不忍人之心。……恻隐之心，仁之端也"，"仁者以其所爱，及其所不爱"。"仁"在汉唐至宋明时代发展为泛爱思想，如韩愈讲："博爱之谓仁。"张载云："民吾同胞，物吾与也。"墨家以"兼爱"为最高准则，"墨子贵兼"，"墨子兼爱，磨顶放踵利天下为之"。"兼爱"是"视人之国若视其国，视人之家若视其家，视人之身若视其身"的无差别之爱，体现为一种积极救世的精神。道家反对爱之虚伪而讲"慈爱"，认为"绝仁弃义，民复孝慈""我有三宝，持而保之，一曰慈，二曰俭，三曰不敢为天下先"，《庄子》讲"至仁无亲"，所谓"慈"是一种朴素自然的真爱。

中国传统人生理想论特别标举了理想人格。儒家高悬"圣人"而以"仁者"（"君子""士""大丈夫""大人"等）为具体追求的人格形态。孔子云："君子无终食之间违仁，造次必于是，颠沛必于是。"孔子弟子曾子云："士不可以不弘毅，任重而道远。仁以为己任，不亦重乎？死而后已，不亦远乎？"孟子以"仁且智"为"圣"之内涵，认为："居天下之广居，立天下之正位，行天下之大道。得志，与民由之；不得志，独行其道。富贵不能淫，贫贱不能移，威武不能屈。此谓大丈夫也。"墨家也虚悬"圣人"而以实践"兼爱"的"兼士"为具体人格，与此相反的则是"别士"，认为："别士之言曰：'吾岂能为吾友之身，若为吾身；为吾友之亲，若为吾亲？'是故推睹其友，饥即不食，寒即不衣，疾病不侍养，死丧不葬埋。别士之言若此，行若此。兼士之言不然，行亦不然。曰：'吾闻为高士于天下者，必为其友之身若为其身，为其友之亲若为其亲。然后可以为高士于天下。'是故退睹其友，饥则食之，寒则衣之，疾病侍养之，死丧埋葬之。兼士之言若此，行若此。"道家虚悬"天人""神人"而以"不以心捐道，不以人助天"的"至人""真人"为理想人格，认为"不离乎宗，谓之天人；不离乎精，谓之神人；不离乎真,谓之至人;以天为宗,以德为本,以道为门,兆于变化,谓之圣人。以仁为恩,以义为理,以礼为行,以乐为和,熏染慈仁,谓之君子"。

在社会主义市场经济的发展过程中,各种个人主义价值观不断腐蚀人们的头脑,我们最重要的任务就是大力宣扬社会主义核心价值观。除此之外,也应该深入发掘中国传统人生理想论中的思想精华,使其在正确理解个人与社会、人与自然的关系中更好地发挥支援意识的作用,这对于树立崇高理想,追求高尚人格都有重要意义。

(五)"为仁由己""克己""去欲"的修养工夫论

中国古代哲学家以道德修养作为实现人生理想的重要条件,形成了重视道德修养的重要特色。

传统人生哲学高度强调道德的自觉能动性。孔子认为:"为仁由己,而由人乎哉?""我欲仁,斯仁至矣。"孟子认为"舜何?人也。予何?人也。有为者亦若是",肯定"人皆可以为尧舜"。荀子提出"心容自择",认为"心者形之君也,而神明之主也,出令而无所受令,自禁也,自使也;自夺也,自取也;自行也,自止也。故口可劫而使墨云,形可劫而使诎申,心不可劫而使易意。是之则受,非之则辞",肯定"途之人可以为禹"。墨家批判儒家的命定论而重"力",认为"存乎桀纣而天下乱,存乎汤武而天下治。天下之治也,汤武之力也;天下之乱也,桀纣之罪也。……夫岂可以为命哉?故以为其力也",这种"非命尚力"的主张可以说是对道德的自觉能动性的有力宣扬。道家自觉追求"无为",老子认为"我无为而民自化,我好静而民自正,我无事而民自富,我无欲而民自朴""圣人常善救人,故无弃人;常善救物,故无弃物",庄子讲"吾游心于物之初。……夫得是,至美至乐也。得至美而游乎至乐,谓之至人"。这种精神境界的提升过程也体现了其道德的自觉。

传统人生哲学主张克制物质欲求而提升精神境界。孔子认为"克己复礼为仁""居处恭,执事敬,与人忠",这种以"修己……'克己"为主导倾向的修养理论为后儒继承和发扬,如孟子讲"养心莫善于寡欲"。《大学》讲"诚意""正心",《中庸》强调"慎独"的重要性。宋明理学则有对"孔颜

乐处""天理人欲"的更深入探讨。墨家主张克制物欲、情欲而特别注重苦行，认为"且夫仁者之为天下度也，非为其目之所美，耳之所乐，口之所甘，身体之所安，以此亏夺民衣食之才，仁者弗为也""必去怒，去乐，去悲，去爱，去恶，而用仁义"，其具体表现是"任"，即"士损己而益其所为也"或"为身之所恶，以成人之急"。道家讲"去私"和"去欲"，《老子》认为"是以圣人后其身而身先，外其身而身存，非以其无私邪？故成其私""吾所以有大患者，为吾有身，及吾无身，吾有何患？""甚爱必大费，多藏必厚亡"，主张"见素抱朴，少私寡欲"；《庄子》提倡"堕肢体，黜聪明，离形去知，同于大通"，认为"恶、欲、喜、怒、哀、乐六者，累德也""将盈耆欲，长好恶，则性命之．隋病矣"，主张"同乎无欲，是谓素朴，素朴而民性得矣"。

人类社会的良性运行既需要健全的法制，也需要提高人们的道德水平，传统道德修养论可以为社会主义精神文明建设提供有益的智慧资源，对推动我国社会的健康发展具有重要意义。

四、"德法并重"的政治思考

中国传统"民本"思想源远流长，西周初"天命靡常""敬德保民"是"中国古代'重人'思想的萌芽"，春秋时提出"上思利民……夫民，神之主也""天生民而树之君，以利民也""民为君之本也"，《管子》提出"以人为本，本理则国固，本乱则国危"。"人"乃避唐太宗之讳，因此"以人为本"原为"以民为本""与民为一体"。儒家创始人孔子在中国历史上第一次提出"爱人""仁者，人也"，要求把人当人看待，尊重人的内在价值和独立意志。孟子创新孔子的"仁"说，提出以"天爵""良贵"为基础的"仁政"思想，主张"得天下有道，得其民斯得天下矣""民为贵，社稷次之，君为轻"不仅是中国古代的民本主义，而且是关于人民群众历史作用的光辉论断，在中国思想史上起着重要的进步作用。荀子强调"君者舟也，庶人者水也，水则载舟，水则覆舟"，对后世政治实践有深刻影响。汉代贾谊总结殷周秦汉治乱兴衰的经验教训而提出"民无不为本"，认为"自古至于今，与民为仇者，有迟有速，而民必胜之"，高度肯定人民群众的历史地位。中国传统民本思想虽然没有达到民主的高度,但都视人民为国家之根本,这是中国共产党"全心全意为人民服务"根本宗旨和以人民为中心思想的重要思想来源,习近平总书记指出:"得民心者得天下,失民心者失天下,人民拥护和支持是党执政的最牢固根基。"能否真正实现"以人为本",是中国特色社会主义民主政治不同于西方民主政治的重要特色。社会主义中国要始终把最广大人民的根本利益作为一切工作的出发点和落脚点,不断促进每个人自由而全面发展的崇高理想。

中国传统政治文化既强调"为政以德"(的德治,又有着"以法治国"的悠久传统。法家思想渊源于春秋时齐国的管仲,强调法律的权威性、稳定性和标准性,以法律作为社会变革和确立新制度的有力武器,如"不法法则事无常,法不法则令不行""仪者,万物之程式也。法度者,万民之仪表也""法者,宪令著于官府,赏罚必于民心,赏存乎慎法,而罚加乎奸令者也"。先秦法家"强调了破除氏族鸿沟的形式的'齐',而把'一'作为绝对的平等看待",也就是强调法律面前的平等性,如商鞅主张"刑无等级,一断于法""内不私贵宠,外不偏疏远",这是对西周以来贵族等级特权的明确否定,是传统法治思想的重要贡献。在德与法的关系问题上,管仲认为"治民一众,不知法不可,变俗易教,不知化不可",重视教化与法治的统一,儒家孟子认为:"徒善不足以为政,徒法不足以自行。"也肯定道德与法律之相辅相成,但没有提出详细论证。法家商鞅、韩非都强调法治而以德法对立,儒家强调德治而对法治不够重视,都有其偏颇。我们既要汲取传统德治思想的精华,更要继承古代法治思想而加强制度建设,不断推进国家经济、政治、文化、社会生活的法治化和规范化,为社会公平正义、和谐发展提供可靠而稳定的道德支撑和制度保障。"以人民为中心"与"以法治国"相统一,是中国特色社会主义政治的鲜明特征和完整形象。

五、"刚健日新"的创新精神

中国从畜牧时代到农耕时代的文明发展历程的一个最重要特色,就是先民的独立创造精神。中华优秀传统文化表现了鲜明的创新性,这是其几千年来悠久无疆而绵延不绝,虽衰复盛而博大高明的根本原因。

《礼记》云："作者之谓圣，述者之谓明。"上古传说都肯定中华文化是人而不是神的积极创造，如包牺氏"作网罟以田渔"、神农氏"教民耕农"、黄帝氏"始垂衣裳，有轩冕之服"等，这些伟大"作者"都体现了创新精神，奠定了中华文明的基调。西周时期周公旦等"制礼作乐"，儒家创始人孔子删定诗书、兴办私学，倡导"知其不可为而为之""发愤忘食，乐以忘忧，不知老之将至"，这种积极有为精神对中华文化的发展产生深远影响。《易传》提出"日新之谓盛德，生生之谓易""天行健，君子以自强不息""刚健笃实辉光，日新其德"等重要论断，从此，"自强不息"成为中华精神的核心内涵，起着促进文化发展的积极作用。同时中华文化也体现了伟大的宽容、汲取、转化外来文化的优秀传统，如印度佛教文化传入中国后与固有的儒道文化冲突、融合，创造出以儒家为主体而汲取佛、道之长的宋明理学，仍然保持了中国文化的民族主体性。明末第一次西学东渐时期的徐光启倡导"欲求超胜，必先会通"；近代第二次西学东渐以来，一批批志士仁人顺应中西文化交流的时代趋势，努力创造"亦中亦西"的中国新文化，都充分体现了"自强不息"与"超胜会通"的胸怀抱负。

五四新文化运动之后，中国文化的基本态势是中国传统文化、西方文化和马克思主义三种文化资源的对立互动，毛泽东认为马克思主义必须和我国的具体特点相结合并表现出"新鲜活泼的、为中国老百姓所喜闻乐见的中国作风和中国气派"，这实际上是"创造了一种中国形式和亚洲形式的马克思主义"；他主张"我们中国人必须用我们自己的头脑进行思考，并决定什么东西能在我们自己的土壤里生长起来"，只有实现中国文化和西方文化之优长的有机结合，才能真正"创造中国独特的新东西"。张岱年指出"惟有信取'文化的创造主义'而实践之，然后中国民族的文化才能再生；惟有赖文化之再生，然后中国民族才能复兴"，主张"破坏中国旧文化"而"发挥卓越的文化遗产"，以批判的态度"介绍西洋文化"，以唯物辩证法来综合中西文化之所长并"加以进一步的发展…'创造以为主导的要素'"，从而创造出社会主义的中国新文化。《中共中央关于构建社会主义和谐社会若干重大问题的决定》提出，中国特色社会主义文化的发展"必须坚持马克思主义在意识形态领域的指导地位，牢牢把握社会主义先进文化的前进方向"，同时又要"尊重差异，包容多样，最大限度地形成社会思想共识"。习近平总书记指出"巩固马克思主义在意识形态领域的指导地位，巩固全党全国人民团结奋斗的共同思想基础""中华优秀传统文化是中华民族的突出优势，是我们最深厚的文化软实力""文明是多彩的，人类文明因多样才有交流互鉴的价值……文明是平等的，人类文明因平等才有交流互鉴的前提……文明是包容的，人类文明因包容才有交流互鉴的动力"，这些论述强调在马克思主义指导下兼综中西文化之优长而实现其"创造性转化、创新性发展"，这是中华民族自强不息的创造精神和厚德载物的包容精神在新时代的典型表现。只有"必须坚持马克思主义在意识形态领域的指导地位，牢牢把握社会主义先进文化的前进方向，弘扬民族优秀文化传统，借鉴人类有益文明成果"，才能够充分利用一切文化资源的合理因素，全面提升民族素养，促进新时代中国文化百家争鸣、百花齐放的繁荣发展，塑造中国特色社会主义文化的新形象。

六、"文明以止"的生态智慧

社会主义市场经济不仅是社会多种利益的协调发展，而且是人与自然关系和谐发展的绿色经济。中国优秀传统文化对天人关系有着丰赡而精湛的论述，这对于当代生态文明建设具有重要启迪作用。

人类农业文明的典型代表是中国古代文明，而工业文明的典型代表则是近现代欧美文明。西方近现代文明秉承"知识就是力量""人为自然界立法"的口号，充分发挥科学理性的力量，在认识自然、控制自然、改造自然上取得空前巨大的成果。但是，以人类中心主义为基本特征的西方近代文明也导致了人与自然关系的空前异化，它仅仅把自然界当作满足人类贪婪的手段，直接后果就是土地荒漠化、生物多样性减少、大面积的地下漏斗区、大气污染、臭氧层破坏、病毒肆虐等问题层出不穷，愈演愈烈的生态危机威胁着全人类的生存和发展。与之形成鲜明对照的是，中国优秀传统文化的生态智慧强调人与自然的整体性与和谐性。人们往往只看到西方近现代哲学中有所谓内在价值、功用价值之区分，其实，中国传统哲学尤其是儒家人文主义和道家自然主义也有着源远流长的价值哲学。孟子的"良贵"思想肯定了人本身的固有价值，而"夫物之不齐，物之情也"则承认物与物之间有本然的价值区别，这种价值是客观

存在的,不是人为添加或赋予自然物的。道家更明确地肯定了自然本身的内在价值,如庄子云:"天地有大美而不言,四时有明法而不议,万物有成理而不说",要求"原天地之美,而达万物之理"。其《马蹄》云:"马,蹄可以践霜雪,毛可以御风寒,龁草饮水,翘足而陆,此马之真性也。"所谓"大美""真性",都肯定了自然本身就具有优越特性,这种价值并不是为了人或其他外在目的而存在。

西方哲学把人(主体)与自然物(客体)二重化,把自然界看作人类征服、控制和利用的对象;认为作为满足人类利益的手段,自然物似乎仅仅具有为人类所用的外在价值或功用价值。而中国传统哲学则是肯定事物同时具有内在价值(自身的优异的特性)和外在价值(功能)。值得注意的是,现代西方生态伦理学家罗尔斯顿提出"内在的自然价值"概念,认为"我们对荒野自然的需要,是在于我们欣赏它的内在价值,而非它的工具价值",要求"将内在价值与外在价值统一起来"。结合中西哲学的有关思想,我们可以说:事物的内在价值与外在价值不可以相离,内在价值是外在价值的根据,外在价值是内在价值的表现。凡是具有外在价值的事物,必有某种内在价值以为依据;也只有具有内在价值的事物,才有其外在价值或功用价值。进一步地,非人世界的自然价值是自发的,而属人世界的价值则是以自然价值为基础的自觉创造。人类文明的进步必然以利用自然物为基本途径,但是,我们在享受文明成果的同时,是否应该反思这种方式有多大的合理性呢?我们应该在尊重、发展事物内在价值的前提下来开发、利用其外在价值。在人与自然的关系问题上,我们应该有一种发展的眼光和开放的胸怀,要超越那种以狭隘的个人利益和少数人利益为实质的人类中心主义,自觉追求天人之间的和谐。

中国传统天人关系有着复杂内涵,其中最基本的一个含义就是指自然与人的关系。"天人合一"思想源于春秋时期,其后道家提出"因任自然""万物为一"的思想,如老子认为"人法地,地法天,天法道,道法自然",既肯定人与"天""地"的整体性,又主张人应该遵循自然本身的规律而行动。庄子提出"天地与我并生,而万物与我为一"。道家主张"不毁万物",即减少人的欲望,保养自己的精力,不要为了满足人的贪欲而过分毁伤自然,这是对于文明社会的一个重要警告。儒家提出"仁民爱物""民胞物与""仁者与天地万物为一体"等思想。孟子主张"亲亲而仁民，仁民而爱物"，仁爱之心应该遍及万物。《易传》提出"与天地合其德""先天而天弗违，后天而奉天时""范围天地之化而不过，曲成万物而不遗"等天人调谐理念，这与《中庸》"赞天地之化育……与天地参"等思想奠定了中国几千年文明发展的基调。北宋张载主张"大其心"："大其心则能体天下之物。物有未体，则心为有外。"要求破除"我"之私心，走出主客对立的思维方式，觉悟到人与自然万物的和谐一体。他提出："乾称父，坤称母。予兹藐焉，乃浑然中处。故天地之塞吾其体；天地之帅吾其性。民吾同胞，物吾与也。"人生存于天地之间，人和万物都由充塞于天地之间的气所构成，气的流行变化的本性是人和万物的共同本性，我与自然万物是一种朋友般的同类关系，应"尽体天下之物"，与之和谐相处。程颢认为整个宇宙就是以"生"或创造为根本规律的大流，人只有觉悟到与万物之一体，才能够被称为"仁"，而且这种觉悟还必须践履于日常生活中。他提出："万物之生意最可观，此元者善之长也，斯所谓仁也。人与天地一物也，而人特自小之，何耶？"《识仁篇》同张载一样，程颢也强调人类必须破除物我之对待，超出把自然界对象化的认识水平而觉悟到人与万物为一体的真实关系，"仁者以天地万物为一体，莫非己也"。如果达不到这种境界，把自己的心灵封闭在"小我"的狭隘界限里，不知众民万物本来就是与我为一体，那么人心就好比"手足痿痹"一样是残缺不全的。明代王阳明更明确地提出："见鸟兽之哀鸣觳觫必有不忍之心焉，是其仁之与鸟兽而为一体也；鸟兽犹有知觉者也，见草木之摧折而必有怜悯之心，是其仁之与草木而为一体也；草木犹有生意者也，见瓦石之毁坏而必有顾惜之心焉，是其仁之与瓦石而为一体也。"他认为这种对鸟兽、草木、瓦石的"一体意识"是人性的自然表露，是人类一种最高的道德情感，这是儒家的博爱之心和对天地万物的责任意识的鲜明体现。

中国传统儒家、道家都表现了对自然界的深刻而强烈的伦理关怀，主张人对大自然有一种本然的依赖感与亲和感，这对于反思现代社会中人与自然的疏远，确认人与自然的和谐一致、对于保护自然生态环境，乃至于建立中国特色的生态伦理学，都有着重要意义。任何文明的产生和持续发展，都必须以保持生态基本平衡为其前提条件。在世界各国共同面临严峻生态危机的时代条件下，近代以来以"力之崇拜"为特征、片面高扬主体性、主张"征服自然"的西方文化及其价值取向，已经到了必须深刻反思和根本转向的历史关头。社会主义市场经济的发展必须全面总结人类农业文明和工业文明的成果和缺陷，既要继续发扬西方近代以来的科学理性，又要吸取把理性片面化的深刻教训；既要承续中国古代生态智慧的精华，又要赋予它以现代化的思维模式和理论内涵。习近平总书记指出："走向生态文明新时代，建设美丽中国，是实现中华民族伟大复兴的中国梦的重要内容。"我们必须高扬尊重自然、顺应自然、保护自然的先进理念，加强循环经济、绿色经济发展，建构人与自然的协调发展的新型生态文明，这是人类发展的必由之路。

七、"协和万邦"的外交思想

在处理国际关系的问题上，传统文化秉持着"协和万邦""天下和平""万国咸宁"的基本态度和基本思想，主张国与国之间和平共处，建立友好和谐的国际环境，坚决反对侵略和武力扩张。孔子以"仁"为核心理念，一方面肯定了对抗外族侵略、保卫国家事迹，另一方面主张以"己所不欲，勿施于人"为基本准则，主张国与国之间的交往应互敬互让，提出"远人不服，则修文德以来之。既来之，则安之"的观点，提倡通过教化感化，而不是轻率地通过武力解决问题。孔子强调的"修己以敬""修己以安人"的思想既孕育了中华民族的爱国主义情怀，也是中华民族长期以来的基本准则。孟子主张"以德服人"，反对"以力服人"。《易传》在孔子思想的基础上强调"自强不息"与"厚德载物"的统一，坚持民族的独立性和统一性，反对外来侵略和侵略他国。

中华民族自古就有"天下和平""万国咸宁"的优秀基因。在军事问题上，传统文化认为武力是维护和平的重要手段，不能轻率地诉诸武力，"兵者，国之大事，死生之地，存亡之道，不可不察也"。强调军事活动必须以维护正义和公理为根本前提，主张"以道佐人主者，不以兵强天下"，反对"杀无罪之民以兴无道与不义者"的行为。这种优秀文化是中国"和平共处五项原则""永不称霸""求同存异"等外交方针的重要思想来源。

八、"以和为贵"的价值准则

中华民族是各民族在中华大地上繁衍生息、不断交融汇聚形成的多元一体大家庭，这与传统文化"以和为贵""兼容并蓄"的精神息息相关。孟子"天时不如地利，地利不如人和"中的"人和"，指的就是人与人之间团结协作的关系，这才是战胜一切的利器。"以和为贵""和而不同"等观点是我国传统价值准则的良好体现，也为传统文化的发展奠定了底色。从整体上来看，传统文化中的"和"与"同"是相对的概念，其基本内涵包括差异、矛盾、互为他物等。受此观念影响，我国在面对其他文化、宗教时，并没有表现出像其他文明一样拒绝、侵略等态度，而是秉持着包容、友好交流的思想。这种"和而不同""海纳百川"的智慧和胸襟正是中华民族强大凝聚力的思想基础，也是构建和谐社会的宝贵文化内涵。这种多元一体的智慧显示了我国古代人民高度的文化自觉，也要求我们今天不但要建立和谐有序的社会秩序，维护大众群体的发展，而且要促进人民独立人格的发展，兼顾多种利益的诉求，正确看待和处理个人与个人、个人与群体之间的关系。"以和为贵"的价值准则也肯定了事物的多样性和差异性，实质上也承认了矛盾是促进历史发展的根本动力。

我国传统文化底蕴深厚、内涵深刻、源远流长，具有辩证思维传统，认为宇宙是无穷无尽、生生不息的，是在不断变化着的。并且，在"生"中蕴含着"理"，在"变"中有"常"，肯定了"变"与"常"的对立统一，传统文化中的整体观和过程观需要需要我们继承和发展。

与西方文化不同，我国古代哲学体现出唯物主义与辩证思维的结合，这也是传统文化的特色之一。正是因为古代哲学承认了对立统一的普遍原理，才在价值准则上强调"和而不同""以和为贵"。这种重视人与人、人与自然的和谐统一的思想不仅有利于构建和谐有序的社会关系，也有利于保护生态平衡。儒家思想的核心观点"仁"对中华文化影响深刻，其"忠是尽己之心力以助人，恕是不以己之所恶施于人"的内涵，也体现出中华民族"自强不息""厚德载物"的双重精神。"仁"是传统文化的思想精粹，是中华民族的民族精神，正是在这种奋斗不息与兼容并蓄相统一的精神指导下，中华民族才表现出坚持不懈、顽强不屈、自强不息的民族气节和斗争精神，体现出中华文化海纳百川、兼容并蓄的基本特征。

第三节 中华优秀传统文化传承的主要内容

精神文化是文化三个层面中最核心的层面，对物质文化和制度文化起决定作用，物质文化和制度文化是精神文化的具体反映。因此，精神文化是中华优秀传统文化的主要内容，也是传统文化传承至今最宝贵的文化精粹。

一、中华优秀传统文化的核心思想理念

传统文化中有许多深刻的治国思想和优秀观点，如与时俱进、实事求是、革故鼎新、脚踏实地、安民富民、惠民利民等思想，对当代社会仍能提供有益的借鉴和指导。传承和发展中华优秀传统文化，就是要深入挖掘其思想精粹，用当代的语言阐发这些思想精粹的深刻内涵与时代价值。

（一）讲仁爱

儒家思想对传统文化的意义深远，而"仁"是儒家思想的核心内涵。在《论语》中多次出现"仁"的观点，且内涵十分丰富，就像冯友兰说的："在《论语》中可以看出，有时候孔子用'仁'字不光是指某一种特殊德性，而且是指一切德性的总和。"[①] 也就是说，在《论语》中"仁"代表一切优良品德。"仁"的核心是"爱人"，《论语》记载"樊迟问仁，子曰：'爱人。'"朱熹对"爱人"的解释是"爱人，仁之施。"都阐明了"爱人"是"仁"的核心。

那么，"仁"该如何实施，即什么样的行为才是"爱人"呢？孔子认为要"推己及人"，即孔子一以贯之的"忠恕"之道。在《论语·颜渊》中对"忠恕"之道有详细的解释。"仲弓问仁，子曰：'出门如见大宾，使民如承大

[①] 冯友兰. 三松堂全集（第6卷）[M]. 郑州：河南人民出版社，1989：39.

祭。己所不欲，勿施于人。在邦无怨，在家无怨。'"此外，孔子"夫仁者，己欲立而立人，己欲达而达人。能近取譬，可谓仁之方也已。"的观点，认为"己欲立而立人，己欲达而达人"是肯定"爱人"的方面，即"忠"；"己所不欲，勿施于人"是否定"爱人"的方面，即"恕"。二者相结合就是孔子认为的"仁"的实施方法。

"仁爱"这一主张也得到了其他思想家的认可，如墨家主张的"兼爱"就与"仁爱"有许多相似的地方。墨家认为"天下兼相爱则治，交相恶则乱。"因此强调"欲天下之治，而恶其乱，当兼相爱、交相利。此圣王之法，天下之治道也，不可不务为也。"同时，墨家再一次强调了"仁"的内涵，"仁，仁爱也。"尽管墨家主张的无差别的"兼爱"与儒家主张的有差别的"仁爱"是有区别的，但对"爱人"的观点是一致的。

"仁爱"不仅是个人美德的体现，还是一种治国理念，集中体现为古代历朝历代都会体积的"仁政"思想。"仁"的思想在人际关系方面是"爱人"，在治理国家方面就是"爱民"，即执政者实施"仁政"。《礼记》中就有对"仁政"的描述："道千乘之国：敬事而信，节用而爱人，使民以时。"孟子继承了孔子"仁政"的思想，提出了"仁者无敌"的论断，明确提出执政者要实行"仁政"的主张。他认为，"行仁政而王，莫之能御也""尧舜之道，不以仁政，不能平治天下。"孟子"仁政"的思想和主张对后世影响深远，成为了判断执政者治理国家能力的重要标准之一，也是判断王朝兴衰的重要因素之一。秦汉以来，实施"仁政"的汉文帝、汉景帝创造了"文景之治"，唐太宗创造了大唐盛世；而未施"仁政"秦二世、隋炀帝"二世而亡"，也难怪贾谊要说："一夫作难而七庙隳，身死人手，为天下笑者，何也？仁义不施而攻守之势异也。"

（二）重民本

民本思想出现得很早，在《尚书》中就记载了夏禹的"民惟邦本，本固邦宁"的民本思想。周从商灭亡中吸取教训，认识到"民之所欲，天必从之"。春秋战国时期，"民本"思想发展迅速。《左传》提出"夫民，神之主也"，认为国家兴旺就要"听于民"。从孔子提出的"富民""教民"的思想，到孟子提出的"民为贵""君为轻"思想,以及荀子提出的"天之生民,非为君也;天之立君,以为民也"思想,民本思想基本形成。

民本思想的一个主要内容就是重视民生疾苦。老子认为,百姓疾苦大多源自统治者的压榨过多,"民之饥,以其上食税之多,是以饥。"倡导统治者收敛自己的欲望,不横征暴敛。孔子主张"足食,足兵,民信之矣"的治国之道。孟子强烈谴责了"庖有肥肉,厩有肥马,民有饥色,野有饿莩"的统治者,倡导实施"黎民不饥不寒"的治国政策。秦汉时期继承并发展了前人重视民生疾苦的思想,并对后世影响深远。贾谊三篇《过秦论》深刻反思是秦"二世而亡"的教训,指出秦二世施行的一系列暴政"坏宗庙与民,更始作阿房之官;繁刑严诛,吏治刻深;赏罚不当,赋敛无度",最终导致民心丧失,一统天下的强大帝国就此灭亡。唐代杜甫发出了"安得广厦千万间,大庇天下寒士俱欢颜"的宏愿。明代张居正用"致理之要,惟在于安民;安民之道,在察其疾苦"的观点规劝皇帝。清代万斯大"利民之事,丝发必兴;厉民之事,毫末必去"的观点,都在一定程度上体现了对民生疾苦的重视。

重民本的根本目的是获取人心,民心向背决定了国家兴衰,"政之所兴在顺民心,政之所废在逆民心。"孟子认为"得道者多助,失道者寡助",施行"仁政"才能"天下顺之""战必胜矣";相反,若施行"暴政",则"亲戚畔之",最终落得身死国破的下场。朝代更迭,国家分分合合,主要原因都可归结为民心向背,我国古代思想家正是认识到这一点,才会提出顺民意、重民本的思想。

(三)守诚信

"诚""信"是中华民族自古以来就十分重要的道德规范,"诚者,天之道也,思诚者,人之道也。至诚而不动者,未之有也;不诚,未有能动者也。""诚"不仅是为人准则,也是"上天"的准则。"精诚之至也,不精不诚,不能动人""精诚所至,金石为开",可以看出,古人对"诚"的推崇。"信"是儒家"五常"之一。孔子认为"自古皆有死,民无信不立。"孟子认为"上无道揆也,下无法守也,朝不信道,工不信度,君子犯义,小人犯刑,国之所存者幸也。"可见,"信"不仅是为人准则,还是一种重要的治国理念。

"诚"主要指人的内在品质,即"内诚于心";"信"是"诚"的外化,即"外信于人",所以有"诚,信也""信,诚也"的说法,"诚"与"信"二者相结合,就会形成一个内外兼备的道德准则,即诚实守信。

我国古代思想家对诚信的认识深刻,不仅认为诚信是判断个人品质的重要准则,也是治理国家的崇高境界。孔子提出"人而无信,不知其可"的观点,认为诚信是人安身立命之根本,同时也是与他人建立友好关系的基础,"益者三友,损者三友。友直,友谅,友多闻,益矣。友便辟,友善柔,友便佞,损矣。"这里说的"益"和"损"即为人是否诚信的区分。《庄子》"尾生抱柱"的故事充分表明了古人对诚信的高度认可,后人也用"尾生抱柱"比喻诚实守信、遵守约定。此外,诚信还是古代思想家推崇的治国理念。荀子认为,"古者禹汤本义务信而天下治,桀纣弃义背信而天下乱。故为人上者,必将慎礼义、务忠信然后可,此君人者之大本也。"提出诚信是作为执政者和治国思想的根本,要成为明君圣主,实现天下大治,就应坚守诚信之道。

(四)崇正义

"正义"是我国传统文化中十分重要的价值理念。"正"的原意是不偏斜的,《论语》中有"席不正,不坐。"引申为"端正""正确"之意。"政者,正也。子帅以正,孰敢不正?"中也将"正"引申为"端正"的意思,并肯定了"正"在治理国家中的重要性。孔子认为,执政者必须作为道德教化的典范,以身作则,其身正,不令而行;其不正,虽令不从。孟子进一步发扬了孔子的观点,认为"行有不得者,皆反求诸己,其身正而天下归之。"

"义"是儒家"五常"之一,在儒家经典中有许多关于"义"的论述。孔子认为,"义者宜也,尊贤为大。"孟子进一步对"义"做了解释,认为"义,人之正路也。"儒家认为,"义"和"利"是两个不同的范畴,"利"是人的合理需求,而"义"是人们实现自我完善的正确道路,在义"利"权衡中,认为"不义而富且贵,于我如浮云。""生亦我所欲也,义亦我所欲也,二者不可得兼,舍生而取义者也。"古人常将"正"与义"合用,意为公正、合理,"义者,宜也,乃天理之当行,无人欲之邪曲,故曰正路。"古人十分推崇正义,"古之正义,东西南北,苟舟车之所达,人迹之所至,莫不率服。"认为正义既是为人处世的重要准则,也是治国的重要理念。

(五)尚和合

《说文解字》中对和合的解释是"和,相应也。…合,合口也。"意为和睦同心。《墨子》中也有相关记载,"内之父子兄弟作怨雠,皆有离散之心,不能相和合。"《国语》道:"夏禹能单平水土,以品处庶类者也,商契能和合五教,以保于百姓者也。"《韩诗外传》记载:"天施地化,阴阳和合。"《史记》有言:"施教导民,上下和合。"唐代元稹在《辨日旁瑞气状》中说:"臣下忠诚辅主,国中欢喜和合。"对于"和合"一词的理解,张岱年说:"'和合'一词起源很早。用两个字表示,称为'和合';用一个字表示,则称为'和'。"实际上,"和合"精神实质就是"和谐",指万事万物井然有序、相互协调、共生共荣。中国古代的"和合"思想,强调了多方面的和谐。

首先,人与自身和谐。儒家经典《中庸》强调:"喜怒哀乐之未发,谓之中;发而皆中节,谓之和。中也者,天下之大本也;和也者,天下之达道也。"儒家主张通过格物、致知、诚意、正心、修身等途径协调好人的内心世界、规范好人的外在行为。道家主张:"挫其锐,解其纷,和其光,同其尘。"主张以谦让不争、清静无为达到身心和谐。佛家讲修来世,力图以超然人生的态度进入一种大彻大悟的心灵境地,实现自我身心和谐。

其次,人与人和谐。在处理人与人的关系上,孔子主张"仁爱"原则,一方面要"己欲立而立人,己欲达而达人",另一方面要"己所不欲,勿施于人",这两条都是从"己欲"出发"推己及人",合起来就是孔子一以贯之的"忠恕"之道。道家反对人与人的冲突争斗,老子说:"天之道,损有余而补不足。人之道,损不足以奉有余。孰能以有余以奉天下,唯有道者。"主张人们效法天道,实现人与人之间的相对和谐。

再次,人与社会的和谐。在处理人与社会关系上,中国古人追求"内圣外王"的境界。"内圣"是指注重个人修养,"外王"是指注重社会功用,个人和社会实现了和谐统一。孟子说:"得志,泽加于民;不得志,修身见于世。穷则独善其身,达则兼善天下。"孟子的论述正是对"内圣外王"生动而深刻的诠释,做到了这一点就能做到人与社会的和谐。

最后，人与自然和谐。"天人合一"代表着人与自然的高度和谐，是中华传统文化的重要内容。孟子说："不违农时，谷不可胜食也；数罟不入洿池，鱼鳖不可胜食也；斧斤以时入山林，材木不可胜用也。谷与鱼鳖不可胜食，材木不可胜用，是使民养生丧死无憾也。养生丧死无憾，王道之始也。"他把人与自然的和谐作为施行"王道"政治的开始。荀子也说："鼋鼍、鱼鳖、鳅鳝孕别之时，罔罟、毒药不入泽，不夭其生，不绝其长也。"而对此更为生动的阐释是《吕氏春秋》："竭泽而渔，岂不获得？而明年无鱼；焚薮而田，岂不获得？而明年无兽。"这些发展理念体现了深刻的辩证思想，即使在今天也有很强的启示意义。

另外，在对外关系上，中国古代还追求民族与民族、国与国之间的和谐。儒家认为"以力服人者，非心服也，力不赡也；以德服人者，中心悦而诚服也"，提倡"远人不服，则修文德以来之。既来之，则安之"。墨家主张"非攻"，反对一切侵略战争。道家不崇尚武力，老子说："兵者不祥之器，非君子之器，不得已而用之，恬淡为上，胜而不美，而美之者，是乐杀人。"兵法经典《孙子兵法》认为"百战百胜，非善之善者也；不战而屈人之兵，善之善者也"，《司马法》也认为"国虽大，好战必亡"。秦汉以来，渴望和平、呼吁和平的声音一直不断，特别是在历朝历代的文学作品中，这样的声音尤其强烈。曹操在《蒿里行》中写道："铠甲生虮虱，万姓以死亡。白骨露于野，千里无鸡鸣。生民百遗一，念之断人肠。"唐代诗人陈陶在《陇西行》中写道："誓扫匈奴不顾身，五千貂锦丧胡尘。可怜无定河边骨，犹是春闺梦里人。"元朝诗人萨都剌在《念奴娇·赤壁怀古》写道："蔽日旌旗，连云樯橹，白骨纷如雪。"这些诗歌从不同角度描写了兵灾战祸给国家给百姓所造成的巨大灾难，表达了人民对和平的强烈渴望。

为了追求和平，汉唐清等朝代通过"和亲"加强与邻邦的友好关系。据《史记》记载："（高祖）取家人子名为长公主，妻单于。使刘敬往结和亲约。"从此时起，汉朝与匈奴之间开始了真正的"和亲"，后世或断或续地沿袭了这一政策，到清朝达到了顶峰。"和亲"效果较好、影响较大的有汉朝的昭君出塞和唐朝的文成公主远嫁吐蕃。汉元帝时期，汉宫宫女王昭君出塞，嫁给匈奴呼韩邪单于，使汉匈两家在几十年间一直保持着友好和睦关系。唐太宗时期，文成公主远嫁吐蕃，在吐蕃生活了近四十年。在她的影响下，汉族的碾磨、纺织、陶器、造纸、酿酒等工艺陆续传到吐蕃；她带去的诗文、农书、佛经、史书、医典、历法等典籍，促进了吐蕃经济、文化的发展，加强了唐朝和吐蕃的友好关系。值得注意的是，这两次"和亲"都发生在中国强盛、邻邦衰弱时期，这充分说明了对和平发展的渴望。

另外，郑和下西洋的史实也能说明中国的和平发展理念。1405年，郑和率领庞大的二百四十多艘海船、两万七千四百名船员组成的船队远航，访问了三十多个太平洋和印度洋的国家和地区。在二十多年间，郑和一共远航七次，最远到达红海沿岸和非洲东海沿岸。郑和的船队是一支规模庞大、装备精良的舰队，虽然有强大的军事实力，但郑和的舰队没有被用于侵略扩张，而是为了和平交往。郑和七下西洋，开拓了海上航道，发展了海外贸易，传播了中华文明，将中华礼仪和思想、历法和度量衡制度、农业技术、制造技术、建筑雕刻技术、医术、航海造船技术等传播到沿途国家。而稍后葡萄牙、西班牙两个海洋大国相继开拓了世界新航道，拉开了西方列强殖民世界的大幕。在中华民族的悠久历史中，和平发展的理念不仅滋润了中华民族的精神，也指导着中华民族的发展实践，成为能够启迪未来的精神财富。

（六）求大同

构建一个什么样的社会，是中国古人不断思考的一个问题。特别是在春秋战国时期，由于战争频发，社会混乱，许多思想家都提出了别具一格的社会理想。例如，农家提出了"并耕而食"的理想，道家提出了"小国寡民"的理想。这其中，以儒家提出的"大同"社会理想最为美好。在"大同"社会，"天下为公"是其根本特征，经济社会的发展成果不是被统治者独享，而是为天下黎民百姓所共享，即使"矜寡孤独废疾者"这些社会的弱势群体也在关爱关照之列。社会没有特权阶层，参加社会治理的人都是民众选出的贤能之士。社会上民众道德境界很高，讲信修睦，守望相助，乐于奉献，没有私心。整个社会秩序安定，可以做到道不拾遗，夜不闭户。可见，"大同"社会是一个以民为本、天下为公的社会，不仅经济繁荣，百姓富足，而且社会风气淳朴，人们道德高尚，在这个社会中人们的利益得到了广泛而可靠的保障。

"大同"社会的美好理想对后世产生了深远影响。晋代陶渊明在《桃花源记》中描绘了一个美好的"世外桃源":"土地平旷,屋舍俨然,有良田美池桑竹之属。阡陌交通,鸡犬相闻。其中往来种作,男女衣着,悉如外人。黄发垂髫,并怡然自乐。""世外桃源"既表达了对现实社会的不满,也表达了对"大同"社会的向往。从此之后,经历社会动荡和苦难的人们普遍憧憬着"世外桃源",并和"大同"社会一起成为人们追求的理想社会。唐代前期,经过几代人的励精图治,出现了"贞观之治""开元盛世"。杜甫在《忆昔》中写道:"忆昔开元全盛日,小邑犹藏万家室。稻米流脂粟米白,公私仓廪俱丰实。九州道路无豺虎,远行不劳吉日出。齐纨鲁缟车班班,男耕女桑不相失。"这首诗描绘了盛唐时期百姓富足、社会文明的画面,后人似乎可以在诗中看到"大同"社会的影子,这也成为人们津津乐道、孜孜以求的社会理想。

近代以来,中国备受西方列强欺凌,陷入内忧外患的黑暗境地,中国人民饱受战乱频仍、山河破碎、民不聊生的磨难。为了救亡图存、民族复兴,中华民族的仁人志士进行了不懈的探索和尝试。一些有识之士从中华优秀传统文化中汲取智慧,"大同"社会的理想再次成为思想的旗帜。康有为创作《大同书》,提出人类历史所经历的三个阶段,即由"据乱"进为"升平"(小康),由"升平"进为"太平"(大同)。孙中山提倡"天下为公","提倡人民的权利,便是公天下的道理。公天下和家天下的道理是相反的。天下为公,人人的权利都是很平的。""大同"社会的理想寄予了中华民族几千年的社会理想,激励一代代中国人为之上下求索、为之不懈奋斗。

"大同"社会理想与柏拉图的"理想国"大致同期,比欧洲最早的空想社会主义"乌托邦"早了差不多两千年。毛泽东同志指出:"康有为写了《大同书》,他没有也不可能找到一条到达大同的路。"同样,中国古人并没有找到一条实现"大同"社会理想的可行道路,这个社会理想也没有真的实现。但是,作为一种社会理想,它体现了中国古代以"民"为本的发展理念,具有重要的进步意义。习近平同志在治国理政实践中,十分重视中国古代的"大同"理想,多次在讲话中使用"大同"一词。习近平同志指出:"中华民族的先人们早就向往人们的物质生活充实无忧、道德境界充分升华的大同世界。""世界大同,和合共生,这些都是中国几千年文明一直秉持的理念。""我们所做的一切都是为人民谋幸福,为民族谋复兴,为世界谋大同。""大同"思想不仅是实现中华民族伟大复兴的重要精神引领,也是推动构建人类命运共同体的重要思想智慧。

二、中华传统美德

中华优秀传统文化蕴含着丰富的道德理念和精神,如天下兴亡、匹夫有责的担当意识,精忠报国、振兴中华的爱国情怀,崇德向善、见贤思齐的社会风尚,孝悌忠信、礼义廉耻的荣辱观念,体现着评判是非曲直的价值标准,潜移默化地影响着中国人的行为方式。习近平总书记指出:"今天,中华民族要继续前进,就必须根据时代条件,继承和弘扬我们的民族精神、我们民族的优秀文化,特别是包含其中的传统美德。"传承发展中华优秀传统文化,就要大力弘扬自强不息、敬业乐群、扶危济困、见义勇为、孝老爱亲等中华传统美德。

(一)自强不息

"自强不息"出自《易经》"天行健,君子以自强不息"。古人认为,天上的星辰日夜运行不息,君子效法上天,也应自强不息,中华民族自古以来就有这种强烈的自强不息精神。

习近平同志指出:"中华民族历史上经历过很多磨难,但从来没有被压垮过,而是愈挫愈勇,不断在磨难中成长、从磨难中奋起。"中华民族的发展史,就是一部不断历经磨难、成长奋起的光辉历史。《中国人史纲》描写了中国历史的一个有意思的现象:"中国像一个巨大的立方体,在排山倒海的浪潮中,它会倾覆,但在浪潮退去后仍顽强地矗立在那里,以另一面正视世界,永不消失、永不沉没。"在中华民族的漫长历史中,不光有辉煌灿烂的时候,也有衰弱黑暗的时候。从历史上看,中华民族曾长期屹立世界民族之林的前列,中华文明曾长期占据人类文明的高峰,这与中华优秀传统文化中的自强不息精神是紧密相关的。"自强不息"出于《易经》"天行健,君子以自强不息"。古人认为,天上的星辰日夜运行不息,君子效法上天,也应自强不息,中华民族自古以来就有这种强烈的自强不息精神。

第一章 中华优秀传统文化的现代阐释

居安思危求自强。从刀耕火种、穴居巢处的远古时代，到西方列强纷至沓来的中国近代，中华民族经历过许多磨难。从天而降的自然灾害、汹涌而至的外部侵略、持续不断的分裂动荡，特别是中国近代以来的内忧外患，每一次磨难降临，都会产生一种"黑云压城城欲摧"的紧张局面。习近平同志指出："在漫长的历史发展进程中，中华民族曾受过无数来自内部的矛盾与冲突和来自外部的挑战与威胁，如自然灾害、社会动荡、王朝更替、外部入侵等等，但中华民族却一次次战胜灾难，一次次渡过难关，使统一的多民族国家得以不断巩固和发展。"艰难困苦，玉汝于成。多灾多难孕育了中华民族深厚的忧患意识，深厚的忧患意识又不断激励中华民族自强不息，支撑中华民族在历经磨难中愈挫愈勇、成长奋起。从发展历程上看，中华民族忧患意识萌生于中华先民远古时期的生存危机中，成熟于先秦诸子系统深邃的思考争鸣中，强化于秦汉以来战胜磨难的不懈奋斗中，发展于中国近代救亡图存的上下求索中。孔子说："人无远虑，必有近忧。"孟子说："生于忧患，死于安乐。"（《司马法》曰："国虽大，好战必亡；天下虽安，忘战必危。"欧阳修说："忧劳可以兴国，逸豫可以亡身。"这些都表现了中华儿女对国家的强烈忧患意识。易中天认为："忧患是我们民族文化的底色。"正因为中华民族有忧患意识，才能够经常保持清醒，才能保持自强不息的精神状态，才能长盛不衰。

勇于担当求自强。在中国古代，"修身""齐家""治国""平天下"是读书人的人生追求和最高理想。在中国历史上，出现了很多具有担当精神的民族英雄，他们勇于承担起民族和国家的责任。鲁迅说："我们从古以来，就有埋头苦干的人，有拼命硬干的人，有为民请命的人，有舍身求法的人……虽是等于为帝王将相作家谱的所谓'正史'，也往往掩不住他们的光耀，这就是中国的脊梁。"在中华民族的历史记忆中，滔天洪水是最初的梦魇。《史记》记载：当帝尧之时，洪水滔天，浩浩怀山襄陵，下民其忧。《孟子》也记载：当尧之时，水逆行，泛滥于中国。蛇龙居之，民无所定。面对滔天洪水，以大禹为代表的中华先祖勇敢担起了"治水"重任。为治理洪水，大禹与民众一起栉风沐雨，"劳身焦思，居外十三年，过家门不敢入"。大禹因势利导、科学治水，克服重重困难，终于治水成功，带领中华民族战胜洪水磨难。大禹治水精神成为中华民族精神的重要源头，激励后人不断战胜各种洪涝灾害。从大禹治水"三过家门而不入",到孟子"如欲平治天下,当今之世,舍我其谁也";从张骞出使西域开拓"丝绸之路",到林则徐虎门销烟的壮举,勇于担当的精神始终是中华民族的重要精神品质。在戊戌变法中,谭嗣同甘愿以身殉难:"各国变法,无不从流血而成。今中国未闻有因变法而流血者,此国之所以不昌也。有之,请自嗣同始。"谭嗣同的视死如归、大义凛然,体现了中华民族崇高的担当精神。正是有了这种担当精神,中华儿女才会在国家太平时居安思危,在国家危难时挺身而出,在危险面前毫不退缩,在艰难前面敢于向前,前赴后继,勇敢扛起国家和民族的重担。

革故鼎新求自强。"穷则变,变则通,通则久。"中华民族是一个重视传统的民族,也是一个锐意革新的民族。《诗经》说:"周虽旧邦,其命惟新。"《大学》说:"苟日新、日日新,又日新。"韩非子主张:"世异则事异""事异则备变"。《淮南子》说:"苟利于民,不必法古;苟周于事,不必循旧。"顾炎武说:"因已变之势,复创造之规。"魏源说:"师夷长技以制夷。"这些流传至今、不同时代的名言警句,充分说明了我们中华民族自古以来就有革故鼎新的发展理念。每当国家的发展陷入僵滞、民族的进步受到阻碍时,中华民族总是选择"变"来增强国家和民族前进的动力,使中华民族重新屹立于世界民族之林。中国历史上的"变法"有许多次,最著名的有"商鞅变法""胡服骑射""王安石变法"和"戊戌变法"等。

近代以来,西方列强纷至沓来,中华民族敢于变革陈旧落后的思想,敢于抛弃不合时宜的观念,先后发动了洋务运动、戊戌变法、辛亥革命和新民主主义革命,从器物、制度、文化等方面进行了全方位的"变法"乃至"革命",以永不停歇的自强精神,再一次使中华民族如凤凰涅槃般屹立于世界民族之林。

(二)敬业乐群

"敬业乐群"一词最早出现在《礼记·学记》:"古之教者,家有塾,党有庠,术有序,国有学。比年入学,中年考校。一年视离经辨志;三年视敬业乐群;五年视博习亲师;七年视论学取友,谓之小成。""敬业乐群"是古代学校"考校"学生的项目之一,是一种学习要求。如何理解"敬业乐群",古人有不少解释。孔颖达说："敬业谓艺业长者敬而亲之，乐群谓群居朋友善者愿而乐之。"从古代学校"考校"学生的项目来看，"敬业乐群"自然是学生在校学习的表现，"敬业"是专注于学业，"乐群"是与同学和睦相处。后人对"敬业乐群"有更宽泛的认识，不限于对在校学生的要求，而是对每一个人的基本要求。所以朱熹说："敬业者，专心致志以事其业也；乐群者，乐于取益以辅其仁也。"因此，"敬业乐群"就是对事业专心致志、与他人和睦相处，这是对所有人为人处世的基本道德要求。梁启超曾作《敬业与乐业》的演讲，他说："我这题目，是把《礼记》里头'敬业乐群'和《老子》里头'安其居，乐其业'那两句话，断章取义造出来的。我所说的是否与《礼记》《老子》原意相合，不必深求，但我确信'敬业乐业'四个字，是人类生活的不二法门。"

中国古代有着悠久的"敬业"传统，孔子说："居处恭，执事敬，与人忠。虽之夷狄，不可弃也。"孔子把"执事敬"作为为人处世的最基本要求，是放之四海而皆准的道德规范。孔子还说："敬其事而后其食。"孔子本身就严格践行了这句话，《史记》记载："孔子贫且贱。及长，尝为季氏史，料量平；尝为司职吏而畜蕃息。""孔子为中都宰，一年，四方皆则之。""与闻国政三月，粥羔豚者弗饰贾；男女行者别于涂；涂不拾遗；四方之客至乎邑者不求有司，皆予之以归。"后来，孔子弟子冉有、子路担任公职，孔子告诫他们说："求！周任有言曰：'陈力就列，不能者止。'危而不持，颠而不扶，则将焉用彼相矣？虎兕出于柙，龟玉毁于椟中，是谁之过与？"在孔子的教导和影响下，孔子的弟子能够做到敬业守职，特别是子路忠于职守，最终死于公职。

古代不仅重视敬业，而且对于促进敬业也有不少高招。宋代司马光有一篇《谏院题名记》，论述了谏官"敬业"的重要性："夫以天下之政，四海之众，得失利病，萃于一官使言之，其为任亦重矣。居是官者，常志其大，舍其细；先其急，后其缓；专利国家而不为身谋。"正是因为"谏官"是否敬业非常重要，所以司马光要将担任过谏官的名字刻在石上，让当时和后来的人进行监督和评议："某也忠，某也诈，某也直，某也曲。""刻名于石"是对官员敬业与否的有力监督。南京明城墙至今仍然雄伟坚固，一方面

源于当时修城工匠忠于职守，另一方面则是源于朱元璋要求筑城的每一块城砖都刻上工匠的名字，以便事后追责。这就是所谓的"物勒工名"，将姓名刻在建筑、器具、兵器等上面，这种做法从春秋时期就有，这是督促"敬业"的成功经验和做法。

"乐群"也是中国古代非常赞赏的美德，人类源自大自然，从猿进化而来，但其生存形式与动物不同。荀子曾说："人，力不若牛，走不若马，而牛马为用，何也？曰：人能群，彼不能群也。"因此，"群"是人类生存的必然要求，也是一个国家和民族力量的根本来源，儒家主张"乐群"，肯定"人世"的生活态度。在孔子周游列国期间，有一次遇到楚狂接舆，他唱歌劝谏孔子说："凤兮！凤兮！何德之衰？往者不可谏，来者犹可追。已而，已而！今之从政者殆而！"孔子不为所动。又有一次，孔子让弟子子路问路，一个叫桀溺的隐者告诉子路："滔滔者天下皆是也，而谁以易之？且而与其从辟人之士也，岂若从辟世之士哉？"这个回答是劝诫孔子师徒应"出世"归隐。听了这个回答，孔子虽然非常惆怅，但还是坚定地说："鸟兽不可与同群，吾非斯人之徒与而谁与？天下有道，丘不与易也。"孔子"乐群""人世"之心是坚定不移的，即便在最危险坎坷的时候也没有动摇。

孔子"乐群"，非常重视建立和睦的社会关系。有一次，子路问孔子有何志向，孔子回答说："老者安之，朋友信之，少者怀之。"还有一次，子路、曾皙、冉有、公西华和孔子一起谈论志向，曾皙说他的志向是："莫春者，春服既成。冠者五六人，童子六七人，浴乎沂，风乎舞雩，咏而归。"孔子赞叹道："吾与点也！"孔子喜欢与人交际，也善于与人交际。关于交友，孔子有很多精彩论述，如："友直，友谅，友多闻，益矣。友便辟，友善柔，友便佞，损矣。""巧言、令色、足恭，左丘明耻之，丘亦耻之；匿怨而友其人，左丘明耻之，丘亦耻之。""事君数，斯辱矣，朋友数，斯疏矣。""里仁为美。择不处仁，焉得知？"《史记·孔子世家》记载孔子"弟子盖三千焉，身通六艺者七十有二人"。孔子以其乐观向上的人生态度和温和宽厚的人格魅力，赢得了时人的青睐和后人的敬仰。

（三）扶危济困

在中国古代"大同"社会理想中，"鳏寡孤独废疾者，皆有所养"是一个重要标准。"扶危济困"是中国的传统美德，它反映了中华民族的高尚品格，也给社会带来了正义和温情。《论语》记载，孔子的一个朋友去世了，但没有能力处理后事。孔子知道后说："于我殡。"还有一次，孔子的马厩失了火，孔子从朝廷回来，先问："伤人乎？"而不问马。这两件小事反映出了孔子对弱势群体的关怀。孟子在论述周文王如何实行仁政的时候说："老而无妻曰鳏。老而无夫曰寡。老而无子曰独。幼而无父曰孤。此四者，天下之穷民而无告者。文王发政施仁，必先斯四者。"孟子认为，鳏寡孤独是"天下之穷民而无告者"，国家实行仁政要从这些弱者开始。

"扶危济困"是一种高尚品德，那些能够"扶危济困"的高尚之士得到了人们极大的赞赏。司马迁在《游侠列传》中对那些"以武犯禁"而为官方不齿的市井游侠大加赞赏："其言必信，其行必果，已诺必诚，不爱其躯，赴士之厄困，既已存亡死生矣，而不矜其能，不伐其德。"鲁地有一个叫朱家的游侠，朱家"振人不赡，先从贫贱始。家无余财，衣不完采，食不重味，乘不过軥牛。专趋人之急，甚己之私"。楚汉时期项羽的部将季布，项羽兵败后被刘邦追捕，朱家不仅隐匿了季布，而且还亲自替季布求情，最终使季布得到赦免，而成为"一诺千金"的汉代名将。除了汉代游侠，司马迁还极为赞赏战国时期"扶危济困"的鲁仲连。长平之战后，秦国大军围困了赵国都城邯郸。有人建议，赵国应尊秦王为帝，以免除亡国之祸。鲁仲连听说此事后"义不帝秦"，竭力说服了主张尊秦王为帝的新垣衍。鲁仲连的慷慨陈词和雄辩论证，还震撼了围城的秦军将士。

司马迁对鲁仲连非常赞赏，所以专门在《史记》中为他作传，并赞扬他："鲁连其指意虽不合大义，然余多其在布衣之位，荡然肆志，不诎于诸侯，谈说于当世，折卿相之权。"李白对鲁仲连"义不帝秦"和"辞不受金"也极为赞赏，在一首《古风》中李白写道："齐有倜傥生，鲁连特高妙。明月出海底，一朝开光曜。却秦振英声，后世仰末照。意轻千金赠，顾向平原笑。吾亦澹荡人，拂衣可同调。"

"扶危济困"不仅是侠客们的专利,中国古代许多知识分子也是"扶危济困"的义士。宋代"先天下之忧而忧,后天下之乐而乐"的范仲淹,不仅是一位著名的政治家、军事家和文学家,还是一位"扶危济困"的义士。时人钱公辅有一篇《义田记》,专门记载和赞颂了范仲淹"扶危济困"的义举。

范仲淹购置的"义田"使群族之人天天有饭吃,年年有衣穿,嫁女、娶妻、生病、丧葬都予以资助,而出仕为官的人则停止供给。范仲淹一生为官俸禄丰厚,但终身过着清贫的生活。他逝世的时候,家无余财,而把"扶危济困"作为遗志留给子孙。

明代思想家何心隐曾在江西永丰建立了一个叫"聚和堂"的民间组织,颇有一些"乌托邦"的意味。何心隐把几千人的民众组织起来建立"聚和堂",还专门成立组织严密的教育机构和养育机构,对"聚和堂"内部的民众进行教育和养育,这就使以前无力上学的孩子受到了良好的教育,鳏寡孤独之人得到了基本的救济。何心隐一心"扶危济困",不仅不从"聚和堂"谋取私利,而且还把自己的财产贴补进去。"聚和堂"宛然成了小型的"大同"社会,虽然存在只有短短几年,但在中国古代历史上却留下了精彩的一笔。

(四)见义勇为

"勇"是古今中外普遍肯定的品德,中国古代也把"勇"作为人的一种美德。但是,中国古代不单纯地赞美"勇","勇"必须有"仁""义"的支撑才是值得赞美的"勇"。子路是孔子弟子中最"勇"的,他经常和孔子讨论关于"勇"的话题。有一次,子路问孔子:"君子尚勇乎?"孔子回答道:"君子义以为上。君子有勇而无义为乱,小人有勇而无义为盗。"孔子不赞成简单的"勇",因为如果没有"仁""义"作为前提,"勇"是要产生很大危害的。还有一次,子路问孔子:"子行三军,则谁与?"因为子路在孔子弟子中最有勇力,因此他认为这个问题答案不言自明,但孔子回答说:"暴虎冯河,死而无悔者,吾不与也。必也临事而惧,好谋而成者也。"孔子的回答实际上否定"暴虎冯河"般的"勇"。还有一次,孔子说:"道不行,乘桴浮于海。从我者其由与?"子路听到后非常高兴,但孔子接着说:"由也好勇过我,无所取材。"

孔子认为勇必须要有"仁""义"作为内在的支撑,是"仁""义"之上的"勇"。孔子说:"仁者必有勇,勇者不必有仁。"孔子还说:"见义不为,无勇也。"因此儒家主张的是"见义勇为",赞赏的是"自反而不缩,虽褐宽博,吾不惴焉;自反而缩,虽千万人,吾往矣"的"大勇"。宋代苏轼在《留侯论》中也有一段关于"大勇"的精彩论述,苏轼说:"人情有所不能忍者,匹夫见辱,拔剑而起,挺身而斗,此不足为勇也。天下有大勇者,卒然临之而不惊,无故加之而不怒。此其所挟持者甚大,而其志甚远也。"苏轼认为,真正的"大勇"是"所挟持者甚大"的"勇",是"其志甚远"的"勇",也就是一种有"义"支撑的"勇"。

古人云:"武死战,文死谏。"对于军人来说,"勇"是一种基本的品质要求。《孙子兵法》上说:"将者,智、信、仁、勇、严也。"把"勇"作为合格军人的基本要求。中国古代有着数不胜数的勇士,留下了令后世津津乐道的事迹。例如,春秋战国时期,有孟贲、乌获、任鄙等勇士;楚汉战争时期,有项羽、樊哙等勇士;三国时期,有吕布、关羽、张飞、赵云等勇士,后人在小说、戏剧中不断演绎他们的故事。

军人的"勇"固然可贵,但文人的"勇"更加可贵。历史上有许多见义勇为的文人,他们的事迹著之书帛,传于后世。春秋时期卫国大夫史鱼,多次向卫灵公进谏,要他接近贤臣蘧伯玉,远离佞臣弥子瑕,但卫灵公不听。史鱼临死嘱家人不要"治丧正室",以劝诫卫灵公进贤去佞,史称"尸谏"。孔丘对史鱼的直言敢谏非常赞赏,赞叹道:"直哉史鱼,邦有道如矢,邦无道如矢。"汉代文帝时期的廷尉张释之也是一个直言敢谏的官员,有一次,汉文帝的太子刘启乘车违反了宫中规定,他敢于阻止太子,并治了他的罪。《史记》记载:"太子与梁王共车入朝,不下司马门,于是释之追止太子、梁王无得入殿门。遂劾不下公门不敬,奏之。"还有一次汉文帝的马车被一个平民惊吓,差点儿翻车。汉文帝非常生气,要将此人处死。但身为廷尉的张释之敢于违抗皇帝的旨意,坚决依法办事,他说:"法者天子所与天下公共也。今法如此而更重之,是法不信于民也。且方其时,上使立诛之则已。今既下廷尉,廷尉,天下之平也,一倾而天下用法皆为轻重,民安所措其手足?"张释之勇于坚持正义,司马迁称赞他"张季之言长者,守法不阿意"。

"见义勇为"并非军人和士大夫的专利，中国古代的普通百姓也具有这种美德。明朝末年，以宦官魏忠贤为首的阉党专权乱政，他们排除异己，杀害忠臣，欺压百姓，暴虐无道，一度出现了"钩党之捕遍于天下"的乱局。当时江南士大夫为首的东林党人与阉党进行了坚决斗争，遭到了阉党的打压。天启六年（1626年），阉党派遣爪牙抓捕东林党人周顺昌，苏州市民群情激奋、奋起反抗。市民首领颜佩韦等五人为了保护群众，挺身投案，英勇就义。"然五人之当刑也，意气扬扬，呼中丞之名而詈之，谈笑以死。断头置城上，颜色不少变。"后人将他们合葬在苏州城外，立碑纪念。文人张溥作《五人墓碑记》歌颂他们，文中写道："五人生于编伍之间，素不闻《诗》《书》之训，激昂大义，蹈死不顾。""死生之大，匹夫之有重于社稷也。"

（五）孝老爱亲

中国古代认为，社会存在五种人伦关系，即君臣、父子、兄弟、夫妇、朋友，也就是所谓的"五伦"。中国古人很早就非常重视"五伦"，提出了处理"五伦"的道德要求。在"五伦"中，父子、兄弟、夫妇都是家庭伦理，《史记》记载，舜继承尧的帝位之后，"举八元，使布五教于四方，父义，母慈，兄友，弟恭，子孝，内平外成"。"八元"是舜任用的八位贤臣，舜使他们实行"五教"，即"父义、母慈、兄友、弟恭、子孝"，这是对不同家庭成员的具体要求。《孟子》也记载，上古时候，人们"逸居而无教，则近于禽兽"，于是圣人"使契为司徒，教以人伦：父子有亲，君臣有义，夫妇有别，长幼有序，朋友有信"，人民有了教养，社会就安定有序了。《礼记》上说："何谓人义？父慈，子孝，兄良，弟悌，夫义，妇听，长惠，幼顺，君仁，臣忠。"虽然古代不同典籍对于家庭伦理的要求有所不同，但总的来说可以归结为"孝老爱亲"一条。

儒家强调"仁爱"是一种有差别的爱。孔子说："仁者人也，亲亲为大。"孟子说："君子之于物也，爱之而弗仁；于民也，仁之而弗亲。亲亲而仁民，仁民而爱物。"儒家主张，仁爱要根据亲缘关系的远近依次递减，这是以人性作为基础的。因此，儒家对"仁爱"的解释，暗含了"孝老爱亲"的要求，特别对"孝悌"强调最多。孔子说："弟子入则孝，出则悌，谨而信，泛爱众,而亲仁。行有余力,则以学文。"孔子认为,只要能做到"孝悌",就和"仁"很接近了。孔子有个弟子叫闵子骞,这是一个大孝子,孔子就对他非常赞赏:"孝哉闵子骞!人不间于其父母昆弟之言。"孔子的弟子有若说:"其为人也孝悌,而好犯上者,鲜矣;不好犯上,而好作乱者,未之有也。君子务本,本立而道生。孝悌也者,其为仁之本与!"有若认为"孝悌"是君子实行"仁"的根本。孟子说:"仁之实,事亲是也;义之实,从兄是也。"孟子认为,"仁"的实质就是孝顺父母,"义"的实质就是友爱兄长,也就是说"仁"的基础是"孝悌"。

孟子在论述如何实行"王道"的时候说:"谨庠序之教,申之以孝悌之义,颁白者不负戴于道路矣。"古代极为重视"孝悌"之义的教育,在"四书五经"中,关于"孝悌"的论述丰富而深刻。除了"四书五经",古人还编纂了《孝经》《二十四孝》等专门的教材,阐述"孝悌"的微言大义,并树立了许多"孝悌"的榜样以便供后人学习。

三、丰富的人文精神

中华优秀传统文化积淀着丰富、珍贵的人文精神,如求同存异、和而不同的处世方法,文以载道、以文化人的教化思想,形神兼备、情景交融的美学追求,俭约自守、中和泰和的生活理念等,是中国人民思想观念、风俗习惯、生活方式、情感样式的集中表达,滋养了独特丰富的文学艺术、科学技术、人文学术,至今仍然具有深刻影响。传承发展中华优秀传统文化,就要大力弘扬有利于促进社会和谐、鼓励人们向上向善的人文精神。

(一)求同存异、和而不同的处世方法

"同"与"异","和"与"同",是中国古代思想中两对重要的范畴。中国古代追求"同",儒家求"大同",墨家"尚同",名家"合同异",各家对"同"的理解虽然不同,但求"同"的理想则具有相似性。但中国古人又普遍认为绝对的完全的"同"是难以实现的,也是不存在的。所以孟子说:"夫物之不齐,物之情也。或相倍蓰,或相什百,或相千万。"既然不能完全同一,就只能求同存异。求同存异的目的是"和",也即和谐。君子

追求"和",而不追求完全的"同"。孔子说:"君子和而不同,小人同而不和。",君子应该追求和谐,不追求同一。习近平同志指出:"和而不同是一切事物发生发展的规律。世界万物万事总是千差万别、异彩纷呈的,如果万物万事都清一色了,事物的发展、世界的进步也就停止了。"求同存异、和而不同是中国古人赞赏和追求的处世方法。

追求和谐,不强求同一。关于"和"与"同"内涵与区别,早在孔子之前就有人进行过阐释。《左传》记载,晏婴曾对齐景公论述过"和"与"同"的区别,晏婴说:"和如羹焉,水、火、醯、醢、盐、梅,以烹鱼肉,燀执以薪,宰夫和之,齐之以味,济其不及,以泄其过。"晏婴认为,"和"就是和谐,就像"五味"的调和,要有不同的佐料进行合理搭配,这样才能做出美味的"羹"。不仅"五味"的调和如此,"五声"也是如此。"同"就是同一,单一佐料无法调出"五味",单一的声音无法形成"五声",所以晏婴说:"若以水济水,谁能食之?若琴瑟之一专,谁能听之?同之不可也如是。"晏婴论"五味""五声"的"和"与"同",是要向齐景公说明治理国家也要"和而不同":"君所谓可而有否焉,臣献其否以成其可;君所谓否而有可焉,臣献其可以去其否。是以政平而不干,民无争心。"只有追求有差别的和谐,而不强求无差别的同一,这样才能处理好政事,才能治理好国家。

春秋战国时期,诸子百家之间进行了长达数百年的学术争鸣。史学家班固对诸子百家的学术争鸣进行过精彩评论,他说:"皆起于王道既微,诸侯力政,时君世主,好恶殊方,是以九家之术蜂出并作,各引一端,崇其所善,以此驰说,取合诸侯。其言虽殊,辟犹水火,相灭亦相生也。仁之与义,敬之与和,相反而皆相成也。"诸子百家在经济、政治、文化、社会、人生等方面进行了深入的学术争鸣,他们虽然观点不同,但相互影响,相反相成,从而使中华民族学术思想达到了前所未有的高度。战国时期的齐国甚至成立了稷下学宫,供四方各派学者进行学术研究和争鸣。《史记》说:"宣王喜文学游说之士,自如邹衍、淳于髡、田骈、接子、慎到、环渊之徒七十六人,皆次列第为上大夫,不治而议论,是以稷下学士复盛,且数百千人。"正是诸子百家的学术争鸣,使中华民族出现了第一个文化高峰。在诸子百家争鸣之后的两千多年里，虽然儒家思想影响最为深远，但其他学派的思想并没有消失和被禁止，而是一直产生着影响。习近平同志指出："儒家思想和中国历史上存在的其他学说既对立又统一，既相互竞争又相互借鉴，虽然儒家思想长期居于主导地位，但始终和其他学说处于和而不同的局面之中。"

包容不同，不禁止言论。完全的"同"是难以实现的，普遍的"异"是客观存在的，因此应该包容不同。春秋时期郑国的子产是一位伟大的政治家，他能够以宽广的胸怀包容不同。子产执政时期，郑国人经常到乡校休闲聚会，议论子产执政的优劣得失。于是有人就建议子产毁掉乡校，以免人们议论。

子产坚决反对毁掉乡校，他把国人的议论作为自己的良药，及时修正自己的政令，把郑国治理得井井有条。与子产做法相反，周厉王禁止不同言论，甚至使人监视民众，有不同言论的就人就格杀勿论，致使国人不敢说话、道路以目。

坚持原则，不迎合苟同。虽然应该追求和谐、包容不同，但绝不能无原则地苟同，正义的原则不能丢。在孔子最讨厌的人中，"乡原"是其中之一。孔子说："乡原，德之贼也。"为什么孔子痛恨"乡原"呢？孟子说："非之无举也，刺之无刺也，同乎流俗，合乎污世，居之似忠信，行之似廉洁，众皆悦之，自以为是，而不可与入尧舜之道，故曰'德之贼'也。"孔孟所说的"乡原"指的就是伪君子，这种人看似忠厚和气、平易近人，实则八面玲珑、同流合污，他们遇事不敢坚持原则、支持正义，经常迎合讨好别人，随波逐流，趋炎附势。因此"乡原"在中国古代历来是被口诛笔伐的，而能够坚持原则、伸张正义的人则受到赞扬。

（二）文以载道、以文化人的教化思想

"文化"是中国古已有之的一个词语，其内涵与现代不同。"文"的本意是指各色交错的纹理，《说文解字》上说："文，错画也，象交叉。"另外，《易经》记载："物相杂，故曰文。"《礼记》记载："五色成文而不乱。"这两处的"文"都是文的本意。在此基础上，"文"引申为语言文字、文物典籍、礼乐制度、哲学思想等文化成果。孔子说："行有余力，则以学

文。""文王既没，文不在兹乎？天之将丧斯文也，后死者不得与于斯文也；天之未丧斯文也，匡人其如予何？"这里的"文"就是指文化成果。"化"本义是变化、改变，引申为教化之意。《说文解字》上说："化，教行也。"《周礼》上说："以礼乐合天地之化。""文化"一词出现在典籍中，就有文明教化、以文化人的含义，如西汉刘向《说苑》上说："凡武之兴，为不服也；文化不改，然后加诛。"晋代典籍《补亡诗》上说："文化内辑，武功外悠。"南朝齐王融《三月三日曲水诗序》上也说："设神理以景俗，敷文化以柔远。"所以，在中国古代，"文化"从根本上就有文明教化、以文化人的内在含义，"文化"的重要功能就是"载道"，而"载道"的重要目的就是"化人"。

中国古代"文以载道"的思想可谓源远流长。中国古代最早的诗歌总集《诗经》就是一部"载道"的作品。《尚书》中说："诗言志，歌永言，声依永，律和声。"《庄子》中说："诗以道志。"《诗经》虽然是"言志"之作，但所言之"志"也是一种"道"，具有教化的目的和功能。《荀子》在《儒效》《正名》等篇中提出了"文以明道"的思想。刘勰在《文心雕龙》中说："辞之所以能鼓天下者，乃道之文也。"认为文章能够鼓动天下，就是因为它是明"道"的文章。唐代散文大家韩愈、柳宗元等人旗帜鲜明地打出了"文以载道"的旗帜。韩愈的门人李汉在《昌黎先生集》中说："文者，贯道之器也。"柳宗元说："始吾幼且少，为文章，以辞为工。及长，乃知文者以明道，是固不苟为炳炳烺烺，务采色，夸声音而以为能也。"（柳宗元《答韦中立论师道书》）白居易也说："文章合为时而著，歌诗合为事而作。"这就是说，不仅文章要"载道"，诗歌也应"载道"。对于"文以载道"的内涵，宋代理学家周敦颐在《通书》中明确指出："文所以载道也。轮辕饰而人弗庸，徒饰也，况虚车乎。""文"犹如车，"道"犹如物，车的作用是载物，而"文"的作用就是"载道"。这里的"道"，当然指的是儒家的仁义之道。

既然"文以载道"，那么"载道"之"文"自然就具有了"化人"的功能。孔子说："诗三百，一言以蔽之，曰'思无邪'。"正是由于《诗经》思想纯正，所以孔子非常重视用《诗经》教育学生。孔子认为《诗经》具有重要的教育价值,他说:"小子!何莫学夫诗?诗,可以兴,可以观,可以群,可以怨。迩之事父,远之事君。多识于鸟兽草木之名。"孔子曾告诫儿子孔鲤,"不学诗,无以言"。学习《诗经》还有利于治国理政和外交活动,孔子说:"诵诗三百,授之以政,不达;使于四方,不能专对;虽多,亦奚以为?"关于《诗经》,后人认为:"正得失,动天地,感鬼神,莫近于诗。先王以是经夫妇,成孝敬,厚人伦,美教化,移风俗。"正因为《诗经》具有多方面教育价值,所以作为儒家五经之首,在中国古代产生了重要影响。

(三)形神兼备、情景交融的美学追求

中国古代文艺有着独特的美学追求,这是中华文化长期发展积淀形成的。毛泽东同志谈到中西文艺区别时曾指出:"说中国民族的东西没有规律,这是否定中国的东西,是不对的。中国的语言、音乐、绘画,都有它自己的规律。"毛泽东同志还多次强调,中国要创造出"新鲜活泼的、为中国老百姓所喜闻乐见的中国作风和中国气派","中国作风和中国气派"就是中华文化的美学追求。这种独特的美学追求,古往今来的美学家的相关论述有很多。冯友兰曾指出:"富于暗示,而不是明晰得一览无遗,是一切中国艺术的理想,诗歌、绘画以及其他无不如此。拿诗来说,诗人想要传达的往往是诗中没有说的。照中国的传统,好诗'言有尽而意无穷'。所以聪明的读者,能读出诗的言外之意,能读出书的行间之意。"美国通俗哲学家威尔·杜兰特也说:"中国的诗,不是讨论,而是暗示;是含蓄,而不是明言。"例如,同样描写爱情悲剧,曹雪芹的《红楼梦》与莎士比亚的《罗密欧与朱丽叶》比起来,其艺术特色大相径庭,前者含蓄蕴藉,后者直白热烈;前者多用间接烘托,后者多用直接呈现。这种"言有尽而意无穷"的表现方式,这种"含蓄蕴藉"的美学特征,是中国传统文艺的一个显著特色,也是一种主要的美学追求,这种美学追求又可以从"形神兼备"和"情景交融"两个方面来理解。

"形"与"神"这对范畴,在中国古代常用来指称人的形体与精神。司马迁在《史记·太史公自》中说:"凡人所生者神也,所托者形也。神大用则竭,形大劳则敝,形神离则死。死者不可复生,离者不可复反,故圣人重之。"

由是观之，神者生之本也，形者生之具也。"人的精神和形体是不可分离的，精神是生命的根本，形体是生命的依托。"形"与"神"这对范畴也被用来揭示文艺作品的特征，指代文艺作品外在的形象和内在的精神。优秀的文艺作品，必定是"形神兼备"的作品。《列子》记载了"高山流水"的美谈："伯牙善鼓琴，钟子期善听。伯牙鼓琴，志在登高山。钟子期曰：'善哉！峨峨兮若泰山！'志在流水，钟子期曰：'善哉！洋洋兮若江河！'伯牙所念，钟子期必得之。"从这段描述可以看出，俞伯牙的琴声是"形神兼备"的妙音，钟子期既听到了"峨峨兮若泰山""洋洋兮若江河"这样的"形"，更听到了俞伯牙"志在登高山""志在流水"这样的"神"。

  优秀的唐诗也是"形神兼备"的佳作。唐代诗人王维的山水诗，善于将"形"和"神"有机融合，创造出优美的诗境，常常能使读者置身图画当中，所以宋代文学家苏轼称赞他："味摩诘之诗，诗中有画；观摩诘之画，画中有诗。""诗中有画"的"画"就是诗的"形"，"画中有诗"的"诗"就是画的"神"，形神必须兼备才是好的诗、好的画。在《红楼梦》中，学诗的香菱谈了她读王维诗的感受："我看他《塞上》一首，那一联云：'大漠孤烟直，长河落日圆。'想来烟如何直？日自然是圆的：这'直'字似无理，'圆'字似太俗。合上书一想，倒像是见了这景的。若说再找两个字换这两个，竟再找不出两个字来。再还有'日落江湖白，潮来天地青'：这'白''青'两个字也似无理。想来，必得这两个字才形容得尽，念在嘴里倒像有几千斤重的一个橄榄。"实际上，曹雪芹在这里是借助香菱的话，来阐释他对王维诗歌"形神兼备"的特点的认同和理解。

  "情"与"景"也是中国古代文艺理论中一对重要的美学范畴，"情景交融"是判断文艺作品优劣的重要标准。晋代陆机在《文赋》中说："诗缘情而绮靡。""诗缘情"，即认为诗歌的创造源自于人类情感的需要。刘勰也说："昔诗人什篇，为情而造文。""盖《风》《雅》之兴，志思蓄愤，而吟咏情性，以讽其上：此为情而造文也。""情"的表达必须借助于一定的形式，否则"情"只能是诗人自己的情。通常诗人借助"景"的描写来抒情，也就是"借景抒情"。《诗经》的一个重要表现手法就是"兴"，即诗人先言他物，然后引出所要表达的思想感情。例如，在《关雎》中，诗人首先通过对"关关

雎鸠，在河之洲…'参差荇菜，左右流之"等情景的描写，然后再表达"窈窕淑女，君子好逑…'窈窕淑女，寤寐求之"的思想感情。在《蒹葭》中，诗人也通过先描写"蒹葭苍苍，白露为霜…'蒹葭萋萋，白露未晞""蒹葭采采，白露未已"，进而表达出对"伊人"的爱慕。王国维认为："文学中有二原质焉：曰景，曰情。"他在《人间词话》中提出了著名的"境界"说，并以有无"境界"来评价词的优劣。王国维指出："词以境界为最上。有境界则自成高格，自有名句。"那么什么是"境界"呢？王国维指出："境非独谓景物也，喜怒哀乐亦人心中之一境界。故能写真景物真感情者，谓之有境界，否则谓之无境界。"实际上，"境界"就是由"景"和"情"有机构成的，能做到情景交融就是有境界，否则就是无境界。

（四）俭约自守、中和泰和的生活理念

中国古代在处理个人、家庭和社会的关系时，把"修身"作为一项终身的必修课。儒家经典《大学》有言："古之欲明明德于天下者，先治其国；欲治其国者，先齐其家；欲齐其家者，先修其身；欲修其身者，先正其心；欲正其心者，先诚其意；欲诚其意者，先致其知；致知在格物。"此处所说的格物、致知、诚意、正心、修身、齐家、治国、平天下，是人实现人生价值需要经过的八个具体步骤，被称为儒家的"八条目"。《大学》还说："自天子以至于庶人，壹是皆以修身为本。"可见，在这八个条目中，"修身"是核心。格物、致知、诚意、正心，其目的是"修身"；齐家、治国、平天下，其基础也是"修身"。如果不修身，齐家都难以实现，遑论治国、平天下了。在对"修身"的理解中，中国古代又把俭约自守、中和泰和的生活理念作为其中的重要内容。

俭约自守是中华民族的传统美德，我国古人很早就认识到俭约自守的重要性，不少思想家总结历史和现实经验，都提出了俭约自守的思想。《尚书》提出："惟日孜孜，无敢逸豫。"《周易》提出："君子以俭德辟难。"《左传》提出："俭，德之共也；侈，恶之大也。"《墨子》提出："俭节则昌，淫佚则亡。"《朱子家训》提出："一粥一饭，当思来处不易；半丝半缕，恒念物力维艰。"这些至理名言深刻阐明俭约自守不仅是一种美德，更是实现发展的

重要保障。孔子先祖正考父家的铜鼎上记有："一命而偻，再命而伛，三命而俯。循墙而走，亦莫余敢侮。饘于是，粥于是，以糊余口。"正考父曾先后辅佐戴公、武公、宣公三个国君，经历了三次职务任命，但一次比一次恭谨，为了自我警示和教育后人，他在家里的铜鼎上刻了这段铭文，这就是正考父"三命兹益恭"事迹。若无俭约自守的美德，再多的财富也会失去。

  古人强调的"中和泰和"也是"修身"要达到的一种重要的人生境界。《中庸》有言："喜怒哀乐之未发，谓之中；发而皆中节，谓之和。中也者，天下之大本也；和也者，天下之达道也。致中和，天地位焉，万物育焉。"儒家认为，当人的喜怒哀乐没有生发的时候，人的心灵是恬淡的，这就是"中"；喜怒哀乐表露抒发出来，但都符合礼制法度，而不偏激乖戾，这就是"和"。只要能做到"中和"，天地都会赋予他应有的位置，万物都会养育他，"中和"可以说就是一种内心恬淡宁静、行动符合法度的处世态度和方法。儒家认为，人的情感表达不应过于激烈，而要控制在一定的范围之内，在这方面，《诗经》做出了典范。《诗大序》说《诗经》："变风发乎情，止乎礼义。发乎情，民之性也；止乎礼义，先王之泽也。"孔子评价《诗经》的《关雎》说："关雎，乐而不淫，哀而不伤。"就是称赞《关雎》这首诗，快乐而不放荡，悲哀而不痛苦。其"喜怒哀乐"的表达"皆中节"。孔子还批评过患得患失的"鄙夫"，孔子说："鄙夫可与事君也与哉？其未得之也，患得之；既得之，患失之。苟患失之，无所不至矣。"孔子认为"鄙夫"在未得到职位的时候，就生怕得不到；已经得到了，又怕失去。如果他们生怕失去职位，就会利令智昏，就会无所不用其极了。显然，这种患得患失的"鄙夫"，内心经常处于一种惶恐状态，根本达不到"中和"的境界，而为人处世的时候就难免铤而走险、破坏法度了。可以与"鄙夫"相对应的是"君子"。有一次孔子弟子司马牛问孔子什么是君子，孔子回答说："君子不忧不惧。"司马牛追问："不忧不惧，斯谓之君子已乎？"孔子说："内省不疚，夫何忧何惧？"可见，内心无愧、不忧不惧的"君子"才能达到"中和"的人生境界。

第四节　中华优秀传统文化传承的基本原则

一、牢牢把握社会主义先进文化的前进方向

社会主义先进文化代表了中国特色社会主义文化建设和发展的方向，也是中华优秀传统文化继承和发展的方向。要传承和发展中华优秀传统文化，就要牢牢把握中国特色社会主义文化的发展道路，以马克思主义为指导，以中国特色社会主义共同理想为基础，弘扬社会主义核心价值观，培育民族精神和时代精神，解决现实问题、助推社会发展。

（一）坚持中国特色社会主义文化发展道路

中华优秀传统文化的传承要紧跟中国特色社会主义文化发展道路，将传统文化精粹转变为中国特色社会主义文化建设的重要文化资源，为我国现代化发展提供强大的精神力量。

近代时期，我国在与西方文化的交锋中长期处于弱势，中华文化的价值一度受到质疑和批判。直到马克思主义理论传入我国，并被我国所接受，运用其先进的思想原理对中华文化进行批判性继承，推陈出新，才使得传统文化得到科学的传承与发展。近几十年来，中国特色社会主义文化建设成果瞩目，人民对中华优秀传统文化的认识更加深刻，也越来越重视。历史和实践证明，要使中华优秀传统文化科学地、充分地、更加长久地传承下去，就必须坚持科学思想的指导，特别是坚持历史文物主义和辩证唯物主义的立场、观点和方法指导。

中华优秀传统文化的传承要坚持"古为今用"。这里的"古"主要指中华优秀传统文化，"今"是指当代社会，不仅包括当代人民，也包括当代文化建设事业。"古为今用"就是让传统文化为当代人民和当代文化建设事业服务。20世纪80年代，我国提出"文艺为人民服务、为社会主义服务"的发展方

针。中华优秀传统文化的传承也要坚持为人民和社会服务。为人民服务，就是要促进广大人民群众的自由发展，实现优秀传统文化遗产的共线；为社会主义服务，就是要为社会主义现代化发展服务，为促进经济发展、文化繁荣、社会和谐等提供强大的精神动力和智力支持。中华优秀传统蕴藏丰富的文化资源和深刻的治国思想，为文化现代化建设提供强大的文化支持。除此之外，作为人类文明的宝贵遗产，中华优秀传统文化不仅要为当代中国人和中国社会文化建设服务，还应为当代人类、当代人类文化以及当代世界的和平与发展提供中国智慧。

（二）弘扬社会主义核心价值观

社会主义核心价值观是社会主义文化软实力的灵魂，构建具有强大感召力的社会核心价值观，关系社会和谐稳定、关系国家长治久安、关系中国梦顺利实现。牢固的核心价值观都有其固有的根本，博大精深的中华优秀传统文化是我们在世界文化激荡中站稳脚跟的根基。习近平同志指出："我们提出的社会主义核心价值观，把涉及国家、社会、公民的价值要求融为一体，既体现了社会主义本质要求，继承了中华优秀传统文化，也吸收了世界文明有益成果，体现了时代精神。""培育和弘扬社会主义核心价值观必须立足中华优秀传统文化。"社会主义核心价值观是代表中国特色社会主义的价值追求，对传承发展中华优秀传统文化具有引领作用。同时，中华优秀传统文化蕴含丰富的精神营养，是涵养社会主义核心价值观的宝贵资源。

用社会主义核心价值引领中华优秀传统文化的传承发展。党的十八大以来，我们倡导富强、民主、文明、和谐，自由、平等、公正、法治，爱国、敬业、诚信、友善的社会主义核心价值观，成为引领经济社会发展的价值目标。党的十九大报告指出："社会主义核心价值观是当代中国精神的集中体现，凝结着全体人民共同的价值追求。"中华优秀传统文化虽然历史悠久、博大精深，但其毕竟产生于中国古代封建社会，其中很多内容带着封建时代的烙印。毛泽东同志指出："在阶级社会中，每一个人都在一定的阶级地位中生活，各种思想无不打上阶级的烙印。"在中国传统文化中，其中的一些治国理念、道德规范、价值追求等内容，与社会主义的价值追求和当代中国的发展实际不相适应，必须进行适当的加工改造。因此，我们应该用社会主义核心价值观引领中华优秀传统文化的传承发展，特别是应该用"民主""文明""自由""平等""敬业"等中华优秀传统文化中相对缺乏的价值观念，来校正、引领传统价值观念，化解、消除其阶级社会的时代烙印，使之与当代中国的发展相适应。

用中华优秀传统文化涵养社会主义核心价值观。"求木之长者，必固其根本；欲流之远者，必浚其泉源。"中华优秀传统文化绵延数千年，形成了独特的价值体系，是中华民族的"根"和"魂"，是社会主义核心价值观的源头活水。离开了中华优秀传统文化，社会主义核心价值观就成了无源之水、无本之木，就失去了生命力和影响力。中华优秀传统文化的思想精华和道德精髓内容十分丰富，中国儒家很早就提出了格物、致知、诚意、正心、修身、齐家、治国、平天下的"八条目"，这八个条目是儒家主张的从普通百姓到帝王天子都应该遵循的。习近平同志指出："中国古代历来讲格物致知、诚意正心、修身齐家、治国平天下。从某种角度看，格物致知、诚意正心、修身是个人层面的要求，齐家是社会层面的要求，治国平天下是国家层面的要求。"以儒家思想为核心的传统价值观，涉及国家、社会、公民三个层面，它们不仅维护了中国古代社会的良好秩序，而且在当今社会仍然具有强大的生命力，成为我们今天涵养社会主义核心价值观的重要精神资源宝库。习近平同志强调，要"深入挖掘和阐发中华优秀传统文化讲仁爱、重民本、守诚信、崇正义、尚和合、求大同的时代价值，使中华优秀传统文化成为涵养社会主义核心价值观的重要源泉"。立足中华优秀传统文化培育和弘扬社会主义核心价值观，必将极大提升国家文化软实力，必将为中华民族伟大复兴的实现提供强大的精神力量和有力的道德保障。

（三）培育民族精神和时代精神

实现中华民族伟大复兴是中华民族一个伟大而艰巨的宏伟目标，必须凝聚起同心共筑中国梦的磅礴力量，大力弘扬中国精神。在当代中国，中国精神就是以爱国主义为核心的民族精神和以改革创新为核心的时代精神。习近平同志指出："爱国主义始终是把中华民族坚强团结在一起的精神力量，改革创新

始终是鞭策我们在改革开放中与时俱进的精神力量。"传承发展中华优秀传统文化,要着力培育以爱国主义为核心的民族精神和以改革创新为核心的时代精神,用中华优秀传统文化的精神力量助力中华民族伟大复兴中国梦的实现。

培育以爱国主义为核心的民族精神。在中国历史上,中华民族创造的辉煌成就离不开爱国主义,战胜的风险挑战也离不开爱国主义。中华民族自古以来就表现出对民族赖以生存的美丽家园和引以为傲的优秀文化的深厚热爱和依恋之情,并为之奋斗不止、自强不息。爱国主义是中华民族精神的核心,也是中华优秀传统文化的精神核心。中华优秀传统文化积淀着爱国主义的价值追求,传承着爱国主义的精神基因,颂扬着爱国主义的永恒主题,围绕着爱国主义创造了博大精深、辉煌灿烂的悠久文化。在中华优秀传统文化中,爱国主义作为精神核心统领着其他文化精神,团结统一、爱好和平、勤劳勇敢、自强不息等民族精神从不同侧面诠释了爱国主义的丰富内涵,与爱国主义一起构成中华民族的伟大民族精神,对中华民族的历史产生了深远的影响,习近平同志指出:"实现中华民族伟大复兴的中国梦,是当代中国爱国主义的鲜明主题。"实现中华民族伟大复兴的中国梦,必须把弘扬爱国主义精神与弘扬中华优秀传统文化紧密结合起来,生动传播爱国主义精神,唱响爱国主义主旋律,让爱国主义成为每一个中国人的坚定信念和精神依靠,成为国家文化软实力的强大力量,成为实现中华民族伟大复兴的中国梦的共同精神支柱和强大精神动力。

培育以改革创新为核心的时代精神。中华民族是具有改革创新精神的伟大民族。从远古时代的大禹治水,到中国当代的改革开放,中华民族改革创新的步伐从未止息。中国古代有许多关于改革创新的重要论述,对今天依然有着启发意义。例如,"周虽旧邦,其命惟新。""苟日新、日日新,又日新。""世异则事异""事异则备变",等等。中国古代也进行过许多改革创新的实践,留下了宝贵的经验教训。例如,中国历史上曾进行过著名的"商鞅变法""胡服骑射""王安石变法"和"戊戌变法"等变法革新,不同程度地推动了中国古代社会的发展。这其中最成功的是"商鞅变法",商鞅主张"苟可以强国,不法其故;苟可以利民,不循其礼""治世不一道,便国不法古",采取了适合秦国国情的变法举措,使原本落后的秦国一举超越同一时期的其他国家,为秦国统一六国奠定了基础。传承发展中华优秀传统文化,要挖掘中华民族自古以来改革创新的发展理念和历史经验，为推动新时代中国全面深化改革、实现创新、驱动发展提供精神支撑和智力支持。

二、坚持以人民为中心的工作导向

（一）为了人民

在中国古代，文化通常是为统治阶层和精英阶层服务的。毛泽东同志指出："一定的文化（当作观念形态的文化）是一定社会的政治和经济的反映，又给予伟大影响和作用于一定社会的政治和经济。"中国古代文化建立在中国古代经济政治的基础上，又服务中国古代的经济政治。先秦时期，统治阶级主张："刑不上大夫，礼不下庶人。"（《礼记·曲礼上》）广大劳动群众属于"劳力者"，没有资格和能力获得受教育的权利，《诗》《书》《礼》《易》《春秋》《乐》等礼乐文化制度，《论语》《孟子》《老子》《庄子》《墨子》《韩非子》等诸子百家作品，都是为统治阶级和精英阶层服务的。自从孔子开始收徒讲学，提出"有教无类"的教育主张，劳动群众逐渐开始拥有一定的知识和文化。秦汉以来，随着中华文化不断繁荣发展，中国古代的文学艺术作品，特别是诗歌、小说、戏曲等除了在上层精英阶层流传外，也成为广大劳动群众重要的精神食粮。例如，《水浒传》《三国演义》《西游记》《三言二拍》《红楼梦》等古典小说，《窦娥冤》《西厢记》《牡丹亭》《桃花扇》等古典戏剧，在民间流传甚广，为广大劳动群众所喜闻乐见。但总体而言，中国古代广大劳动群众终生致力于日出而作、日落而息的农业生产，没有接受文化教育的充分物质和社会条件，文盲占人口大多数，诗词歌赋、琴棋书画等文化成果难以惠及广大人民群众，而只是少数上层阶级和知识分子的专利。

中国特色社会主义文化是不同于传统文化的新文化，是为人民服务的。在文化为谁服务的问题上，毛泽东同志指出："为什么人的问题，是一个根本的问题，原则的问题。""无论高级的或初级的，我们的文学艺术都是为人民大众的，首先是为工农兵的，为工农兵而创作，为工农兵所利用的。""我们的文化是人民的文化，文化工作者必须有为人民服务的高度的热忱，必须联系群众，而不要脱离群众。"习近平同志也指出："文艺要反映好人民的心声，就要坚持为人民服务、为社会主义服务这个根本方向。"传承发展中华优秀传统文化，要坚持为人民服务的正确方向。毛泽东同志指出："对于中国和外国过去时代所遗留下来的丰富的文学艺术遗产和优良的文学艺术传统，我们是要继承的，但是目的仍然是为了人民大众。"当前，人民群众的物质生活条件得到极大改善，科学文化水平不断提高，这就为广大人民群众接受和共享中华优秀传统文化提供了物质和文化基础。我们要从人民需要的角度出发，把中华优秀传统文化中有益于人民群众的思想文化精华发掘出来，从而丰富广大人民群众的精神生活、提升广大人民群众的文化素质、陶冶广大人民群众的道德情操。

（二）依靠人民

人民群众是中华优秀传统文化的创造者，历史唯物主义认为，一切精神文化财富得以产生，都是根源于人民群众的生产生活实践。中国古代的思想家、艺术家以人民群众的生产生活实践为源泉，创造了许多优秀作品。毛泽东同志指出："人民生活中本来存在着文学艺术原料的矿藏，这是自然形态的东西，是粗糙的东西，但也是最生动、最丰富、最基本的东西；在这点上说，它们使一切文学艺术相形见绌，它们是一切文学艺术的取之不尽、用之不竭的唯一的源泉。这是唯一的源泉，因为只能有这样的源泉，此外不能有第二个源泉。"习近平同志也指出："人民生活中本来就存在着文学艺术原料的矿藏，人民生活是一切文学艺术取之不尽、用之不竭的创作源泉。"在文化发展史上，人民群众还直接参与了许多优秀作品的创作。以中国古典诗歌为例，人民群众直接参与了许多诗歌的创作。中国第一部诗歌总集《诗经》，"国风"部分共有一百六十篇，大部分是民间歌谣，是劳动群众"饥者歌其食，劳者歌其事"的作品。汉乐府、魏晋南北朝民歌等，都是在人民群众生活中间所创作的。

人民群众也是中华优秀传统文化的传承者和发展者。中华优秀传统文化的产生和发展是一个漫长的过程，在这个过程中，人民群众发挥了重要作用。从传承角度来讲，从先秦时期开始，人民群众就扛起了传承中华优秀传统文化的重任。虽然经过无数次动荡战乱和外部入侵，但人民群众坚持传承中华优秀传统文化，使中华文脉得以顽强延续，使中华文明成为世界上连续不断的古代文明。从发展角度来看，人民群众对中华优秀传统文化许多内容进行了创新和发展。以古典小说为例，汉代班固曾说："小说家者流，盖出于稗官。街谈巷语，道听途说者之所造也。"（《汉书·艺文志》）可见，小说的产生与人民群众的生产生活密切相关。宋代以来，人民群众积极参与古典小说创作，如《水浒传》《三国演义》《西游记》《三言二拍》等小说，都是在人民群众口头文学基础上积累创作而成的。

传承发展中华优秀传统文化要依靠人民群众的智慧和力量。毛泽东同志指出："人民，只有人民，才是创造世界历史的动力。"传承发展中华优秀传统文化，必须紧紧依靠广大人民群众的智慧和力量。要引导人民群众正确认识中华优秀传统文化。针对社会上存在的对于传统文化的偏激认识和观点，要通过发掘、阐释、介绍、宣传等方式，引导广大人民群众正确认识中华优秀传统文化，使他们增强文化自信，热爱中华文化。要鼓励人民群众传承发展中华优秀传统文化。中华优秀传统文化博大精深，单靠文化工作者难以完成传承发展任务，要积极鼓励人民群众参与中华优秀传统文化的传承发展，使中华优秀传统文化融入和服务人民群众的生产生活。要激励人民群众躬身践行中华优秀传统文化。中华优秀传统文化中蕴含了宝贵的传统美德和思想智慧，对于提升人民群众的科学文化素质和道德水平具有重要价值。要通过各种方式激励人民群众躬身践行中华优秀传统文化，使中华传统美德和思想智慧得到发扬光大。要支持人民群众努力保护中华优秀传统文化。当今社会存在一些丑化、歪曲甚至破坏中华优秀传统文化的现象，我们要依靠人民群众来保护中华优秀传统文化。

（三）人民共享

中华优秀传统文化要成为人民群众共享的文化资源。中华优秀传统文化是全体中华儿女在各个时期创造的文化成果，是中华民族共有的文化财富。在中国古代的很长一段时间内，文化为统治阶级和精英阶层服务，人民群众很难具备享受文化成果的物质条件和社会条件。毛泽东同志指出："文艺是为地主阶级的，这是封建主义的文艺。中国封建时代统治阶级的文学艺术，就是这种东西。直到今天，这种文艺在中国还有颇大的势力。"中国共产党成立之后，提出了建设新民主主义的文化，"民族的科学的大众的文化，就是人民大众反帝反封建的文化，就是新民主主义的文化，就是中华民族的新文化"。新文化是

民族的科学的文化，更是人民大众的文化。共享是中国特色社会主义的本质要求，文化共享是中国特色社会主义文化建设的重要目标。传承发展中华优秀传统文化，要以人民共享为目标指向，要使中华优秀传统文化成为人民群众共享的文化资源。

用中华优秀传统文化丰富人民群众的精神文化生活，人民群众需要物质生活，也需要精神文化生活。习近平同志指出："人类社会与动物界的最大区别就是人是有精神需求的，人民对精神文化生活的需求时时刻刻都存在。"在中国古代，诗歌、戏曲、小说等古典文学艺术形式曾给人民群众带来过很大的精神享受。就诗歌而言，唐代白居易的诗歌平易近人、通俗易懂，人民群众非常喜爱，甚至到了"童子解吟长恨曲，胡儿能唱琵琶篇"的程度；宋代柳永的词情真意切、感人肺腑，成为盛极一时的吟唱作品，有"凡有井水饮处，皆能歌柳词"之说。再以小说为例，《警世通言》曾记载："里中儿代庖而创其指，不呼痛。或怪之，曰：'吾倾从玄妙观听说《三国志》来，关云长刮骨疗毒，且谈笑自若，我何痛为！'"听了《三国志》之类的讲史小说，而让孩童不觉得手指疼痛，可见古典小说的艺术魅力。中华优秀传统文化中有许多富有魅力的作品，在今天依然具有丰富群众精神文化生活的重大价值。当前，人民群众对精神文化生活提出了更高要求，我们要大力挖掘中华优秀传统文化那些富有魅力的文化作品，通过整理、创新和发展，展现中华文化魅力，丰富人民群众精神文化生活。

用中华优秀传统文化提高人民群众科学文化素质。具有高水平科学文化素质的人才，是实现民族复兴、赢得国际竞争主动权的战略资源。党的十九大报告强调："要提高人民思想觉悟、道德水准、文明素养，提高全社会文明程度。""深入实施公民道德建设工程，推进社会公德、职业道德、家庭美德、个人品德建设，激励人们向上向善、孝老爱亲，忠于祖国、忠于人民。"中华优秀传统文化内容博大精深，富含文学、艺术、哲学、历史、科学等方面的宝贵资源，特别是其中的中华传统美德，是提高人民群众科学文化素质的重要资源。当前，我们要通过出版古典书籍，拍摄历史文化类的纪录片、电影、电视剧等视频节目，举办历史文化类的论坛、竞赛等活动，大力宣传介绍中华优秀传统文化。与此同时，更要支持与中华优秀传统文化相关的文化事业和文化产业，通过开放历史文化博物馆、历史文化古迹，降低中华优秀传统文化类书籍、影视等文化产品价格，进一步降低人民群众享受中华优秀传统文化的消费成本。

三、坚持创造性转化和创新性发展

中华优秀传统文化是中华民族的宝贵文化财富，如何传承发展中华优秀传统文化是中国近代以来的一个文化焦点问题。许多著名学者都提出过一些有影响的方法，如"中体西用"的方法、"抽象继承"的方法、"综合创造"的方法等。中国共产党成立后，十分重视中华优秀传统文化的传承发展，提出和实施了许多弘扬中华优秀传统文化的方针政策。党的十八大以来，习近平同志高度重视传承发展中华优秀传统文化，在总结前人文化理论和实践经验基础上，提出了推动中华优秀传统文化"创造性转化和创新性发展"的重要思想，为新时代传承发展中华优秀传统文化提供了科学原则和方法。

（一）秉持客观、科学、礼敬的态度

由于中国传统文化自身内容庞杂，近代以来又遭遇西方文化的严峻挑战和一些学者的严厉批判，这就使人们对中华优秀传统文化产生了一些偏激的看法。总体来看，对待中华优秀传统文化有三种偏激态度：彻底否定的虚无主义态度、过度拔高的复古主义态度、唯利是图的功利主义态度。偏激的文化态度和观念阻碍中华优秀传统文化的传承发展，已经被中华文化建设的实践所证明。国学大师钱穆认为，对待国家的历史应有一种"温情与敬意"，不应"对其本国以往历史抱一种偏激的虚无主义""而将我们当身种种罪恶与弱点，一切诿卸于古人"。坚持创造性转化和创新性发展，就要对中华优秀传统文化秉持客观、科学、理性、礼敬的态度。

我们要客观认识中华优秀传统文化的辉煌成就和巨大价值。毛泽东同志指出："中国的长期封建社会中，创造了灿烂的古代文化。"虽然中国传统文化中也有许多"糟粕"，但如果进行权衡比较，"精华"部分远大于"糟粕"部分，"优秀传统文化"在整个传统文化中占据主体。近代以来，在中华民族救亡图存过程中，"天行健，君子以自强不息"的自强精神，"周虽旧邦，其命维

新"的求新精神,"天下兴亡匹夫有责"的爱国精神等优秀民族精神,对中华民族追求民族独立和人民解放起到了坚强的精神支柱作用。新中国成立后,中国当代文化并没有也无法割断与中华优秀传统文化的血脉联系,她是以马克思主义为灵魂、以其他国家优秀文化为借鉴、以中华优秀传统文化为源泉的新文化。党的十九大报告指出:"中国特色社会主义文化,源自中华民族五千多年文明历史所孕育的中华优秀传统文化。"以社会主义核心价值观为例,其十二个价值范畴,既体现了社会主义的价值原则,又借鉴了人类社会的文明成果,同时也是中国传统价值在新时代的升华。中国特色社会主义文化是根植于中华优秀传统文化沃土中的,离开了这片沃土,当代文化就成了无源之水、无本之木,就失去了生命力和创新力。

(二)取其精华、去其糟粕

中国传统文化中固然存在一些糟粕,但作为传统文化中的精华部分,中华优秀传统文化理应受到今天人们的礼敬。对待中国传统文化,我们应当以批判继承的方法,取其精华、去其糟粕。毛泽东同志指出:"清理古代文化的发展过程,剔除其封建性的糟粕,吸收其民主性的精华,是发展民族新文化提高民族自信心的必要条件;但是决不能无批判地兼收并蓄。必须将古代封建统治阶级的一切腐朽的东西和古代优秀的人民文化即多少带有民主性和革命性的东西区别开来。中国现时的新政治新经济是从古代的旧政治旧经济发展而来的,中国现时的新文化也是从古代的旧文化发展而来,因此,我们必须尊重自己的历史,决不能割断历史。"习近平同志也指出:"我们要对传统文化进行科学分析,对有益的东西、好的东西予以继承和发扬,对负面的、不好的东西加以抵御和克服,取其精华、去其糟粕,而不能采取全盘接受或者全盘抛弃的绝对主义态度。"

(三)赋予新的时代内涵和现代表达形式

"文变染乎世情,兴废系乎时序。"任何文化作品,都有产生的时代,都会不可避免地打上时代的烙印,都会具有相应时代的文化内涵和文化形式。中华优秀传统文化产生发展于中国古代社会,具有中国古代社会的思想内涵和文化形式。中国特色社会主义进入新时代，人民群众对文化作品的思想内涵和文化形式都有了新的要求。因此，我们今天对待中华优秀传统文化，不能简单地原样继承和生搬硬套。毛泽东同志在谈到传统文艺和当代文艺的关系时指出："文学艺术中对于古人和外国人的毫无批判的硬搬和模仿，乃是最没有出息的最害人的文学教条主义和艺术教条主义。""对于过去时代的文艺形式，我们也并不拒绝利用，但这些旧形式到了我们手里，给了改造，加进了新内容，也就变成革命的为人民服务的东西了。"推动创造性转化和创新性发展，在思想内涵上要赋予中华优秀传统文化以新的时代内涵，在文化形式上要赋予中华优秀传统文化新的表达形式。我们既要做到"旧瓶装新酒"，也要做到"新瓶装旧酒"，从而做出人民群众喜闻乐见的文化"好酒"。

四、坚持交流互鉴、开放包容

（一）吸收借鉴国外优秀文明成果

中华文明之所以历经千年而生生不息，得益于其见贤思齐、海纳百川的包容性。汉代以来，外交和贸易的往来给中华文明带来了异域文化的新鲜血液。汉代张骞凿空西域，开拓了丝绸之路，打开了中外文化交流的大门。中国不仅向外传播了中华文化，而且引进了葡萄、苜蓿、石榴、胡麻、芝麻等西域物产和文化。历史证明，中华文化的发展，离不开其他文化提供的丰富营养，"他山之石，可以攻玉"，推动中华优秀传统文化的传承发展，就要积极借鉴外国优秀文明成果。毛泽东同志指出："中国应该大量吸收外国的进步文化，作为自己文化食粮的原料，这种工作过去还做得很不够。这不但是当前的社会主义文化和新民主主义文化，还有外国的古代文化，例如各资本主义国家启蒙时代的文化，凡属我们今天用得着的东西，都应该吸收。"邓小平同志也指出："我们要向资本主义发达国家学习先进的科学、技术、经营管理方法以及其他一切对我们有益的知识和文化，闭关自守、故步自封是愚蠢的。"习近平同志也强调："继承和发扬中华民族优秀传统文化，坚持和弘扬中国精神，并不排斥学习借鉴世界优秀文化成果。我们社会主义文艺要繁荣发展起来，必须认真学习借鉴世界各国人民创造的优秀文艺。"

但吸收借鉴外国优秀文化成果，也要采取取其精华、去其糟粕的扬弃态度。与中国传统文化一样，外国的文化内容也是非常复杂的，有精华，也有糟粕；有适合中国的，也有不适合的。如果不加辨别全盘接受，不仅不会促进中华文化发展，还会带来很大危害。近代以来，我们曾经对一些西方文化囫囵引进，结果产生了"水土不服"甚至"食物中毒"的不良后果。毛泽东同志指出："一切外国的东西，如同我们对于食物一样，必须经过自己的口腔咀嚼和胃肠运动，送进唾液胃液肠液，把它分解为精华和糟粕两部分，然后排泄其糟粕，吸收其精华，才能对我们的身体有益，决不能生吞活剥地毫无批判地吸收。

吸收借鉴外国优秀文化成果，要做到中西合璧、融会贯通。吸收借鉴外国优秀文化成果，绝不是用外国文化替代中华文化，也不是与简单移植或相加。再优秀的外来文化资源，原封不动地照搬照抄都难以成功，一定要与中华文化进行融合创新。中国的白话文、芭蕾舞、民族歌剧、油画、电影、话剧、现代小说、现代诗歌等都是既借鉴外国优秀文化，又进行了民族创造的成功案例。我们要学习借鉴世界优秀文化成果，与中华文化融会贯通，创造出具有中国风格、中国气派的文化作品。

（二）积极参与与世界文化的对话交流

当今中国前所未有地靠近世界舞台中心，世界从来没有像今天这样关注中国、重视中国。然而，比起中国在世界上政治影响力和经济影响力，文化影响力相对较弱。美国在教育、影视、音乐、艺术、出版、媒体、动漫、娱乐、品牌、创意等方面的指标均在世界前列，与其相比中国还存在较大差距。英国前首相撒切尔夫人认为：中国的廉价商品充斥了世界的每一个角落，但中国却没有具有国际影响力的思想和学说。她的这一说法未必客观，但从一定程度上说明了中国对世界的文化影响力还不够强。要成为真正的世界强国，光靠政治影响力和经济影响力是不够的，必须提升中华文化对外的吸引力和影响力。因此，要向世界讲好中国故事，传播好中华文化，向世界展现中华文化的独特魅力。

当前，中国在文化创作，特别是文艺创作方面存在着有数量缺质量、有

"高原"缺"高峰"的现象,这是中国当代文化在世界上影响力较小的根本原因。桃李不言,下自成蹊。提升中华文化对外的吸引力和影响力,就要从中华优秀传统文化中汲取创作智慧,克服浮躁心态,以孜孜以求、精益求精的精神,以中国人民乃至世界人民所喜闻乐见的中国作风和中国气派,创作思想精深、艺术精湛、制作精良的文化精品。

加强中华文化译介工作。中华优秀传统文化大多以文言文创作,时至今日不仅对于外国人,而且对于中国人来说也存在阅读障碍。莎士比亚戏剧用早期近代英语写成,与现代英语差别很大,但在世界影响极广,深受世界各国人民喜爱,这与古译今、英译外的翻译工作关系很大。因此,做好传统文化的译介工作非常重要。一是古文译成今文,二是中文译成外文。在古文译成今文方面,国内译本种类繁多,质量参差不齐,很多译本既无法准确表达原文文义,又难以传达古文韵味魅力。在中文译成外文方面,译本种类尚少,翻译语种不多,对国外学界影响大、民众影响小。

扩大中华文化的对外交流,"远人不服,则修文德以来之。"(《论语·季氏》)自古以来,中华民族影响世界靠的不是武力而是文化,以德服人、以文化人既是我们的原则,也是我们的追求。加强政府间的文化交流,通过政府间的外交活动、国际上的重大活动等活动,针对世界上的热点问题、难点问题,发出中国声音,贡献中国智慧,展现中华优秀传统文化的魅力。支持学者就中华文化与国外学界进行深入交流对话,把中华文化的价值精神、思想智慧、魅力特色推广出去,对上影响国外政府决策,对下引领国外社会思潮、影响普通大众。鼓励通过商贸、旅游、移民、留学等方式途径,增强中华文化的吸引力和亲和力,培养中华文化在国外生根发芽的民意基础,扩大中华文化的影响面。总之,要针对不同国家、不同民族的文化,找到其喜闻乐见、易于接受的形式和方式,提高中华优秀传统文化的国际影响力。

五、坚持统筹协调、形成合力

推行中华优秀传统文化的传承发展,是一个难度很大的系统工程,需要坚持统筹协调、形成合力。要加强党的领导,充分发挥政府主导作用和市场积极

作用，鼓励和引导社会力量广泛参与，推动形成有利于传承发展中华优秀传统文化的体制机制和社会环境。

（一）加强党的领导

传承发展中华优秀传统文化，要加强党的领导。党的十九大报告指出："中国共产党从成立之日起，既是中国先进文化的积极引领者和践行者，又是中华优秀传统文化的忠实传承者和弘扬者。"

传承发展中华优秀传统文化，也要尊重和遵循文化发展规律。文化发展有其内在规律，中华优秀传统文化的传承发展也有其内在规律。从中国历史上看，国家不可对文化发展放任不管，也不可不遵循文化发展规律。秦代"焚书坑儒"，明清大搞"文字狱"，都对文化发展造成了很大伤害。因此，加强党对中华优秀传统文化传承发展的领导，一定要尊重和遵循文化发展规律，不能靠简单行政命令进行懵懵懂懂、莽冲莽撞式的管理。毛泽东同志指出："利用行政力量，强制推行一种风格，一种学派，禁止另一种风格，另一种学派，我们认为会有害于艺术和科学的发展。艺术和科学中的是非问题，应当通过艺术界、科学界的自由讨论去解决，通过艺术和科学的实践去解决，而不应当采取简单的方法去解决。"邓小平同志指出："党对文艺工作的领导，不是发号施令，不是要求文学艺术从属于临时的、具体的、直接的政治任务，而是根据文学艺术的特征和发展规律，帮助文艺工作者获得条件来不断繁荣文学艺术事业，提高文学艺术水平，创作出无愧于我们伟大人民、伟大时代的优秀的文学艺术作品和表演艺术成果。习近平同志也强调："加强和改进党对文艺工作的领导，要把握住两条：一是要紧紧依靠广大文艺工作者，二是要尊重和遵循文艺规律。""要用符合文艺规律的方式领导文艺事业，充分发扬学术民主和艺术民主，保护好文艺工作者积极性和创造性。"加强党对中华优秀传统文化传承发展的领导，要避免发号施令式的官僚主义，应当根据中华优秀传统文化的特征和发展规律，帮助文化工作者发掘、整理、创新、发展中华优秀传统文化，提高中华优秀传统文化在新时代的吸引力和影响力。

（二）发挥政府主导作用和市场积极作用

1. 发挥好政府的主导作用

传承发展中华优秀传统文化，要发挥好政府的主导作用。在新中国成立前夕，毛泽东就强调："随着经济建设的高潮的到来，不可避免地将要出现一个文化建设的高潮。中国人被人认为不文明的时代已经过去了，我们将以一个具有高度文化的民族出现于世界。"传承和发展。随着时代发展和科技进步，各级政府应更加主动作为，出台关于中华优秀传统文化传承发展的法规政策，促进中华优秀传统文化创造性转化和创新性发展。传承发展中华优秀传统文化，各级政府要在以下几个方面发挥好主导作用。

第一，制定规划。科学的顶层设计，是传承发展中华优秀传统文化的关键。各级党委和政府有责任制定科学的传承发展规划，推动全社会掀起弘扬中华优秀传统文化的高潮，推动中华优秀传统文化服务当代社会和人民。

第二，组织实施。再好的发展规划，也离不开贯彻落实。各级党委和政府制订出中华优秀传统文化的传承发展规划后，应组织各单位各部门贯彻实施，认真完成规划中的任务，真正实现规划中的目标。特别应防止形式主义和官僚主义，也要防止"形象工程"和"政绩工程"，真正把中华优秀传统文化传承好、发展好。

第三，管理保护。中华文化历史悠久，给我们留下了数不胜数的文化遗产，具有重要的历史、艺术和科学价值。历史文物非常脆弱，破坏了就难以修复，遗失了就难以找回。长期以来，我国许多历史文物遭到了不同程度的破坏和遗失，现状堪忧。同时，一些非物质文化遗产的生存现状也不容乐观。各级党委和政府是文化遗产的管理者和保护者，有责任担负起对它们的管理和保护工作，使这些文化遗产既能服务当代社会，也能服务子孙后代。

第四，带头示范。传承发展中华优秀传统文化，政府和政府公务人员应带头示范，起到以上率下的作用。各级党委和政府的公务人员特别应在弘扬中华传统美德、弘扬古代优秀廉政文化、弘扬"民本"思想等方面，躬亲示范，做好表率。

2. 发挥好市场的积极作用

传承发展中华优秀传统文化，也要发挥好市场的积极作用。中国古典小说在明清时期能够繁荣发展，市场消费增长的推动作用功不可没。对于文化的繁荣兴盛，市场所发挥的积极作用是十分重要的。近年来，有关中华优秀传统文化的讲坛、竞赛、纪录片、电视剧、电影等蓬勃发展，既取得了很好的经济效益，又推动了中华优秀传统文化的传承发展。因此，传承发展中华优秀传统文化，要注重发挥市场的积极作用，推动有关中华优秀传统文化的产业体系建设。

在社会主义市场经济条件下，传承发展中华优秀传统文化，必须建立健全现代文化市场体系，大力发展文化产业，通过市场的力量，把中华优秀传统文化的优秀元素发掘出来，变成消费者喜爱的文化商品。近年来，市场上出现了一些为单纯追求经济利益而歪曲、丑化中华优秀传统文化的作品，产生了不良的社会影响，损害了中华文化的形象，应引起高度重视。

（三）鼓励和引导社会力量广泛参与

1. 发挥文化界的引导作用

传承发展中华优秀传统文化，文化界责无旁贷。中华文化的产生和发展，离不开中国历代文化大家们的接续努力。当前，传承发展中华优秀传统文化，需要当代文化界的艺术家、理论家、批评家们发挥引导作用。

第一，文艺界的创作传播。在当代，中华优秀传统文化往往通过文艺作品传承和传播，优秀的传统题材的文学作品、电视剧、电影、纪录片等，往往能引起社会的强烈反响和好评。以四大名著为底本的电视剧、电影，以中国历史、传统文艺、传统服饰、传统饮食为题材的纪录片，都收到了很好的传承发展中华优秀传统文化的效果。因此，文艺界应多创作传统题材的文艺作品，弘扬"真善美"，针砭"假恶丑"，通过春风化雨、润物无声的方式，传播好中华优秀传统文化。

第二，学术界的整理阐释。传统文化有如下特点：一是"多"，传统文化内容庞大，历史文化典籍汗牛充栋，我们今天常见的只是冰山一角；二是"杂"，传统文化内容复杂，文化精华与文化糟粕相伴而生，很多作品精糟杂糅，难以分辨；三是"古"，传统文化历史久远，许多典籍的语言文字古奥难懂，许多作品尚无现代标点。因此，学术界整理阐释的工作至关重要，要从众多的作品中梳理出文化经典，从庞杂的作品中萃取出文化精华，从古奥的作品中阐释出现代内涵，为中华优秀传统文化的传承发展工作奠定学术基础。

第三，批评界的引导规范。鲁迅先生非常看重批评家的工作，他"所希望于批评家的，实在有三点：一，指出坏的；二，奖励好的；三，倘没有，则较好的也可以""希望刻苦的批评家来做剜烂苹果的工作"。习近平同志也指出："有了真正的批评，我们的文艺作品才能越来越好。文艺批评就要褒优贬劣、激浊扬清，像鲁迅所说的那样，批评家要做'剜烂苹果'的工作，'把烂的剜掉，把好的留下来吃'。"目前，不管是政府、文化界还是民间，都掀起了"国学热""传统文化热"。但与此同时，也出现了许多歪曲利用传统文化的现象。有的主张复古，甚至宣扬"三从""四德"，鼓吹"儒教治国"；有的唯利是图，以弘扬传统文化为名，通过扭曲、丑化传统文化实现敛财目的；也有的持虚无主义态度，质疑一切传统文化，主张全盘抛弃传统文化。针对这些不良现象，批评界应该及时发挥引导规范作用，以便廓清思想迷雾，树立科学态度，指引正确方向。

2. 鼓励广大群众积极参与

人民群众是历史的创造者，也是文化的创造者和传承者。民间是最深厚最肥沃的文化土壤，中华优秀传统文化只有扎根民间、服务群众，才能得到真正的传承发展。从这个意义上来说，群众是实现中华优秀传统文化当代价值的主要力量，发挥着基础作用。当前，在政府主导、文化界引导的基础上，应该进一步发挥群众自身的基础作用。

第一，广泛接受优秀文化。群众既是文化的主要传承者，也是最终接受者，"传承"与"接受"是一个统一的过程。群众发挥传承作用，主要通过广泛接受的形式，使优秀文化扎根民间、传承不绝。对于中国古代优秀的文艺作品、家规家风、传统美德、民俗节日等，群众应自觉加深了解、培养兴趣，用以丰富生活、陶冶情操、提高素质。

第二，大力弘扬传统美德。中华传统美德是传统文化的精髓，在民间有着悠久传承和深厚基础，是人民群众处理人际关系、为人处世的基本准则。群众应大力弘扬传统美德，特别是大力弘扬尊老爱幼、尊师重教、勤俭节约、友爱慈善、诚实守信等美德，净化社会风气，构建和谐社会。

第三，自觉爱护文化遗产。中国是文明古国，也是世界上拥有文化遗产数量最多的国家之一。文化遗产是历史的见证，是民族的标识，是国家的财富，人人都有爱护保护的责任。群众是文化遗产的主要受益者，也应是主要爱护者。

（四）形成有利的体制机制和社会环境

对中华优秀传统文化传承与发展的保障，主要来自两个方面，一是文化政策支持，二是政策法规保护。各级政府和相关部门，应出台切实可行的文化政策，加大对中华优秀传统文化传承与发展的政策支持；同时也应制定有力完善的法律法规，加大对中华优秀传统文化传承与发展的法规保护。

1. 加强文化政策支持

第一，文化研究的政策支持。中华优秀传统文化的研究，是传承发展的基础，也是中国特色社会主义文化建设的重要工作。但是，由于传统文化研究难度大、效益小，这方面的优秀成果还相对较少。因此，应加大对中华优秀传统文化研究的支持，特别是在一些冷门方向，应加大资金和人力的投入。

第二，文化传播的政策支持。提高中华优秀传统文化的影响力，必须加大文化传播能力投入，增强政策支持。从数量上，应在报纸书刊、广播电视和互联网等传播平台上，加大对中华优秀传统文化的弘扬和宣传，加大传播力度。从质量上。

第三，文化产业的政策支持。文化产业成为国民经济支柱性产业，是我国文化建设的重要目标。中华优秀传统文化与文化产业是相互促进的，前者可以为后者提供优秀文化资源，后者可以为前者提供传承发展动力。应制定积极的文化产业政策，促进中华优秀传统文化产业化，加大财政、金融、税收、人才等方面的支持力度，大力培育文化市场主体，扩大文化消费，促进文化与科技深度融合，推动文化创意创新，发挥文化产业在传承发展中华优秀传统文化方面的动力作用。

2. 加强文化法规保护

第一，完善文化法律法规体系。除了继续完善文化遗产保护方面的法律法规外，还应在以下几个方面加强：一是解决文化纠纷。文化纠纷的背后是利益纠纷，不妥善解决就会对传统文化资源造成破坏性开发。二是维护文化形象。中华优秀传统文化中的许多文化精髓，如核心思想理念、中华传统美德、中华人文精神等，尚没有相关法律法规进行明确保护，导致其中的一些好的思想理念被歪曲，传统美德被亵渎，一些文化名人如孔子、孟子、朱熹、王阳明等被任意诋毁。文化批评和观点争论是有益的，但歪曲、亵渎和诋毁则不利于文化的传承发展。这些文化精髓，也应受到相关法规的保护。

第二，加强文化法律法规执行。目前，我国文化法律法规不仅数量少、层次低，还存在有法不依、执法不力的问题。加强法律法规执行，应在以下几个方面努力：一是要加大执法力度，二是严肃问责追责。

3. 加强文化平台运用

文化传承需要平台。传承主体发挥多大作用，能否用好传承平台是关键。传承好中华优秀传统文化，以下三个平台需要重点利用，即学校、媒体和社会。

第一，加强中华优秀传统文化学校教育。百年大计，教育为本。学校是"传道、授业、解惑"的地方，是培养未来人才、传承民族文化的主要阵地。加强学校教育，应该从教学内容和教学方式上同时用力。一是加大中华优秀传统文化的教学内容。二是改进中华优秀传统文化的教学方式。中华优秀传统文化教学的效果不仅与教学内容相关，更与教学方式密切相关。

第二，加大中华优秀传统文化媒体传播。在文化领域，媒体是文化传播的平台，也是文化冲突的阵地。当前，文化传播的媒体既包括报纸和书刊等传统媒体，也包括广播、电视、互联网等新兴媒体。因此，传承发展中华优秀传统文化，应同时加大传统媒体和新兴媒体的传播。一要用好报纸和书刊。二要用好广播和电视。三要用好互联网。传承发展中华优秀传统文化，必须注重拓展和用好网络媒体，用先进的技术传播手段和优质的文化资源占据网络阵地，不断增强中华优秀传统文化传承发展的效果。

第三，加大中华优秀传统文化的社会宣传。在文化传播方面，除了学校和媒体外，社会是更为广阔的传播媒介。社会是人民群众生产生活的地方，也应该是中华优秀传统文化发挥正面作用的地方。因此，中华优秀传统文化应适时走出学校、科研机构等象牙塔，走向人民群众生产生活的社会，通过社会这个大媒介，进行传播和传承。

第二章

中华优秀传统文化传承与创新的重大意义

- 第一节　增强文化自信的深厚文化根基
- 第二节　提升人民群众文化素养的丰厚文化滋养
- 第三节　增强国家文化软实力的丰富文化资源
- 第四节　推进国家治理体系和治理能力现代化的有益文化借鉴
- 第五节　推动世界和平发展的宝贵文化智慧

第二章 中华优秀传统文化传承与创新的重大意义

中华优秀传统文化自萌芽产生开始，就是中华民族的丰厚文化滋养，是中华儿女的美丽精神家园，为中华民族不断发展壮大和战胜风险挑战提供了坚强文化支撑。中国特色社会主义进入新时代，中华优秀传统文化依然具有十分巨大的当代价值，是实现中华民族伟大复兴和全面建成社会主义现代化的宝贵战略文化资源。实施中华优秀传统文化传承发展工程，是建设社会主义文化强国的重大战略任务，对于传承中华文脉、全面提升人民群众文化素养、维护国家文化安全、增强国家文化软实力、推进国家治理体系和治理能力现代化，具有重要意义。

第一节 增强文化自信的深厚文化根基

文化自信，要坚持道路自信、理论自信、制度自信，是实现社会主义现代化建设的根本文化力量。文化自信，对中华文化的发展、民族自尊与自信的建立意义重大。

一、中华文化历史悠久、连绵不断

第一，中华文化历史悠久，源远流长。考古学发现能够证明，在几万年前的旧石器时代就已经出现了中华文化的萌芽，是世界上最古老的文化之一。当一个文化拥有了自己的文字，那说明该文化进入了新的发展时期。我国自古就有"仓颉造字"的故事，目前已知我国最早出现的成熟的文字是甲骨文。文字的出现代表有了能承载历史的文献，文化能被生动的记录在文献之中，流传下来，见证文化和历史的变迁。

第二，历经曲折，坚忍顽强。中华文化在漫长的流传过程中并不总是一帆风顺的，经历过许多曲折，甚至曾遇到文化断绝的危险。中华文化的第一种危险是文化内部的劫难。如秦始皇"焚书坑儒"，导致"及至秦之季世，焚诗书，坑术士，六艺从此缺焉"，先秦许多诸子百家记载被焚烧殆尽，只能在仅存的文献中略窥一二。朝代更迭，由于战争或天灾导致大量文献资料、器物、建筑被毁坏等，这些天灾人祸都会造成文化上的劫难。第二种危险是外来文化的冲击。如"五胡乱华",受政权保护,较为落后的文化占据统治地位,会对原有文化造成冲击,阻碍文化发展。再如近代以来,西方先进的工业文化传入我国,对中华文化造成巨大冲击。尽管经历许多曲折磨难,中华民族坚韧不屈的品质和精神使得中华文化总能渡过难关,在危难中孕育出新的生机。

第三,不断发展,高峰迭起。中华文化的传承和延续不是僵硬的、平庸的连续,而是在不断发展着的。以儒家文化为例,古代儒学在创立之初并没有受到广泛的认可,甚至在秦代大受打击,直到汉代董仲舒提出"罢黜百家,独尊儒术"之后才取得了平稳的发展,先后出现了两汉经学、宋明理学、清代朴学等发展高峰。中华文化这种不断发展、高峰迭起的连续性体现了中华文化自身强大的生命力和中华民族的创造力。

从历史传承的角度来看,中华文化相比于现今世界上的其他文化,不仅出现得早,而且从未断绝,是连绵不断发展至今的。这种文化上的连续性充分说明了中华文化的先进性和优越性。回顾中华文化的发展历程,梳理中华文化的发展脉络,探究中华文化的发展规律,在文化传承与发展中根植着中华民族最深远牢固的文化自信。

二、中华文化博大精深、成绩辉煌

中华文化不仅历史悠久、连绵不断,并且内涵深刻、博大精深,留下了许多宝贵的文化遗产,而这些,都是社会主义文化现代化建设、树立文化自信的重要精神资源。

首先,中华文化的文化要素完备。钱穆认为,文化由七个要素构成,分别是政治、经济、道德、宗教、科学、文学、艺术,七个要素构成了一个完整的文化系统的。按此标准来看,中华文化自有文字记载开始便已经完备了这七个要素,并且,我国古代在政治、文学、道德、艺术等方面成就极大、水平极高,从整体上提升了中华文化的水平。

其次,中华文化的成就辉煌。中华文化在历史上创造了辉煌的成就,对周边多个国家文化都产生了深远的影响。文化自信是建立在对本民族文化的强烈认同和情形认知的基础上形成的,并不是文化自负。

最后,中华文化的功能强大。中华优秀传统文化作为由七个文化要素构成的完整的文化系统，其整体功能不是单纯的各文化要素的叠加，而是组合产生了强大的整体效应。在历史发展长河中，中华优秀传统文化成为中华民族形成身份认同的文化标志，是在面对强敌入侵时屹立不倒的精神支柱，是面对外来侵略时维护团结统一的强韧纽带，是构建社会主义和谐社会的道德基础，是滋养人民精神世界的文化食粮。中华优秀传统文化具有的强大的功能，是其他任何文化都无可取代的。

三、中华文化包容创新、前景光明

中华优秀传统文化之所以能在漫长的发展过程中经历动荡也能绵延不断发展至今，除了拥有强大的生命力和创造力之外，还因其具有强大内在包容性。也正因为包容性，使得中华文化在发展过程中能够不断吸取其他文化的精华，走向一个又一个高峰，才能在时代变迁中催生出文化的生命力和创造力。

一方面，中华优秀传统文化展现出对内的包容性。从我国考古发现来看，我国境内有多处早起文化，这充分说明了中华文化是多元发生的，是在多种不同文化相互融合的基础上逐渐形成发展而来的，从一开始就具有很强的包容性。就拿古代文学来说，《诗经》是我国古代文学现实主义的开端，《楚辞》是浪漫主义的开端，两种完全不同的文学风格相互碰撞，出现了许多经典的传世之作。如果我国古代文学没有这种艺术风格上的包容性，或许就不会出现像李白、杜甫、关汉卿、曹雪芹等风格各异的文学巨匠。

另一方面，中华优秀传统文化展现出对外的包容性。中华文化自古以来对外来文化都秉持着兼容并蓄的包容态度。中华文化对外的包容性主要体现在两个方面。首先，体现在对周边少数民族文化进行吸纳与融合。中华民族的疆域从小到大、人口数量从少到多的过程就是中原地区在文化上不断吸纳周边"蛮夷"文化的过程，如东晋和南北朝时期的文化融合，为唐代文化的繁盛奠定了良好的基础。其次，体现在对佛学的吸纳与创新。中华文化在历史上吸收过许多外来宗教，其中，对佛学的吸收和创新是最成功的。包容性为文化获取更多的生命源泉，激发了文化的创造性。无论是在当下还是未来，中华优秀传统文化的包容性会使自身继续保持旺盛的生命力和远大的未来。传承中华优秀传统文化，既要展现其辉煌的历史，还要在继承中创新，继承中发展，激活中华优秀传统文化的时代价值，丰富每一代人的精神世界。

第二节　提升人民群众文化素养的丰厚文化滋养

文化素养主要包括文艺素养、道德素养、历史素养和哲学素养四个方面，也是当代公民的基本素养。中华优秀传统文化博大精深，是提升人民群众文化素养的丰厚文化滋养。

一、中华优秀传统文化有利于提升人民群众的哲学素养

从人类发展的历程来看，世界上出现过的对历史影响巨大的民族，甚至其影响延续至今的民族，都拥有繁荣、发达的哲学。哲学修养是一个人重要的文化修养。哲学是世界观，是人们对世界、对社会、对个人的认识，理论化、系统化的世界观才使人正确地、深刻地认识世界、社会和个人。同时，哲学也是方法论，指导人们的生活。可以说，人的人生方向、思想境界、为人处世的方法等都与哲学修养息息相关。我国古代哲学是中华优秀传统文化的重要内容，占有核心地位。它是古代先贤哲人智慧的结晶，凝聚了中华民族发展过程中的不朽精神。我国传统的文学、艺术、宗教、风俗、教育、史学、科学等都深受古代哲学的影响。直到今天，中国人对生活、工作、自我、社会的观点仍能看出传统哲学的影子。

二、中华优秀传统文化有利于提升人民群众的历史素养

历史素养包括对基本史实的了解情况，对历史人物和时间的评价，对历史发展规律的掌握与理解，对历史经验教训的理解，对历史发展趋势的看法和预测等。历史素养是现代公民的基本人文素养之一，要提高公民的历史素养，就要通过科学的历史教育帮助人们了解真是的历史，树立正确的历史观。

中华民族的历史悠久，流传下来的历史记载十分丰富。我国的历史具有年代悠久、连续无断绝和历史记载详细三个特点。从黄帝传说到今天，我国有五千多年的历史，并且，自从有文献记载开始，我国历史没有空白阶段，且史

料记载数量大,题材多,内容详细。海量的历史文献记录了中华民族成长壮大的经历、深刻的历史经验和优良的史学传统,成为中华民族最宝贵的文化财富。在几千年的历史中,中华民族创造了辉煌灿烂、独树一帜的文化,包括制度建设、经济发展、改革变法、人才选拔、人民教化、军事建设、民族融合、对外交往等各个方面,既有太平盛世的成功经验,也有社会动荡衰败的失败教训。这些历史文献在今天不仅是提升全民文化素养的文化资源,也为国家治理体系与治理能力的现代化发展提供了宝贵的经验。

我国有优良的史学传统。一方面,我国从古时起就有实事求是的历史记录操守,另一方面,我国古代学者具有广阔的历史研究视野,如《史记》《汉书》等。经世致用是我国古代学者研究历史的目标,历史是一个民族和国家形成、发展、兴旺衰败的真实记录,对后代而言,历史是前人的"百科全书",记载了丰富的知识,包含深刻的智慧和宝贵的经验。我国丰富的历史资源在当代仍具有巨大价值和重要意义,是提高人民群众历史素养和人文素养的基本材料。通过阅读古代典籍,研究历史资源,能够帮助我们了解中华民族形成和发展的过程,吸取历史经验教训,感悟前人智慧,从而提高个人思想境界和道德水平,促进社会的发展。

三、中华优秀传统文化有利于提升人民群众的文艺素养

我国古代文学成就极高,文学体裁丰富,文学作品数量极大,是中华民族引以为傲的文化瑰宝。流传至今的《诗经》《楚辞》、汉赋、唐诗、宋词、元曲、明清小说等众多文学精品,无论是在思想性还是艺术性上都达到了世界顶级水平。许多古典诗歌、古典小说等,对世界文学发展都产生了巨大影响。

我国古代文学艺术具有提升人民群众文艺素养的功能。首先,文艺欣赏能够提高人民群众的审美品位。我国传统文艺作品数量众多、类型丰富、艺术水平高,欣赏优质的文艺作品,不仅能够提高文艺创造者的理解和创造力,提升个人的创作水平,也能够提高普通人的审美水平和欣赏水平,从而获得更高层次的审美体验。其次,欣赏优质的文艺作品能够提高人民群众的精神认知。我们能在经典中汲取优质的精神养料,陶冶情操,实现精神上的蜕变。

四、中华优秀传统文化有利于提升人民群众的道德素养

道德是公民社会生活中最基本的道德规范和行为准则,是社会文明和个人道德修养的基本标志。对于一个国家而言,社会道德水平很大程度上会影响国家的文明程度,进而对国家形象和发展产生影响。对于个人而言,道德决定人的行为,代表个人形象,影响人际交往和个人发展。可见,道德素养对个人社会生活和发展有重要影响。在中华优秀传统文化中有许多传统美德相关的内容,在今天,对提高人民群众道德素养,树立社会主义核心价值观仍能发挥巨大作用。

我国自古以来就是崇尚道德的民族,提出了体系完备、内容丰富的一系列道德规范,如儒家的"五常",并在后世逐渐丰富,形成"三纲""五常"等伦理纲常。当然,这些传统的道德规范中有些已经不适合当代社会,但其主流仍是中华民族的传统美德。国内有些学者将中华民族的传统美德概括为仁爱孝悌、谦和好礼、诚信知报、精忠爱国、克己奉公、修己慎独、见利思义、勤俭廉正、笃实宽厚、勇毅力行十项。[①] 这些传统美德具有深厚的历史积淀和民意基础,几千年来一直被广泛认可,是中华优秀传统文化的精髓,不仅在古代社会发挥巨大的作用,对今天社会主义精神文明建设和文化现代化发展仍具有重要价值。

我国从古代起就十分重视榜样教育,将一些道德典范作为培养人优良品格的榜样,指导人的行为。用现在的道德标准来看,古代树立的"孝子""烈女""忠臣"等榜样有些在当代已经不具备榜样的价值,但仍有许多传统美德和崇高品行在当代社会熠熠生辉。

我国自古以来就是非常重视道德教育的国家,从古至今积累了丰富的道德教育理论,做出了许多教育实践,产生了许多行之有效的道德教育方法,对今天的道德教育和道德建设仍能提供良好的启发。如孔子提出循循善诱的教育方法,强调教育者应善于引导受教育和学习,寓教于乐,增强教育的趣味性和启发性。再如,朱熹提出循序渐进的教育原则,指出道德教育不是一蹴而就的,而是要根据人的身心发展规律和思想认识规律依次实施的。中华民族历史上形

---

① 张岱年、方克立. 中国文化概论[M]. 北京:北京师范大学出版社,2004:212-218.

成的宝贵的传统美德、道德典范和德育经验，对于提升人民群众的道德修养，依然能够发挥巨大作用。

第三节 增强国家文化软实力的丰富文化资源

在越来越激烈的国际竞争中，各国越来越重视文化软实力对本国的作用。文化软实力体现在一个国家以文化为基础产生的对内向心力和凝聚力，以及文化对外的影响力。提升国家文化软实力，和提高经济实力同样重要，是实现社会主义现代化建设的必要条件。中华优秀传统文化源远流长、博大精深，是中华民族的"根"和"魂"，是中华民族几千年来生生不息、不断发展的智慧基础和精神动力，也是提升我国文化软实力最深厚的文化资源。

一、中华优秀传统文化有利于增强中华民族内部的凝聚力

一个民族不能没有凝聚力，有了凝聚力才能保持民族团结，在面临危难时才能同舟共济，维护国家统一。中华民族一直有着强大的民族凝聚力，这也是中华民族历经磨难仍能屹立于世界民族之林的重要原因。弘扬中华优秀传统文化，对增强中华民族内部的凝聚力作用巨大。

首先，弘扬中华优秀传统文化能够增强民族文化认同。一个民族，只有充分了解本民族的历史，对本民族的文化有充分的认同，才能激发人们对民族和国家认同感，从而产生民族凝聚力。弘扬中华优秀传统文化，能够帮助人民了解中华民族辉煌的历史和中华文化的独特性和重要性，从而对中华文化产生认同，增强人们对民族的归属感、认同感、荣誉感，产生强大的民族凝聚力。

其次，弘扬中华优秀传统文化能够强化民族团结统一。中华文明是世界上唯一的连续不断的古老文明，毫无疑问，中华优秀传统文化在漫长的历史发展过程中发挥了强大的精神纽带作用。我国是一个幅员辽阔、民族众多国家，中华优秀传统文化作为强韧的精神纽带将个人、民族、国家紧紧地联系在一起，使中华民族始终能够团结一致。当前，弘扬中华优秀传统文化，特别是弘扬中

华优秀传统文化中爱国主义、团结统一的伟大民族精神,有利于增强中华民族的向心力,强化民族团结统一力量。

最后,弘扬中华优秀传统文化能够汇聚民族精神力量。中华民族历经几千年载,并不是一帆风顺的,而是历经了许多挫折和磨难,遭遇过很多强敌,无论多么艰难,始终能矗立不倒,主要是因为中华优秀传统文化发挥的巨大作用。在面对强敌入侵时,中华优秀传统文化蕴含的爱国主义精神为中华民族抗击侵略者铸就了顽强不屈的精神长城。在面对国家发展艰难与挫折时,中华优秀传统文化成为中华儿女无坚不摧、刻苦奋进的精神利器。中华民族伟大复兴的实现需要凝聚中国力量,需要全体中华儿女勠力同心、群策群力。弘扬中华优秀传统文化有利于培养人民群众的大局观,能够正确理解个人价值的实现与民族振兴、国家富强和人民幸福之间的关系,树立共同理想,汇聚共同力量,为社会主义现代化建设这个共同目标共同奋斗。

二、中华优秀传统文化有利于增强中华文化对外的影响力

经过几十年的努力,如今中国能以独立、自由、民主、自信的姿态站在世界舞台上,为世界发展做出贡献。自古以来,中华民族都不是靠对外扩张、穷兵黩武提高自己在世界上的地位和影响力,而是靠中华文化的强大感召力和吸引力。

弘扬中华优秀传统文化,为世界发展贡献中华智慧。尽管和平与发展仍然是当今世界发展的大势,但局部矛盾与冲突、霸权主义、强权政治仍有发生,环境破坏、资源匮乏、社会问题泛滥日益严重。这些问题充分表现出人类受"丛林法则""霸道思想"思想的影响,盲目追求利益、自私短视,要解决这些问题,就需要东方智慧。如在民族交往、国际交往关系上,儒家倡导的"己所不欲,勿施于人"就是一条"万能"法则。这一观点被许多西方学者认为是"人类行为的伟大法则",表示儒学不仅对中华文化发展产生了巨大影响和作用,也对世界历史发展和人类文明进步具有积极作用和深远影响。儒家思想和儒学文化不仅在历史上产生过积极作用,对于解决当今世界共同面临的许多问题和难题,仍能提供智慧、启示、借鉴。"解决世界上存在的众多问题,中华文化可以大有作为。

弘扬中华优秀传统文化，展现中华文化魅力。2012年，我国文学家莫言获得诺贝尔文学奖，向世界展现了中国文学的风采。2015年，我国科学家屠呦呦发现青蒿素，获得诺贝尔生理学或医学奖，向世界展示了中医文化的风采。中华优秀传统文化在文学、中医、书法、绘画、音乐、服饰、饮食等多个方面都展现出独特的东方魅力，都可以提升中华文化的国际影响力。

第四节　推进国家治理体系和治理能力现代化的有益文化借鉴

中国历史悠久，积累了丰富的历史经验，形成了鲜明的发展理念，产生了丰富的治国理政智慧，这其中的优秀部分至今仍具有巨大价值，能够为今天中国的发展提供有益的借鉴启发。

一、提供历史经验借鉴

治理国家和社会，今天遇到的很多事情都可以在历史上找到影子，历史上发生过的很多事情也都可以作为今天的镜鉴。中华民族历史悠久，在漫长的历史进程中，积累了丰富的历史经验教训，可资当代借鉴。

（一）借鉴成功经验

我国历史上出现过许多值得称颂的繁华盛世，如，"文景之治"、唐朝的"贞观之治"、明朝的"永乐盛世"、清朝的"康雍乾盛世"等。这些繁华盛世时期，国家能够在较长一段时间保持政治清明、经济发展、民族和谐、社会稳定、文化繁荣、百姓安居，因而成为被后世学习借鉴的成功典范。事实上，历史上的这些盛世，其成功经验是类似的，这些成功经验对于今天的治国理政依然有着重要的借鉴价值。

（二）汲取失败教训

成功经验固然值得借鉴，失败教训更是值得汲取，纵观中国历史，有些朝代"其兴也勃焉，其亡也忽焉"，如秦代、隋代；有些朝代盛世之后逐渐衰弱，如汉代、唐代；有些朝代文武失衡，如宋代；有些朝代闭关自守，如明代、清代。总的来说，它们的失败有某些共性的教训，尤其值得后世引以为戒。

首先，国家繁重的赋税徭役导致民不聊生。其次，统治阶层的腐化导致执政能力下降。一个王朝建立之初，其统治阶层往往能够励精图治，而承平已久，统治阶层就逐渐腐化堕落，执政能力严重下降，导致国家政治腐败，社会矛盾激化。最后，武备废弛严重而无法抵御外部入侵。清代初期八旗铁骑所向披靡，但长期安逸"忘战"，武备废弛，到了晚清不仅法纪不严、作风不良，而且兵制僵化、武器落后，战斗力很弱，在与西方列强的抗衡中屡战屡败。以上的这些深刻的历史教训依然值得今天借鉴。

二、提供发展理念启示

中华民族在长期的发展过程中，形成了极具民族特色、极为深刻博大的发展理念，对中华民族的发展壮大产生过极其重要的影响和作用，对于今天的治国理政仍具有重要启发意义。其中以下几个发展理念，尤其突出。

第一，以人民为中心的理念。"重民本"是我国古代治国思想的精华，从总体上看，我国古代"重民本"思想有三个层面内容：第一，国家的兴衰取决于民心向背；第二，国家政策的重点是为百姓谋福址点；第三，给予弱势群体足够的关照。时至今日，我们既要从"民惟邦本"的理念中汲取治国思想的精华，又要在此基础上进行创新，赋予其时代性，能更好地为当下服务，在治国实践中坚持以人民为中心的思想和原则，为民众谋福利，解民众之忧患，实现共同的理想。

第二，"德法合治"的理念。我国古代围绕国家治理一直有"德治"与"法治"的争论，究竟是以"德"治国更长久，还是以"法"治国更合理，这种争论持续了数代仍没有准确的答案。然而，从历史实践来看，单纯的"德"

治或"法"治都存在一定弊端，只有德法合治或许才是唯一的答案，事实上，这也是众多太平盛世时期的治国原则。"德"治与"法"治存在辩证统一的关系。"法"具备强制性，通过硬性规定规范人的行为；"德"是柔性倡导，通过道德理念、礼仪规范指导人的行为。只有"法"治没有"德"治，"法"治的压力巨大，难堪重负；只有"德"治没有"法"治，"德"治就缺乏了必要的强制措施作为保障，难以维持。"德"治与"法"治的关系告诉我们，在治国理政中，要正确处理"法"治与"德"治的关系，做到德法合治，既要加强社会道德建设，也要重视法治建设，打牢依法治国的道德基础。

第三，"法古革新"的治国理念。我国古代在治国理政上的另一大争论就是"法古"与"革新"之争。如商鞅变法、王安石变法、戊戌变法等。事实上，"法古"理念从总体上比"革新"理念强，这种情况持续了几千年一直到晚清。事实上，"法古"与"革新"也存在辩证统一的关系。无论是"法古"还是"革新"，都不能偏颇一方，而应有机结合。那些优良的传统我们要继承，腐朽的、不符合时代发展的传统要被革新。自19世纪末以后，"革新"是我国发展的主流，"法古"派因循守旧，拒绝革新，阻碍了历史发展。但我们也不能一味"革新"，拒绝一切"法古"，否则就成了激进的"革新"派，摒弃了全部传统，这当然包括优良的传统，全盘学习外来的理念，这也是不利于历史发展。"法古革新"，既要继承优良的"革新"，也要将腐朽的"革新"，正确把握"法古"与"革新"的关系，大胆地开拓进取，勇于创新，同时坚守优良传统，从优良传统中汲取改革创新的智慧和营养。

三、提供治国理政智慧

在漫长的历史发展进程中我们积累了大量的治国智慧与经验，尽管这些治国经验大都以维护封建专制制度为目的，并且一些封建糟粕在实践中已经被证明对社会的发展具有巨大的阻碍，但其中仍然有的很多优秀思想和内容对今天的治国理政具有启发意义。

第一，人才选拔与人才运用的智慧。中国古代在选人用人方面积累了很多智慧，主要有以下几点：一是把人才视为国家强弱的关键，二是把德才作为选人用人的标准，三是把制度作为选人用人的方式。今天，选人用人依然是治国

理政的重要内容，上述这些选人用人智慧依然具有借鉴意义。

第二，反腐倡廉智慧。我国古代积累了优秀的廉政文化，既有提倡廉洁的优秀思想，也有惩治贪腐的实践经验，是我们今天推进反腐倡廉建设的宝贵资源。一方面，注重廉政理念灌输。一是"正而不偏"，为官者只有从自身做起，才能以上率下、政令畅通。二是"清而不浊"，清清白白做官，是廉政的题中应有之义。三是"俭而不奢"，生活奢侈的官员，很难做到廉洁从政。通过上述廉政理念的灌输，能够在一定程度上防止腐败。另一方面，建立反腐促廉机制。为了实现廉政，中国古人还设计了一套行之有效的制度。如早在周代便设有治贪促廉的监察官，秦汉以来历朝历代都设有相应的监察机构，形成了较为完备的监察制度。这些监察机构独立性强、地位崇高、权力巨大，虽有很大局限，但在一定程度上对各级官员形成震慑，减少了贪腐行为，促进了政治清明。当前，我国反腐倡廉有了相当成效，但反腐形势依然严峻。借鉴古代反腐倡廉智慧，有利于筑牢拒腐防变的思想道德防线，加强反腐倡廉制度建设，提高拒腐防变能力。

第三，为官从政的智慧。我国历史上也积累了不少为官从政的智慧，其中也不乏对今天有启发意义的智慧。一是修身为本，"修身"包括知识的学习、才能的修炼，更重要的是道德的修炼。二是忠于职守。三是谦虚谨慎。历史上很多为官从政者因谦虚谨慎而善始善终，因骄奢淫逸而身败名裂。中国古代为官从政智慧内容非常丰富，上面仅列举了几个要点，这些智慧所体现出的正能量，与现代政治文明的要求并不相悖，具有永恒的借鉴价值。

第五节　推动世界和平发展的宝贵文化智慧

中华优秀传统文化既属于中国，也属于世界；既具有中国价值，也具有世界价值。当今世界人类面临许多突出难题，经济增长乏力、地区发展不均、局部战争不断、恐怖主义肆虐、生态环境恶化等问题严重威胁着世界的和平与发展，中华优秀传统文化中的知识智慧和理性思辨有助于这些问题的解决。

一、以和为贵的发展理念

在如何实现发展的问题上,世界历史上曾出现过两种相反的发展理念:"争"的发展理念与"和"的发展理念。历史上,许多国家和民族通过"争"的方式实现富强,特别是15世纪以来,一些西方国家通过掠夺、战争的方式谋求国家发展,给人类带来了深重灾难。当今世界,局部战争不断,地区冲突频发,世界大战的危险仍在,其根源是一些国家和民族根深蒂固的"争"的发展理念。同时,人与人之"争"、人与自然之"争",造成了个人主义恶性膨胀、生态环境破坏严重等人类发展难题。而中国古人则选择了以和为贵的发展理念。包括两个方面:一是对内追求和谐发展,包括追求人与自身和谐、人与人和谐、人与社会和谐以及人与自然和谐。二是对外追求和平发展,中国人自古就推崇"协和万邦""四海之内皆兄弟""国虽大,好战必亡"等和平思想。爱好和平的思想深深嵌入了中华民族的精神世界,今天依然是中国处理国际关系的基本理念。当今世界科学技术越来越发达,武器装备也越来越先进,战争已是人类不能承受之重,中国以和为贵的发展理念正是解决冲突、消弭战火、预防战争的思想良方。

二、公平正义的价值追求

"没有永远的朋友,只有永恒的利益。"这句话被西方人奉为处理人际关系、国际关系的圭臬。唯利是图的价值追求,是人类历史上许多问题产生的重要原因。当今世界,诸如恐怖主义、局部战争、贫富不均、生态破坏等问题,都可以视为唯利是图价值追求的结果。解决这些难题,必须转变唯利是图的价值追求。中华优秀传统文化中公平正义的价值追求,正确处理了"利益"与"公平""正义"的关系,在解决当前人类难题方面给予重要启发。在追求正义方面,中华民族表现出先义后利、义利兼顾的价值取向。

在追求公平方面,中华民族主张公而不私、正而不偏。中国古代对"公"和"正"非常重视,甚至把它们上升到关系国家兴亡的高度。追求公平正义并不否定利益,而是正当处理"公平"与"利益""正义"与"利益"的关系,从而"兴天下之利,除天下之害"。近年来,在处理国际关系问题上,习近平同志多次强调要践行"正确义利观",找到利益的共同点和交汇点,坚持正确义利观,有原则、讲情谊、讲道义,多向发展中国家提供力所能及的帮助。正确义利观"正是中华优秀传统文化中的重要内容,对当今人类正确处理"义"与"利"关系,解决人类难题都具有重要的启示意义。

三、辩证综合的思维方式

中西思维方式各有特点。一般认为,西方注重逻辑分析,中国更注重辩证综合,表现为重整体、讲辩证、尚体悟的思维特点。逻辑分析的方法对人类文明,特别是科技文明做出了巨大贡献,并仍是当代最重要的思维方式之一。中国辩证综合的思维方式虽然被认为是中国明清以来科技落后的重要原因,但在解决当代人类难题方面也有一定优势。一是注重从整体看局部,把万事万物看成紧密联系的整体,从而主张从局部现象观察整体问题、从整体角度解决局部问题。二是注重以辩证促平衡,认为万事万物都体现着对立统一,只有辩证对待这些对立统一,不走极端,才能保持平衡、达到和谐。

当今人类遇到的一些难题,如恐怖主义愈演愈烈、贫富差距持续拉大、生态环境严重破坏等问题,其产生的原因非常复杂,如果用中国辩证综合的思维方式,有利于找出合理的解决方案。比如针对恐怖主义,西方国家主要通过加强安保措施、打击恐怖主义策源地等方法来解决恐怖主义问题。但从效果看,近年来美国、英国、法国等欧美国家恐怖袭击事件层出不穷,给西方世界带来极大麻烦。如果用中国辩证综合的思维方式看,西方国家解决恐怖主义问题的方法犹如"扬汤止沸",治标不治本。恐怖主义产生的深层原因是民族间的利益冲突和文化冲突,根本上源于不合理不公平的国际秩序。不解决利益冲突和文化冲突,不建立合理公平的国际秩序,恐怖主义就无法解决。中华优秀传统文化中辩证综合的思维方式,对于解决当今世界诸如恐怖主义之类的许多难题,能够提供很好的方法论启示。

第三章

中华优秀传统文化传承与创新的现实背景与主要问题

- 第一节 中华优秀传统文化传承与创新的现实背景
- 第二节 中华优秀传统文化传承与创新中存在的主要问题
- 第三节 中华优秀传统文化创新发展的现实意义

随着社会历史的发展,特别是在我国社会转型、全球化发展、社会现代化推进的进程中,中国传统文化面临许多新的情况和挑战,出现许多新的特点和新的问题。弘扬中华优秀传统文化,实现中华优秀传统文化传承与创新,需要立足现实的社会历史背景,把握变与不变的经济、文化、社会等种种因素,需要从认同感、机制、载体、效果等多方面剖析当前中华优秀传统文化面临的问题与挑战,从而为实现中华民族伟大复兴中国梦提供坚实的文化支撑。

第一节 中华优秀传统文化传承与创新的现实背景

一、社会主义市场经济背景下的中华优秀传统文化

社会主义市场经济既是实现中华民族伟大复兴中国梦的经济基础,也与中华优秀传统文化的传承和创新发展产生相互作用。自 20 世纪 80 年代以来,我国社会面貌发生了巨大又深刻的变化,其中,影响最大、变化最大的一点就是从计划经济向市场经济的转变。这个转变不仅直接对经济领域产生影响,也会间接地对思想文化产生影响。或者说,这一转变成为了促进我国思想文化变革的因素之一。经济制度的变化势必会带来社会风气的变化,经济领域的市场原则会逐渐地以多种方式渗透到政治领域和文化领域,既会出现有益的变化,也会出现一些消极的影响。如受利益驱使造成的诚信危机,外来文化对传统文化的巨大冲击,优秀传统文化对于人们思想和社会行为的引领力下降等。

(一)中华优秀传统文化与社会主义市场经济的契合

我国古代长期以自然经济为主,生产力发展水平低,因此社会物质财富只能掌握在少部分人手中,容易造成人民因争夺利益产生纷争。因而,以"仁"核心思想,倡导众生和谐相处的儒家思想在规范人们行为、维持社会经济秩序中发挥了巨大作用。儒家将"仁"作为个人和社会发展的最高目标,并衍生出一系列具体的规范和标准。儒家主张"贵义贱利",将道德作为个人和社

会应首要追求的目标,反对以卑劣的手段追求利益。同时,儒家倡导"义以生利",通过伦理道德规范人们的思想和行为,认为人们可以正当地追求个人利益,但不能超过道德的边界。关于物质财富的分配问题,儒家坚持"均田平赋"的原则,构想出"家家耕种,户户富足"的理想社会形态。这种构想与古代社会的生产力发展水平相适应,客观上稳定了封建社会的统治,调节了统治阶级与被统治阶级之间的矛盾,因而被历代封建统治者所推崇,也逐渐被广大民众所认可,"大同""小康"等也成为了广大民众共同的生活追求。无论"仁"还是"义利观",都在一定程度上对社会经济活动起到一定的规范作用,虽然其根本用意并不在经济领域,而是为了解决更加深刻的社会问题,但这种对经济领域的影响对市场经济仍能发挥作用。

中华优秀传统文化坚持以人为本的价值取向,这与我国市场经济的社会主义性质十分契合。中华优秀传统文化十分重视人的地位,关注人的成长。儒家对"仁"这一思想核心的界定就是"仁者,人也""仁者,爱人",点名了人之所以为人的本质是因为"仁",而"仁"的核心是"爱人"。"爱人"首先就是肯定人的价值,肯定了人区别于世间万物的特质,即"天地之性人为贵"。人是这个世界上最特殊的群体,"水火有气而无生,草木有生而无知,禽兽有知而无义,人有气有生有知且有义,故最为天下贵"。正因为人具备山川、草木、禽兽所不具备的特质才能成为万物之灵,所以要重视人,重视人在生活和精神上的富足。于统治者而言,重视人就要善于体察民间疾苦,"厚施薄敛",减轻民政的赋税徭役。可见,中华优秀传统文化中蕴含着丰富的以人为本的思想,重视对民众利益的保护。

当然,上述思想和理念受时代和阶级的局限性,对"人"或"民"的含义都与今天有所不同,提出的思想目的也是为了维护统治阶级的利益,但无法否认的是古代思想家已经有保护"人"或"民"利益的意识,重视他们的发展,与我国的社会主义市场经济建设,特别是与市场经济的社会主义性质具有高度契合性。市场经济遵循商品经济规律和价值规律,在资本主义制度下,市场主体会最大限度地获取剩余价值,追求经济收益;但在我国坚持的是公有制为主体,多种所有制经济共同发展的基本经济制度。在坚持社会主义的根本前提下,尊重市场经济的发展规律是为了能让资源充分配置创造更多的财富,能使广大人民群众最大限度共享经济发展的成果，而不是让物质财富集中在少数人的手中。这就是我国市场经济与资本主义国家市场经济的最大不同。在社会主义制度的前提下，社会财富能最大限度地为社会公共利益提供经济支持，能让关乎民生的关键行业和领域始终掌握在人民群众手中，坚持为人民群众服务的根本。当然，实际生活中存在一些企业盲目追求经济利益，缺乏人文关怀，将人与人之间、人与企业之间的关系"简化"为利益关系，从长远的角度来看，这种观念会阻碍企业和社会经济的持续发展，也与我国的社会主义制度相背离。要解决这一问题，就要坚持中华优秀传统文化倡导的以人为本的理念，树立健康和谐的企业文化，形成人与人之间、人与企业之间的良性互动。

中华优秀传统文化的道德规范与我国社会主义市场经济运行规律相契合。中华优秀传统文化倡导从道德层面对人们的思想和行为进行规范。儒家"五常"中的"礼"就是其倡导的行为规范，即"非礼勿视，非礼勿听，非礼勿动"，不仅包括封建社会的礼法规范，还包括儒家倡导的"义""诚""信"等道德要求。"诚"和"信"是古人衡量一个人道德水平的重要标准，在中华优秀的传统文化中有许多关于诚信的论述，如"言必信，行必果""人而无信，不知其可也"等。诚信既是个人道德修养性，也是人际交往的准则。在中国特色社会主义建设的今天，诚信也是市场经济运行的基本要求和基本准则。在市场经济运行的过程中，不同市场主体之间的所有经济行为都应遵循诚信的基本准则和共同的道德规范、法律法规。在现实生活中，一些不良商家被短期的经济收益所蒙蔽，不惜以失信的方式去换取利益，破坏市场的运行规制，扰乱市场经济秩序，甚至损害人民群众利益，给社会的和谐稳定造成负面影响。

中华优秀传统文化的精神追求与社会主义市场经济的主体发展需求相契合。在社会主义市场经济中，无论是国家、集体还是个人，都是经济活动的主体。尽管各活动主体的发展需求不同，但在社会主义市场经济条件下，各活动主体的发展的内在需求存在一致性。如经济活动主体的发展需要开拓进取、用于创新、团结协作等精神，才能不断打破局限，焕发生机，共同发展。而这些发展需求都能在中华优秀传统文化中汲取养分。中华传统文化特别强调自强不息的进取精神，如《周易》记载的"天行健，君子以自强不息"；《论语》"我非生而知之者，好古，敏以求之也"倡导的奋发学习的精神。除此之外，传统

文化中还推崇"苟日新，日日新，又日新"创新精神，主张"推己及人"的人际关系准则，倡导建立"和为贵"的社会关系等内容，都能为经济活动主体建立和谐的团队关系，处理不同主体之间的关系提供了有益借鉴。可见，中华优秀传统文化的精神追求与社会主义市场经济主体的发展需要不谋而合，这种精神上的契合一方面能够提高人民群众的精神文明，另一方面能够推动社会主义市场经济的发展。

（二）中华优秀传统文化与市场经济的错位

尽管中华优秀传统文化与社会主义市场经济有许多相契合的地方，但我们必须情形地认识到，传统文化是在自然经济基础上形成发展的。当今社会面临的更多是科技革命浪潮、信息经济、互联网经济等挑战。这些挑战在经济领域的表现就是中华优秀传统文化与市场经济的错位。这种错位是社会生产力发展的必然结果，是必须存在的。面对这种错位，我们必须要慎重地思考两个问题，一是中华优秀传统文化的现代化问题，二是如何传承和发展对中华优秀传统文化。只有处理好这两个问题，才能使中华优秀传统文化在新时代焕发新的生命力，才能为社会主义现代化建设提供坚实的文化支撑。

二、西强东弱文化格局下的中华优秀传统文化

伴随互联网、移动通信等现代科学技术的迅猛发展，不同文化之间的交流日益广泛，文化全球化成为一种客观现实。在文化全球化进程中，西方文化不断渗透，对中华文化造成冲击，国家文化安全受到严峻使挑战，部分民众深受西方思想及其文化标准影响，失去文化自觉、文化自信和文化自强。

在当前西强东弱的文化格局下，中华文化走出国门、走向世界遭遇重重挑战。西方国家凭借其在世界上的话语优势、载体优势和体系优势，炮制了一系列所谓的"文化理论"，如中国威胁论、文明冲突论等，企图为遏制中华文化找到合理的理论支撑；同时，实行文化保护主义，遏制发展中国家的文化输出和价值输出。除此之外，中西方文化交流过程中的文化误读也在很大程度上限制了中华文化的对外输出。

（一）西方国家的文化话语优势

西方国家的文化话语优势在国际上对中华文化产生强烈的冲击。西方国家通过工业革命率先走上了现代化的道路，并按照自己的标准建立了现代化的话语体系，逐渐成为评判一个国家、甚至一个文明现代化程度的标准。换句话说，只有按照西方国家曾经的发展道路才能实现现代化；只有符合西方的话语标准才能被称为文明国家。这是西方话语霸权的典型表现，扼杀了各国结合自身国情选择适合自己发展道路的可能性。长期以来，在西方资本主义话语霸权的主导之下，中华文化很难在国际话语体系中取得应有的位置。不可否认，赢得在国际社会的发言权，这是中国主动参与国际事务，遵守现行国际准则，利用现有通行话语，保证国家利益的重要成果的需要。西方文化在世界文化格局中依然占有主导地位，中华文化尚未"破局"。在文化交流的过程中，我们不得不跟随西方话语的脚步，遵循西方话语的规则。如果说，20世纪80年代，为了打开国门，参与国际事务，发展国际贸易，便于文化交流，我们去主动适应西方话语规则，追随西方话语脚步是一种不得已的抉择，那么，经过几十年的发展，当我国已经成为世界第二大经济体、第一大工业国、第一大货物贸易国、第一大外汇储备国，在此背景下，以中华文化为要素，寻求话语突破，重塑话语规则，打破西方话语垄断，就成为一种必然的选择。

（二）西方国家的文化产业优势

西方国家通过自身发达的文化产业，向世界输出其文化理念和价值观念。文化产业不同于农业、制造业等传统产业，在生产文化产品的同时，也在向消费者直接传递着价值观和文化理念。尤其是随着现代信息技术的发展和广泛应用，文化产业呈现出多样化、数字化、互动化、融媒体化的趋势。这种发展趋势进一步强化了文化产业对文化理念和价值观念的输出功能，使人们在与现代科技的接触中不知不觉地接受其背后的文化作用。

在世界范围内，中华文化还没有成为主流文化。西方发达国家主导下的文化依然占据世界文化的主导地位。中华文化通过多年的对外文化传播工作，在国际上的地位和影响不断提升。但是与西方文化相比，我国的文化产业起步较

晚，能够在国际上产生巨大影响、进入到主流文化领域的文艺作品不多，文化产业的发展水平和产业规模不仅落后于西方发达国家，与日韩相比也存在不小差距。

（三）西方国家的文化载体优势

文化传播需要特定的文化载体。随着现代信息技术的发展和广泛应用，除了传统的文化媒介，以网络为代表的新兴媒体已成为不容忽视的文化载体。同时，语言作为人们交流最主要的工具也发挥了文化载体的职能。无论是传统媒介、新兴媒体或者语言，都是西方发达国家文化软实力传播的利器。

（四）西方国家的文化体系优势

西方国家构建了一个维护本国利益的对外传播体系，并在体系中占据领导地位，通过各种类型的文化产品，将本国的文化、价值理念、道德标准、生活方式等传播到世界各地，尤其是经济发展水平相对较低、文化相对落后的国家。而由于这些国家在国际文化传播体系中处于非核心地位，甚至是边缘地带，西方国家会将这些国家对外传播的信息进行"过滤"和"把关"。国际文化传播体系在西方国家的把控之下成为其推行文化霸权的工具，不同文化之间的交流互动逐渐演变为西方文化的单向传输，甚至在潜移默化地吞噬其他文化。一方面，西方国家凭借其在经济领域、科技领域等优势构建了当今的世界文化传播的体系，确立了自身在体系中的核心地位；另一方面，他们通过控制国际文化信息的传播内容和方向，进一步巩固这一严重失衡的文化传播体系。对于我国来说，要实现中华文化走出去，客观上要求我们必须积极地参与构建和平衡国际文化传播体系，打破西方国家的垄断地位和文化霸权，促进多样文化之间的平等交流与互动，让所有文化都能在文化传播体系中得到充分展现自己的机会。

三、中国社会现代转型中的中华优秀传统文化

近代以来，我国出现了大量的反传统文化的思潮和观点，造成优秀传统文化出现断层的态势，这些思潮和观点使人们的思维方式、价值倾向、道德规

范、生活习惯和审美情趣发生了重大的转变，并对传统文化产生巨大冲击。中西方文化的论争背后，是近代中国从以自然经济为基础的农业国，向以商品经济为主的现代化工业国的转型。并且在转型的过程，中华优秀传统文化也要实现自身的现代化发展。

中华优秀传统文化的现代转化是社会现代化发展的必然结果。现代化转型是 21 世纪中国社会的发展主题。特别是在近几十年时间间，我国通过跨越式的飞速发展，走完了西方发达国家几百年的发展路程，迅速实现了从农耕社会和传统社会向工业社会和现代社会的转变，政治制度、经济发展水平、人民生活方式、价值观念等多层面发生了翻天覆地的变化。这种巨大的社会转变势必会对我国社会文化产生猛烈的冲击和影响，也必然带动中华传统文化的现代化转化。现代化建设在客观上造成了中华传统文化与政治、经济、文化、生活方式等方面的冲突。现代化是伴随全球化、市场化和城市化一起出现的，现代化、全球化、市场化、城市化多元融合，相互交织，必然会造成社会生产方式、人际交往方式、人民生活方式的变化，进而使整个社会文化与人们的价值观念处于不断的变革、碰撞、冲突和整合中，甚至在一定程度上引发社会层面的某种文化困惑和价值迷失。社会的急剧变革一方面要求人们的思维方式和价值观念能快速变化以适应这一历史巨变；另一方面，这种急剧变革使得社会文化和价值观念变得无所适从，人们的社会共识受到冲击，导致社会文化和价值观念出现不适应和不安全感。中华传统文化何去何从，同样成为整个社会关注的焦点。

我们要坚信，中国能够形成具有自身特色的、适应现代社会政治经济和现代生活方式变革的文化观念和价值理念。在对待中华优秀传统文化上，要立足历史，立足基本国情，立足世界发展大势，坚持更为自觉、主动、平实、开放的文化心态，鉴别性地吸纳不同形态的优质文化资源。要增强民族文化观念的主体性，树立文化自觉与文化自信，摒弃文化自卑和文化旁观者角色。在现代化建设过程中，坚决摒弃在文化虚无主义和文化复古主义。中华优秀传统文化的现代化发展，必须时刻以中国社会的现代化建设为依据，全面服务于社会主义现代化建设。

第二节　中华优秀传统文化传承与创新中存在的主要问题

一、对中华优秀传统文化的认同感有待增强

在思想认识上，中华优秀传统文化的内在精髓和时代意义没有得到充分且深刻的认识，缺乏更加科学、准确的文化定位，这是制约中华优秀传统文化传承与创新发展的基本因素。人民群众对中华优秀传统文化的认同感需进一步增强，这种认同感的缺失主要源于人民群众对中国传统文化的认识还不够清晰、充分。

第一，中华传统文化中的时代糟粕仍需进一步清理剔除。中华传统文化是在小农经济基础上形成和发展的，既有值得弘扬和继承的内容，也有受时代和阶级局限性产生的不合理、不科学的内容，我们要抛弃那些形而上学的传统文化，避免那些孤立、静止、过时的内容，对那些封建、愚昧、迷信的内容，以及落后的社会陋习和生活风俗，进行剥离、抛弃、淘汰和剔除。

第二，辨别中华传统文化中精华与糟粕的能力仍需进一步提升。传统文化中既包含民主性的精华，也包含封建性的糟粕；既有积极、进步、革新的一面，又有消极、保守、落后的一面。在有些情况下，精华与糟粕互相结合，瑕瑜互见。在如何对待传统文化上，有些人持全盘肯定，有些人持全盘否定，这些都是文化思维的极端。我们必须认真鉴别传统文化，有选择地继承和弘扬，注重结合新时代的变化和发展而不断加以改造、提炼、加工、创新，让传统文化既保传统又有创新发展。

二、弘扬中华优秀传统文化的机制有待完善

在运行机制上，缺乏有成效的弘扬机制，严重制约了中华优秀传统文化的发展。在制度上，没有在社会层面形成有效的制度保障，缺乏对中华优秀传统文化的顶层设计，这也是制约中华优秀传统文化发展的根本性因素。

（一）我国文化管理体制改革有待深入

我国文化管理体制落后于我国市场经济的发展，还没有完全适应新时代的社会文化发展。

第一，文化管理体制的管理分类需做出改革。我国政府机构设置是按照文化艺术、广播电影电视、新闻出版进行分类管理的，分别归属于文化旅游部和国家新闻出版广电总局，不同部门之间的协调合作的难度较大。分业管理尽管能在一定程度上提升管理水平，但也使本来相互联系的文化行业"九龙治水"，无法实现文化资源的高度整合与充分利用。并且，随着网络媒体的出现，不同文化行业交叉业务增加，行业界线更加模糊，分业管理的难度变大。

第二，文化管理政事不分和政企不分的问题突出。实行管办分离就是文化体制改革的一个重要内容。相当一段时间里我国文化管理部门存在政事不分、政企不分的问题，如地方广电局局长兼任电视台的台长，新闻出版局的局长兼任出版社社长等。这种既是国家公务员又是企业经营者的情况，不仅文化经营存在弊端，还会带来监督上的缺失。

（二）法律保障体系不健全

我国在文化法律保障方面做了很多工作，多年来取得了明显的成效。不过仍存在一些不够合理和完善之处，立法盲点依然存在。现阶段，我国已经颁布的文化领域法律法规有《著作权法》《文化遗产保护法》《非物质文化遗产法》等，各级政府也制定了许多专门法和地方性法律法规，然而，还有一些早该通过立法进行规范的文化领域的法律保障不够完善或者缺乏保障。法律保障体系不健全的问题在我国公共文化事业、传统文化保护、文化产业方面都有存在。法治建设是国家治理的重要环节，文化领域法律的缺失和立法层次的不高，对文化和文化产业的发展造成不便，也影响我国国际大国形象的树立。通过立法和法律手段依法有效地保护我国的文化主权和文化安全，才能使中华文化更平稳地走出去。

（三）对文化事业资金投入不足

文化建设领域的经费投入不足主要表现在两个方面，一是人均文化事业费不高，二是中央和地方各级政府对文化事业单位的财政拨款不高。从文化行业的局部分析来看，由于基数不大，文化建设财政拨款在国家财政总支出中的占比呈逐年下降的趋势。并且，国家对文化建设的经费投入还存在城乡、区域之间的不平衡现象。上述问题的存在，毫无疑问会严重影响我国文化建设和文化发展。三是对文化体制改革的投入不足。文化体制改革，扩大文化设施建设，壮大文化产业，同样需要经费投入。在事业转企业、企业集团化、公司股份化的改革过程中，我国有很大部分文化单位和文化产业或多或少存在人员不整、基础设施不足、技术和设备落后等问题，缺乏改革的活力和动力，若无法保证充足的经费支持，势必会影响和制约我国文化建设的发展。

第三节 中华优秀传统文化创新发展的现实意义

中华优秀传统文化的创新发展，为中华优秀传统文化在新时代的何去何从指明了方向，也为中华优秀传统文化的现代变迁建构了实现路径。中华优秀传统文化的创新发展不是可有可无的"文化剩余"，而是一项重要的理论创新，是优秀传统文化科学传承的指导方针和行动指南。

一、中华优秀传统文化创新发展的理论意义

中华优秀传统文化的创造性转化和创新性发展，解答了优秀传统文化如何复兴的时代问题，为长期以来优秀传统文化如何传承与发展找到了理论支撑。它既是对新时代中国特色社会主义思想的贯彻落实，也是在新时代文化语境下以马克思主义文化建设思想在中国的新实践。

第三章　中华优秀传统文化传承与创新的现实背景与主要问题

（一）优秀传统文化传承理论的新突破

传统文化如何传承已经是贯穿整个 20 世纪的"老生常谈"了。事实上，从近代以来，我国对"传统"的认知和争论就已经开始了。19 世纪中期，中华传统文化逐渐走向衰落，特别是新文化运动，给以儒家文化为主导的传统文化沉重一击，狠狠动摇了其在中国社会思想上的主导地位。自此以后，国内外众多学者围绕传统文化如何传承与发展问题提出了众多理论，如复古论、全盘西化论等，但是，这些理论并没有从根本上探讨传统文化如何科学地传承和发展，也没有改变传统文化日趋僵化、衰落的状况。直到新时代，中华优秀传统文化"两创"的出场，才打开了优秀传统文化传承理论的新视野，实现了对以往探讨的新突破。

中华优秀传统文化的创新性发展理论超越了"体用之争"。很长时间以来以来，关于传统文化何去何从的问题陷入了"体用之争"的窠臼之中无法自拔。"体用之争"主要争论的是究竟以何为"体"，以何为"用"。当然，有资格被我们争论的"体"和"用"是中华本位的文化和西方文化。清末顽固派与洋务派的论战中，张之洞提出了"中体西用"的主张，他认为，"以中学为体，西学为用，既免迂陋无用之讥，亦杜离经叛道之弊"。这里张之洞所说的"用"主要指西方先进的科学技术。之后的一百多年，人们关于"体用之争"的探讨从未停止，先后形成了以文化保守主义者、现代新儒家、当代新儒家等为代表的"中体西用"论，以贺麟为代表的"儒体西用"论，以"全盘西化论者""充分世界化论者"等为代表的"西体西用"论，以李泽厚为代表的"西体中用"论，以傅伟勋为代表的"中西互为体用"论，以张岱年为代表的"今中为体，古洋为用"论，以方克立为代表的"马魂、中体、西用"论，等等。可见，人们对体、用的不同阐释，催生了不同的主张，并为中华文化的发展指明了不同的方向。当然，"体用之争"的探讨是十分必要的，在探讨过程中产生了多样化的发展建议，但长期停留在"体用之争"上的探讨也造成了思维模式的僵化。新时代中华优秀传统文化的创新性发展，不再以"体""用"的范式来阔论，而是从传统文化的内涵和表现形式着手，通过创新性发展促进传统文化向现代的变迁，激活传统文化内在的生命力，突破长期陷入"体用之争"

· 117 ·

的僵局，建构中华优秀传统文化创新性发展的理论新范式。

有指科学的指导思想。中华优秀传统文化的创新发展以中国现代化建设为依托，坚持马克思主义理论为指导思想。20世纪国内外学者提出的如抽象继承法等理论大多都是在非马克思主义思潮的影响下产生的，要么缺乏明确的指导思想，要么以其他思想为指导，在指导思想上缺乏科学性。以马克思主义理论为指导的科学性主要体现在以下三个方面。第一，文化发展规律的遵循。马克思主义作为一种被实践证明了的科学，强调在中华优秀传统创新发展过程中对文化发展规律的把握及遵循。而这种"遵循"主要展现在对传统文化要不要转化发展、怎样转化发展、向何目标转化发展等命题的科学回答。中国特色社会主义新时代为中华优秀传统创新发展提出了新要求，如果忽略了这种要求，一味故步自封或极端压制发展，必然违背文化发展的规律。同时，还要处理好发展性与连续性、社会性与文化性之间的关系。不能过度强调发展性，而忽略了连续性；也不能忽视文化的社会性，只单纯强调文化性。第二，对传统文化的辩证审视。马克思主义指导人们应发展地而非静止地、全面地而非片面地、普遍联系地而非单一孤立地看待及对待传统文化。一方面，要看到需要进行创新发展的是那些对当今时代仍有借鉴价值、启迪意义的优秀传统文化，并非所有传统文化都值得去转化发展；另一方面，也要看到传统文化中也存在糟粕，只不过新时代转化发展的主要是"精华"。林毓生的"创造的转化"思想主要强调把中国文化中的概念与价值体系加以改造，而无视传统文化的表现形式；傅伟勋的创造的发展思想重批判而轻继承，不能不含有批判优先于继承的意义，今天应该予以调整；杜维明的创造性转换主张并未涉及对儒家文化的分辨，以至于被社会所淘汰的封建礼教专制也被纳入转换之中。第三，文化反作用的积极发挥。马克思主义强调文化反作用的发挥及其社会功能的彰显，因而中华优秀传统文化的创新发展绝不是文化的自我复兴，还应积极地反作用于当今时代，以解决时代问题，服务于当代社会发展。杜维明的"创造性转换"美化了儒学，意在儒学复兴及自我的实现，忽视了对社会、国家、人类等更高层次主体反作用的考察；林毓生的"创造的转化"强调对传统观念的转化只是在"有利于自由民主"一个维度；傅伟勋的"创造的发展"旨在传统文化的新生，其最终都局限在狭小的文化层面，而未能向社会层面进行延展。中华优秀传统文化的创新发展以马克思主义为指导，可谓实现了在指导思想上的新突破。

（二）对文化建设规律认识的新飞跃

文化建设是社会主义现代化建设的内在要求，也是新时代我国"五位一体"总体布局的重要一环。为此，我国不仅高度重视文化建设，而且对其进行了生动的探索和实践。

一是对中华优秀传统文化在文化建设中何以定位的科学回答。尽管，长期以来人们对中华优秀传统文化的历史定位有科学的认识，既摒弃了文化虚无主义的立场，也不认同文化保守主义的态度，始终争当中华优秀传统文化的忠实继承者和弘扬者，但是人们对中华优秀传统文化在社会主义文化建设中的定位却无法给予科学的认识和把握，以至于无法处理好中华优秀传统文化与中国特色社会主义文化建设之间的关系，甚至出现了将中华优秀传统文化排斥在中国特色社会主义文化建设之外的现象。新时代中华优秀传统的创新发展，不仅将中华优秀传统文化的历史定位提升到前所未有的高度，即将中华优秀传统文化视为中华民族的"根"与"魂"、中华儿女的精神基因，而且准确把握了中华优秀传统文化在社会主义文化建设中的定位，肯定了其积极作用。中华优秀传统文化并不只是历史文化遗产在当代的一种延传，其还能够通过创新发展实现向当代生活的融入，继而促进中国特色社会主义文化建设的开展。可见，弘扬传承中华优秀传统文化是社会主义文化建设所不容忽视的重要内容之一，也是新时代中国特色社会主义文化建设的重要思想资源。而那些无视中华优秀传统文化当代价值、无视其对中国特色社会主义文化建设促进作用的观点及主张都是典型的文化虚无主义的表现，既无益于社会主义文化建设的开展，也切断了中国特色社会主义文化"继往开来"的历史根源。显然，中华优秀传统的创新发展深化了对中华优秀传统文化在文化建设中定位的认识。

二是对中华优秀传统文化何以传承发展的又一次深刻探讨。马克思主义在优秀传统文化的弘扬传承上始终秉持科学的态度，并没有因传统文化遗产的"历史性"而对其全盘否定，相反却主张从辩证唯物主义的立场出发，继承并发展优秀文化遗产的积极因素和优秀内容，使其为新时代中国特色社会主义文

化建设所吸纳。然而，长期以来人们在优秀传统文化如何发展、何以运用等问题的探讨上却十分乏力。显然，中华优秀传统文化不仅需要弘扬传承，更需要实现在当代的发展及向时代的融入。新时代，要科学把握中华优秀传统文化传承与发展的辩证关系，为中华优秀传统文化在当代的发展，以及向时代的变迁和融入建构出了一条现实性的路径，同时还强调中华优秀传统文化的发展是一种创新性发展，即中华优秀传统文化的内涵与表达形式都要发展。显然，这种认识有一定的创新，深化了对中华优秀传统文化传承发展的探讨，并使人们对中华优秀传统文化传承发展规律的把握变得更为深刻。

三是对以中华优秀传统文化助推文化强国建设的深刻认识。建设文化强国是我国现代化建设的必然要求，也是满足人民美好文化生活需要的内在诉求。在中国特色社会主义文化强国建设中，人们往往从文化创造活力的提升出发，重视文化生产力的解放，强调文化体制机制的改革和文化事业产业的发展。但是，人们对中华优秀传统文化的助推作用缺乏客观的认识，重视的程度也不够。实际上，中华优秀传统文化是中国特色社会主义文化的重要组成部分，也是助推社会主义文化强国建设的重要文化资源。当然，这种助推作用的更大发挥，需要中华优秀传统文化完成向现代的转化。新时代中华优秀传统文化的创新发展，促进了中华优秀传统文化的现代转生，使其焕发生机与活力，并使其成为中国特色社会主义的思想支撑和精神滋养，为社会主义文化强国的建设提供重要的思想启迪、方法借鉴及精神动力。所以，我们要以更大的力度、更实的措施推动中华优秀传统文化的创造性转化和创新性发展，让中华现代文明的影响力、凝聚力、感召力更加充分地展示出来。

二、中华优秀传统文化创新发展的实践意义

理论的生命源自实践，其价值及意义也往往通过实践而彰显。中华优秀传统的创新性发展源自新时代"文化复兴"的实践诉求，因而其实践意义最终需要到实践中去寻找，并主要体现在推动优秀传统文化的科学传承发展、促进国家文化软实力的进一步提升、筑牢社会主义现代化建设的文化根基等方面。

第三章　中华优秀传统文化传承与创新的现实背景与主要问题

（一）推动优秀传统文化的科学传承发展

尽管自19世纪中叶以来，海内外诸多学者为中华文化的出路，提出了形形色色的理论和主张，然而，这些理论和主张由于各种局限并无法充分发挥应有的指导作用，也没能对文化实践产生深刻而广泛的影响，最终未能切实地解决中华优秀传统文化如何传承发展的问题。直到党的十八大以来，针对中华优秀传统文化的传承和发展，我国提出了创造性转化和创新性发展的重要论断，正确处理了中华优秀传统文化的继承与创新、转化与发展之间的辩证关系，切实解决了中华优秀传统文化融入时代、服务社会的难题，并在全社会引起了广泛关注。这一理论的基础批判和抵制了文化保守主义、文化虚无主义等错误思潮，极大促进了中华优秀传统文化在新时代的科学传承发展。

首先，为优秀传统文化的科学传承发展指明了正确的道路。西方资本主义工业革命开启了人类现代化的征程，而"现代化"推进的每一阶段，总面临优秀传统文化何去何从的追问，这进而涉及优秀传统文化值不值得传承发展、如何传承发展等问题。针对以上问题的不同回答则产生了不同的思潮流派。其中，文化保守主义主张全盘接受历史文化遗产，而文化虚无主义则强调全盘否定并抛弃一切传统文化遗产。显然，文化保守主义和文化虚无主义在看待和对待优秀传统文化上都走向了极端，应为人们所抵制和批判。新时代中华优秀传统文化的创新性发展，强调将继承与创新相结合，把弘扬优秀传统文化和发展现实文化有机统一起来，坚持在继承中发展，在发展中继承，切实解决了优秀传统文化向新时代变迁的难题，并激活了其生命力，焕发了生机与活力。可见，中华优秀传统文化创造性转化和创新性发展的出场，为优秀传统文化的科学传承发展指明了一条正确的道路，并促进了优秀传统文化的"新生"。

其次，为优秀传统文化的科学传承发展指明了科学的方法。优秀传统文化传承发展是一项复杂的系统性工程，绝不能如文化保守主义主张的那样，一股脑不加甄别地全盘接受，也不能如全盘西化论主张的那样，丧失客观立场，简单地给予全盘否定，而是需要辩证地继承、科学地发展。

最后，为优秀传统文化的科学传承发展树立了崇高的旨意。优秀传统文化是一种历史性文化遗产，是"过去"的思想、观念、美德、人文精神等在今天的延续。我们对其传承发展，并不是为了"回到过去"，也不是一种单纯的"文化考古"，而主要是使优秀传统文化在延续生命的过程中能够为当今时代所用，即一方面服务于社会主义现代化建设，另一方面能够满足当代人民文化生活的需要。新时代提出推动中华优秀传统文化创造性转化和创新性发展的要求，希冀通过改造、赋新，使中华优秀传统文化获得生命力，并使其融入教育活动、生产生活、文化创造、道德建设等各领域，促进其与当代文化的相融相通，从而发挥出以文化人、以文育人的作用。可见，中华优秀传统文化的创新性发展，不仅将"文化生命"的延续和"再生"视为中华优秀传统文化传承发展的基本任务，同时指明中华优秀传统文化的创新性发展，能够服务于社会、服务于国家治理现代化、服务于中华民族伟大复兴的实践，并最终助推人的全面自由发展的实现。实现"文化"的延续是优秀传统文化传承发展的基本使命，而服务于时代、服务于社会，并服务于人的全面自由发展是优秀传统文化传承发展的崇高追求所在。

（二）促进国家文化软实力的进一步提升

文化软实力是一国文化整体实力的集中体现，也是构成国家竞争力的核心要素之一。中华优秀传统文化是我国最深厚的文化软实力，也是国家文化软实力的重要根基。中华优秀传统文化创造性转化和创新性发展，推动了中华优秀传统文化的现代化变迁，激活了中华优秀传统文化的生命力，从而夯实了国家文化软实力的根基，促进了新时代我国文化软实力的进一步提升。

首先，促进我国文化整体实力和竞争力的增强。自20世纪初期开始，"传统文化与现代文化"的融通就是困扰一代代学者的难题。这一问题长时间的悬而未决在一定程度上造成了文化"传统"与"现代"的隔阂，甚至衍生出了以现代文化排斥、否定传统文化的文化虚无主义，和以传统文化排斥、否定现代文化的文化保守主义，严重制约了我国文化合力的形成，也影响了国家文化竞争力的提升。新时代中华优秀传统文化创造性转化和创新性发展，从根源上为我们厘清了"传统"与"现代"之间的关系，化解了二者长达百年的隔阂。中华优秀传统文化的创新性发展既是一种理念也是一种方法，使中华优秀传统文化拥有了现代化表达形式和时代化文化内涵，使中华优秀传统文化再次焕发出勃勃生机，并实现与现代社会的融入和新时代文化的相融、相通。事实上，传统文化的创新性发展是对自身进行深度"拣选"，摒弃了消极因素，保留了积极因素，通过这种"净化"提高生命力、增强活力，并最终上升为中国特色社会主义文化的重要组成部分。除此之外，激活中华优秀传统文化的生命力，有利于其在文化建设中发挥积极作用，使其成为现代文化的重要理论基础和思想源泉。可见，中华优秀传统文化经过创新性发展不仅能够使自己转化为更具生命力的"现代文化"，还能够使自身作为一种文化资源为"现代文化"的发展提供养分。新时代，"传统"与"现代"不再存在隔阂，而是形成相互交融、相互激荡的关系，最终形成一股强大的文化合力，促进了我国文化整体实力与竞争力的提高。

其次，提升核心价值观的生命力、凝聚力、感召力。核心价值观是文化软实力的灵魂、文化软实力建设的重点。这里所说的核心价值观是指一种能够集中体现当代中国精神，凝结着全体中国人民共同的价值追求的核心价值观，即社会主义核心价值观。由于它所蕴含的基本价值准则，传承着中华优秀传统文化的基因，因此，社会主义核心价值观的培育和弘扬必须立足于中华优秀传统文化，否则其将失去源头活水和生命力。中华优秀传统文化的创造性转化和创新性发展，推动了中华优秀传统文化的核心思想、价值理念、道德规范、人文精神的深入挖掘和阐发，进一步夯实了社会主义核心价值观。此外，社会主义核心价值观要成为一种"支援意识"，并通过生活实践发挥潜移默化的作用，而这种"支援意识"的孕育及其作用的发挥离不开中华优秀传统文化。因为中华优秀传统文化已经植根于中国人的内心，并对人的思维方式和行为方式产生潜移默化的影响。中华优秀传统文化创造性转化和创新性发展促进了中华优秀传统文化怡情养志、涵育文明作用的发挥，强化了社会主义核心价值观的"支援意识"。可见，中华优秀传统文化创造性转化和创新性发展助推了中华优秀传统文化的"再造"，并在一定程度上促进了"核心价值观"生命力、凝聚力、感召力的提升。

最后，促进中国特色社会主义话语体系的建设。话语体系是一个国家经济社会发展的外在表达系统，是国家文化软实力的集中体现。然而，长期以来，我国的话语体系未能满足中国社会发展进步和综合国力提升的表达需要，尤其是在对外表达上，由于长期受西方话语体系的影响，其表达方式、话语概念、理论使用等常常陷入"西化"的窠臼，不仅影响到国家文化软实力的提升，也影响到我国在国际上的形象。中国特色社会主义话语体系的建设必须根植于中国国情，并立足于中华文化。中国特色社会主义话语体系要体现中国特色、中国风格、中国气派，反映新时代中国的面貌和中华民族的精神气质。当然，所谓的中国特色、中国风格、中国气派是中国特色社会主义话语体系的特色所在，也是我国文化软实力的根源所在，而其特色的塑造离不开对中华优秀传统文化的汲取，并以其为理论源泉。此外，西方话语体系对当前我国的话语表达、话语分析、话语阐述等都产生了一定程度的影响，并掣肘中国特色社会主义话语体系的建构。形成中国特色社会主义话语体系，需要将本土文化与国际文化结合起来，并从中华优秀传统文化中寻找灵感和方法。中华优秀传统文化创造性转化和创新性发展促进了中华优秀传统文化的时代新生，夯实了中国特色社会主义话语体系的文化根基，营造了良好的文化氛围，进而对中国特色社会主义话语体系的建设起到了一定的促进作用。

（三）筑牢中华民族伟大复兴的文化根基

近代以来，中华儿女就有实现中华民族伟大复兴的梦想，并为实现这个伟大梦想进行了一百多年的持续奋斗。中华民族伟大复兴梦想的实现不仅需要强大的物质基础，也需要强大的精神力量。而中华现代文明的建设，离不开中华优秀传统文化的滋养。因为中华优秀传统文化是中华民族独特的精神标识，塑造了中华儿女独特的精神气质和文化禀赋，它所蕴含的核心思想理念、中华传统美德、中华人文精神等为国家崛起和民族复兴提供了重要的文化支撑。诚然，新时代中华优秀传统文化创造性转化和创新性发展，为中华民族现代文明建设提供了底蕴，并使之成为推动中华民族伟大复兴的巨大动力，使民族复兴的文化根基得到巩固。

首先，推动中华优秀传统文化转化为民族复兴的思想保障。中华民族伟大复兴是一项前所未有的崇高事业，也是百余年来中华儿女奋斗的梦想所在。这一伟大事业的完成及伟大梦想的实现需要以一定的思想为保证。而这种思想必须是一种雄厚的力量，必须有着源远流长的历史及根深蒂固的影响，因此要到中华优秀传统文化之中去找寻。实际上，中华优秀传统文化是中华民族最为根本的精神基因，它所蕴含的"大道之行也，天下为公""苟利国家生死以，岂因祸福避趋之"等报国情怀，鼓励人们干事创业的锲而不舍、披荆斩棘、立志图强等进取观念，指导人们道德生活的和衷共济、讲信修睦等仁爱理念，都是中华民族伟大复兴所需要的宝贵思想资源。而这些思想观念、人文精神、道德规范等通过创新性发展焕发蓬勃生机，不仅变成了影响人、感召人、凝聚人、引导人积极投身于中华民族伟大复兴事业中的思想激励，甚至直接转变成中华民族伟大复兴的理论基础和思想保障。

其次，推动中华优秀传统文化转化为民族复兴的智力支持。中华优秀传统文化源远流长、博大精深，并蕴含谋求民族振兴、国家富强、人民幸福的智慧。其天下和合、睦邻友善、世界大同的政治智慧，巧妙地指导了国与国之间的和平交往、友善相待，缓解了国际社会的紧张气氛，为中华民族伟大复兴梦想的实现创造了良好的国际环境；其天人合一、道法自然、民胞物与的理念，协调处理了人与自然、人与社会、人与人之间的关系，为中华民族伟大复兴梦想的实现建构了健康向上的氛围；其居安思危、忧盛危明等忧患意识，强调在治国理政过程中的未雨绸缪，为中华民族伟大复兴梦想的实现树立了必要的风险防患意识及风险评估意识；其革故鼎新、韬光养晦等治国理政智慧，为中华民族伟大复兴指明了实践的路径及方向。当然，以上中华优秀传统文化的思想、理念、意识、精神等并不能直接为人们所用，而是需要通过创新性发展赋予它们新时代的内涵和现代表达形式，促使它们获得新生，进而使它们发挥思想启迪、智慧借鉴、智力支持的作用。新时代中华优秀传统文化创造性转化和创新性发展，为上述思想、理念、意识、精神的现代化变迁建构了路径，从而焕发生机与活力，并为深化改革和全面建设社会主义现代化，以及中华民族伟大复兴梦想的实现提供了必要的智力支持。

最后，推动中华优秀传统文化转化为民族复兴的精神动力。中华民族伟大复兴梦想的实现离不开伟大精神的支持，并需要伟大精神提供不竭的动力。

而中华优秀传统文化是中华民族自强不息、发展壮大的精神力量。中华优秀传统文化蕴含宝贵的精神财富，而这些精神财富可以转化为民族谋复兴的不竭动力。只不过，这种精神财富的转化离不开创新性发展。因而中华优秀传统文化创造性转化和创新性发展，为精神财富的转化提供了理论支持和路径指引。实际上，中华优秀传统文化中所蕴含的"以身许国，何事不敢为""常思奋不顾身，而殉国家之急"等爱国精神；"人生自古谁无死，留取丹心照汗青""鞠躬尽瘁，死而后已"等的献身精神；"自强不息""功崇惟志，业广惟勤""锲而不舍，金石可镂"等积极奋进、百折不挠的干事精神，通过创新性发展而焕发生机和活力，激励人们为中华民族伟大复兴梦想的实现而奋斗与奉献。

总而言之，中华优秀传统文化创造性转化与创新性发展，立足于新时代中国特色社会主义文化建设的实际，切实解决了中华优秀传统文化传承发展的时代难题，不仅在理论上有新的探索，而且还在实践上取得了新突破，尤其是它在治国理政中的生动实践，催生了一系列新的思想理念，为中国特色社会主义建设及中华民族伟大复兴事业提供了有力的智慧支持和强大的精神动力。

第四章

中华优秀传统文化创新发展的推动策略

- 第一节　加强中华优秀传统文化创新发展的顶层设计
- 第二节　促进中华优秀传统文化创新发展的增量式实现
- 第三节　建立健全中华优秀传统文化创新发展的制度保障
- 第四节　优化完善中华优秀传统文化创新发展的环境支持

理论创新的重要意义不只在于能够促进理论突破，还在于新的理论能在实践中得到应用，为人们提供思想和行动的指引。新时代中华优秀传统文化的传承与创新发展是一项伟大的工程，也是我国实现文化强国的重要环节。如何从战略层面推动中华优秀传统文化的传承与创新发展，促进我国文化建设工作科学、高效的开展，是一个亟须探讨的话题。本章站在的宏观的视角，解读中华优秀传统文化的传承与创新发展的顶层设计，建立健全中华优秀传统文化的传承与创新发展的制度保障，优化并完善环境建设，促进中华优秀传统文化的增量式发展，为当下更好地促进中华优秀传统文化创新性发展提供有益探索与方法借鉴。

第一节 加强中华优秀传统文化创新发展的顶层设计

中华优秀传统文化创新性发展的广泛实践及其预期效果的取得，关键在于顶层设计。所谓"顶层设计"，是指通过马克思主义整体性思维和系统论方法，从全局的出发，对某项任务或某个项目的各方面、各层次、各要素等进行统筹规划，集中、有效地整合资源，高效、快速地实现目标。中华优秀传统文化的创新发展是新时代一项全新的、复杂的系统性工程，它的实现需要宏观层面的统筹规划，否则很难形成整体推进的合力。尽管我国在 2017 年出台的《关于实施中华优秀传统文化传承发展工程的意见》，从战略角度上强调中华优秀传统文化创新性发展的重要性和必要性，但并未对如何开展和推动做出具体的部署和说明。因此，亟须加强中华优秀传统文化创新性发展的顶层设计，进一步强化中华优秀传统文化创新性发展的系统性、总体性和协调性，实现全面统筹和科学谋划。

一、总体性统筹

新时代进一步加强对中华优秀传统文化创新性发展的顶层设计，要从总体性进行把握、统筹、谋划，即将中华优秀传统文化的创新性发展看成是一个总体，进行整体规划设计和全盘统筹，而不是拆分成若干个具体的部分，孤立的或选择性的谋划。而顶层设计就是要从总体性出发，在新时代的历史语境下，并坚持从如何更好地传承和发展人类文化遗产的目的出发，全盘考虑，实现整体性统筹和长远性谋划。

第一，要将中华优秀传统文化的创新发展上升为国家重要的文化战略。中华优秀传统文化的创新发展离不开国家战略层面的支持和总体性谋划，只有在总体性的范畴中，才能真正实现主体与客体、理论与实践的统一。新时代，对中华优秀传统文化的创新发展进行总体性统筹，应在贯彻落实国家各项决策的基础上，使其上升到国家文化战略的高度，从而实现在国家战略层面的整体性谋划与行动，最终使中华优秀传统文化的传承与创新发展工作得到全面推进。中华优秀传统文化的创新发展不仅是一项关系到民族发展的伟大的国家性工程，也关系到中华民族伟大复兴的实现和国家文化安全的维护，因此，只有上升到国家文化战略的高度，汇聚举全国的力量，经过几代人的不懈努力才可能完成。当前，我国将中华优秀传统文化的创新发展提升到国家文化战略的地位是有科学依据的，是符合我国国情的。将中华优秀传统文化的创新发展上升为国家文化战略，不仅有利于对这项工作进行整体性谋划和总体性设计，也有利于从国家战略层面进行全面协调和统筹推进。

第二，要实现中华优秀传统文化创新发展的总体性规划与设计。这要求我们要以推动国家和民族发展为出发点，对中华优秀传统文化的创新发展进行宏观上的、系统性的谋划与设计。中华优秀传统文化的创新发展涉及国家文化发展战略目标，因此，要以全局的眼光对要将中华优秀传统文化的创新发展的方案制定与设计、推进方法的科学性选择、制度保障建设等各方面进行整体性谋划。中华优秀传统文化创新发展的总体性规划与设计不仅是概要性的规划设计，更是落实中华优秀传统文化创新发展工作的纲领性的指导规范，因此，我们不能像一般规划那样只围绕某一项要素做详细规划与设计。需要注意的是，在这过程中，我们不能陷入文化自主论的漩涡，尽管文化的生成与发展自有其内在逻辑，但在其发展过程中我们可通过恰当的干预实现文化的传承与创新发展。换言之，在对中华优秀传统文化创新发展进行总体性规划与设计过程中，我们不能因为肯定了文化的内在逻辑性，就将人与文化割裂为两个孤立的个体,没有人的文化无法传承,文化是是人类的非生理性组成部分,历史和实践已经证明了人类可以通过恰当的干预引导文化走向科学的传承与发展道路,事实上,当人们对文化的传承与发展实施科学的干预,如进行总体性规划与设计,就会为文化发展创造良好的外部环境;反之,将文化彻底与人割裂开,放任文化自行发展,势必会对人类社会和文化发展造成阻碍。需要注意的是,这里说的科学干预和恰当的指导是指在尊重文化发展内在规律基础上的,对文化实施的科学性指导和干预。除此之外,要充分发挥总体性规划与设计的指导性作用,就需要地方性规划与国家总体性规划相符合,各级部署环环相套,才能充分彰显出中华优秀传统文化的创新发展顶层设计的统领性作用。

第三,加强对中华优秀传统文化的创新发展种各"要素"的总体性统筹。人才支持、物质基础支持、制度支持等,这些都是实现中华优秀传统文化的创新发展的重要要素,需要进行总体性统筹。一方面,中华优秀传统文化创新发展工作的推进离不开人才支持,人才是实现发展的关键性要素,并且中华优秀传统文化的创新发展只能通过充分发挥人的主观能动性才能完成。因此,新时代中华优秀传统文化的创新发展的主体,必然是人民群众,也必须是人民群众。然而,由于中华优秀传统文化具有一定的特殊性和专业性,其传承与创新发展需要专业人才的智力支持。当然,我们突出人才支持的重要性,也不能忽略普通劳动者的作用,中华优秀传统文化的创新发展需要汇聚全体人民的支持。毫无疑问,新时代中华优秀传统文化的创新发展面临许多理论性难题,而要解决这些难题离不开人才的智慧支持与攻关及。事实上,人才要素本身就具备总体性统筹的特性。一方面,文化与社会的发展要汇聚更多的"人才"。这里所说的"人才"是指具备一定专业知识与技能的科研人员、社会科学工作者、文化产业经营者和运营者、中华优秀传统文化传承者、教育者、宣传者等,让更多的人才参与到中华优秀传统文化传承与发展的事业中。另一方面,要加强对"人才"的培育。这里所说的"人才"培育是指加强人才对中华优秀传统文化相关知识的培训与技能指导,使人才能在生活和工作实践中充分发挥自身作用。除此之外,"财力要素"是一种资本要素,主要为中华优秀传统文化的创新发展提供基本的资金保障,以确保中华优秀传统文化的创新发展的顺利开展及目标实现。当然,物质基础也是一种重要的保障要素,其核心是"资金支持",具体地,在于"资金"的整合与总体性统筹。不同来源渠道的资金对中华优秀传统文化发展的支持方式也不同。当前我国用于中华优秀传统文化的创新发展的物质支持的资金来源渠道主要有三种,分别是财政拨款、市场化运营收益和社会募捐。目前,由于产业转化与市场运营还处于起步发展阶段,资金来源不够稳定充足,因此这里所说的物质基础支持主要针对的是财政拨款和社会募捐。

二、系统性谋划

中华优秀传统文化的创新发展是一项复杂且庞大的工程,加强对而中华优秀传统文化的创新发展的顶层设计,需要从加强其系统性入手。一方面,在突出中华优秀传统文化的核心思想和精神内涵的创新发展的过程中,加强对中华优秀传统文化的其他元素和内容等方面的创新发展。中华优秀传统文化是一个十分庞大的文化体系,既包括汉民族文化、各少数民族文化,也包括庙堂文化和山林文化、显文化和隐文化、雅文化和俗文化等。各元素、各内容之间相互交融、碰撞与融合,经过几千年的积淀才形成了璀璨耀眼、丰富多彩的中华优秀传统文化。除此之外,那些优秀的传统文化遗产也应被纳入创新发展体系中,在保护与传承过程中,进行时代化发展和现代化丰富,为优秀的传统文化遗产找到新的出路。另一方面,加强"创新发展"的系统性。中华优秀传统文化的创新发展是一项系统性工程,涉及到科学性继承、赋予新的话语表达形式、发展等多个环节。中华优秀传统文化只有经历了这些环节才能真正实现创新发展,为我国现代化事业提供思想指导。这些环节是"创新发展"这一系统性工作中不可或缺的、环环相扣的,因此,在"创新发展"过程中,不能将这些环节割裂为相互独立的部分,而应在整体系统性活动中认识和把握各环节工作。新时代,我们要站在系统性的高度,重视对各项基础资源的整合,加强全社会力量的汇聚,系统性推动中华优秀传统文化创新发展工作的落实。

三、协调性发展

新时代,在加强中华优秀传统文化的创新发展的顶层设计时还应注重加强工作的协调性。一方面,协调性体现在中华优秀传统文化中各文化要素

的创新发展应具备协调性。自从我国掀起了一波传承并弘扬中华优秀传统文化的浪潮后，社会上主要宣传的中华优秀传统文化中的核心思想文化和主流文化，很少关注其他文化要素的弘扬与发展，如地方特色文化、民间特色文化、少数民族文化等。这些文化要素都是中华优秀传统文化的重要组成部分，因此，在关注中华优秀传统文化的创新发展的同时，也要注重各文化要素的协调发展。同时，在对中华优秀传统文化传承与创新发展中，不能一味地强调传承，也不能只盯着创新发展，而应传承与创新发展并举，加强中华优秀传统文化传承与创新发展工作整体的协调性。除此之外，在推动中华优秀传统文化的创新发展工作中，还应注意战略规划的协调性，在推动各地区工作的过程中，还应注重对各项资源统筹的协调性。事实上，之所以在中华优秀传统文化的创新发展顶层设计上突出协调性，主要是为了避免在推进工作过程中避免出现发展不协调、不均衡、发展对象随意的问题，从而对中华优秀传统文化创新发展的可持续性开展。

第二节 促进中华优秀传统文化创新发展的增量式实现

中华优秀传统文化的创新发展与国家现代化建设、中华民族现代文明建设、中华民族伟大复兴的实现都息息相关，充满了挑战与艰辛，决不能仅通过文化论战、文化运动就实现的，需要我们在理论建设的过程中不断进行实践探索，"摸着石头过河"，将顶层设计与实践相结合，推动中华优秀传统文化的创新发展的增量式实现。当然，选择"增量式实现"的方法是我国经过系统性思考和整体性谋划后做出的科学论断。一方面，"增量式实现"突出了"创新发展"的渐进性特征，避免在工作推进过程中出现不顾实际的冒进行为。中华优秀传统文化的创新发展的增量式实现，关键则在于日常实践，即要将中华优秀传统文化的创新发展融入到人们的生产、生活、交往等日常活动中，并通过这些现实性活动的开展而逐步地实现。

一、促进中华优秀传统文化的创新发展在生产中的实践

生产实践是最基础的实践活动，是构成人类全部实践活动的基础。人类的发展离不开生产实践，可以说，人类是一直处在"生产"之中的，人类的一切产物都来源于生产实践，文化亦是。因此，推动中华优秀传统文化的创新发展就要使其向生产实践融入，实现在生产实践中的"再生产"。其中，生产实践能够促进中华优秀传统文化向具有精神价值的文化转化，如挖掘城市历史的文化价值，经过筛选、提炼打造成为城市的文化符号，纳入到城市标志设计、城市公共空间设计之中，这就是典型的中华优秀传统文化创新发展。由此也可以看出中华优秀传统文化的创新发展的生产性实质就是文化的生产时间，只不过这种生产时间是一种精神上的生产，目的是为了促进中华优秀传统文化在新时代重新焕发生机与活力。中华优秀传统文化的创新发展生产实践的展开，一方面使生产实践的内容更加丰富，另一方面实现了中华优秀传统文化的时代性转化，为当代生产实践提供思想指导。

推动中华优秀传统文化的创新发展的生产实践，就是要将创新发展融入到物质生产实践和精神生产实践之中。对物质生产实践进行渗透的过程，也是中华优秀传统文化通过创造创新发展，以思想、理念或精神等状态融入到物质生产实践中，并贯穿整个"物化"的过程。而"物化"的过程就是生活资料和生产资料逐渐表现为"物质"的过程，对于中华优秀传统文化来说，这个"物化"的过程就是其思想、理念或精神等转化为"物质"的过程。这种创新发展促进了中华优秀传统文化的思想、理念、道德规范、人文精神等在物质生产的表达，而这种表达是一种对"文化"进行新诠释与新表现的过程。显然，"渗透"的结果使生产出来的"物质"更富"传统文化"的气息，也更富人文精神，而中华优秀传统文化也因这种"渗透"逐步融入新时代，融入人们的日常生活。诸如"天人合一"的思想渗透于当代人居建设，这种思想通过人、建筑、山水等和谐布局而表现出来，最终人居环境彰显"天人合一"的精神，而这种思想及精神以人居的形式实现了新的诠释。此外，渗透于"精神生产"实践的过程，也就是中华优秀传统文化通过创造性转化和创新性发展，将思想、理念、人文精神等融入文化或思想生产中，并通过新的文化或新的思想来表

现。当然，这种渗透的过程，也是向精神生产融入的过程，最终促进了精神的生产，创造了新的文化或新的思想，而成果或许是物态的，也有可能是非物态的。例如《印象·西湖》（张艺谋"印象系列"之一），将西湖悠久的历史文化进行新的诠释，并通过现代影视、多媒体、互联网等技术进行新的表现，不仅催生了新的精神文化产品，而且西湖历史文化通过对精神生产的渗透获得新生。实际上，"传统"向日常生产实践的融入，无论是物质生产，还是精神生产，并非今日为始，而是有悠久的历史，且是一种自觉性的活动，新时代需要强化这种自觉，并推动"创造性转化和创新性发展"的深入开展。

二、促进中华优秀传统文化的创新发展在生活中的实践

生活世界构成了人存在于世的基本图式，因而马克思指出，"全部社会生活在本质上是实践的"。诚然，"现实的人"无时无刻不生活着，并无时无刻不生活实践着。中华优秀传统文化的创新发展，并不是一种脱离于生活世界的创造性活动，而恰恰置身于人们的日常生活实践中，可谓融于生活，而又作用于生活。新时代，促进中华优秀传统文化的创新发展在日常生活中的实践，就是要使中华优秀传统文化的创造性转化和创新性发展与人们的日常生活相契合，促进其向生活实践的融入，并使其成为人们日常而作的一种活动。实际上，中华优秀传统文化从未远离人民的生活，它的生成、发展及衍变，无不根植于人们的生活实践，因而其创造性转化和创新性发展依然需要根据人们的文化生活需要来进行。否则，脱离了生活实践，"创造性转化和创新性发展"将沦为一种纯粹的理论预设，也必然为人们所抛弃。促进中华优秀传统文化的创新发展在日常生活中的实践，要求人们将"创造性转化和创新性发展"作为一种生活实践中自觉开展的创造性活动，并将其全面贯穿于人们精神生活、物质生活的活动中。当然，这种生活实践超越了纯粹的文化生产，是一种更为广泛、更为持久、更具渗透性、更为科学、更具生命力的推动方式，其不仅促进了中华优秀传统文化向生活的融入，也丰富了人们的精神文化生活，促进了中华优秀传统文化在新时代的复兴。

促进中华优秀传统文化的创新发展在日常生活中的实践，涉及公共生活与私人生活两个层面。在公共生活中的实践是指将中华优秀传统文化的思想、

理念、道德规范、人文精神等通过创造性转化和创新性发展，融入到公共生活之中，并成为公共生活的思想指导、精神激励、伦理指引等。显然，新时代，中华优秀传统文化因意识形态属性，限制了其向公共生活的融入，因而只有通过创造性转化和创新性发展，赋予其新的内涵与新的表现形式，才能够使其以新的面貌融入公共生活，并使其成为影响公共生活的一种重要元素，诸如中华优秀传统文化之中的正己、恕道、内省、笃行、仁爱、民本、诚信、和合、小康、大同等思想，以及和睦友善、敬业乐群、扶正扬善、扶危济困、见义勇为等传统美德，"不论过去还是现在，都有其永不褪色的价值"。而这些传统美德通过创造性转化和创造性发展，成为社会主义核心价值观的重要组成部分，从而指导公共生活。此外，私人生活中的实践，是指推动中华优秀传统文化中的重要思想、理念、伦理、精神等通过创造性转化和创新性发展，融入私人生活，并成为人的智力支持、思想指引及精神激励。诸如将传统文化中的忠、孝、仁、义、恭、俭、温、良、让等创造性转化和创新性发展为新时代的家庭美德、个人品德，从而促进家庭生活的和谐与个人修养的提升，进而提升私人生活的品质。当然，在现实实践中，公共生活与私人生活并没有严格的界分，而且这两个层面的生活常常相互交织在一起，因而我们要将中华优秀传统文化的创新发展贯穿"现实的人"生活的全部，并通过生活实践促进中华优秀传统文化的转化与发展。

三、促进中华优秀传统文化的创新发展在日常交往中的实践

交往实践是"现实的人"存在的方式之一，也是文化生成的重要途径之一。中华优秀传统文化从来都是一种流动的文化，自古以来就被人们视为一种重要的交往内容并付诸实践。当然，这里所言的日常交往实践，并非仅仅局限于衣食住行、饮食男女等日常生活领域人与人之间的交往活动，还涉及一种更高层次的、超越个体的交往活动，诸如国与国之间、民族与民族之间的交往实践。新时代，促进中华优秀传统文化的创新发展在日常交往中的实践，一方面，使中华优秀传统文化及其创造性转化和创新性发展成为日常交往实践的重要内容之一。这需要推动中华优秀传统文化向日常交往实践的融入，使中华优秀传统文化通过创造性转化和创新性发展转变成一种宝贵的思想资源、精神财

富、智力支持，从而为交往实践之中的人所吸纳和借鉴。同时，中华优秀传统文化的创新发展可以作为一项亟待攻克的课题，成为日常交往实践所讨论和解决的重要议题之一。另一方面，在日常交往实践中推动中华优秀传统文化的创新发展。实际上，现代日常交往实践对中华优秀传统文化的变迁发展提出了诉求，在一定程度上推动了"创造性转化和创新性发展"的出场，同时还增强了人们对中华文化主体性的认同，促进了人们对中华文化普遍性价值的肯定。中华优秀传统文化的生成、发展的历史，已深刻地揭示日常交往实践，尤其是文化交流互鉴对其的正向促进，可谓"文明因交流而多彩，文明因互鉴而丰富"。因而，中华优秀传统文化的创新发展也必然是一种植根于交往实践的创造性活动，也必将在日常交往的融入中得以增量式实现。

促进中华优秀传统文化的创新发展在日常交往中的实践，涉及"现实"与"网络"两个维度。在现实交往中的实践，是可以被人的直觉所感知的，而在网络交往中的实践，则是一种虚拟性体验，充满虚幻性。新时代，促进中华优秀传统文化的创新发展在现实交往中的实践，就是要将中华优秀传统文化的创新发展融入现实交往活动：一方面使中华优秀传统文化的思想、理念、伦理、人文精神等贯穿于或渗透于现实交往，并通过创造性转化和创新性发展，以新的思想、观念、精神等影响或作用于现实交往活动；另一方面在现实交往过程中积极地向中华优秀传统文化汲取，且通过创造性转化和创新性发展，使传统的优秀思想、理念、伦理、人文精神等实现转生，继而用其指导现实交往。当然，中华优秀传统文化还常常作为文化交往的一项重要主题与内容，融入现实交往活动中。网络交往是基于互联网技术与通信技术的发展而诞生的，尤其是当前移动客户端的深化发展，增强了网络交往的便捷性。新时代，促进中华优秀传统文化的创新发展在网络交往中的实践，就是要将中华优秀传统文化的创新发展融入到网络交往活动之中，使转化发展了的中华优秀传统文化，特别是优秀道德规范与优秀传统交往观念成为网络交往的伦理遵循，抑或转生为现代网络交往伦理的组成部分，也意在使中华优秀传统文化成为网络交往的主题与内容，从而使中华优秀传统文化在赛博空间进行新的诠释与发展。尽管网络交往有虚拟性，但是它跨越时空的显著优势，促进了中华优秀传统文化的网络传播，尤其是随着当代互联网产品的多样化发展，中华优秀传统文化在虚拟世

界得到了多样化的诠释与展现,中华优秀传统文化以新的面貌,活跃于网络交往之中。无论是现实交往,还是网络交往,中华优秀传统文化的融入都是一个渐进的过程,因而"创造性转化和创新性发展"必然需要增量式实现。

第三节 建立健全中华优秀传统文化创新发展的制度保障

中华优秀传统文化的创新发展离不开强力的制度保障。所谓制度保障,主要是指通过相关法治机制、扶持政策、引导机制、动力机制等的建立健全及运行来保障中华优秀传统文化的创新发展的开展。实际上,制度保障是一种必要的、长效的措施,不仅完善了中华优秀传统文化的创新发展的制度安排,而且为其推动工作的开展提供了必要的制度支持。

一、法治机制的建立健全

古人云:"法者,治之端也。"法治是治国理政的基本方式,也是推动中华优秀传统文化的创新发展有序开展的必要保障。然而,由于当前法治保障上的不足,尤其是重要环节缺乏必要的制度性安排,在一定程度上影响并制约了中华优秀传统文化创造性转化与创新性发展的科学开展。为此,当前亟须从相关法治机制的建立健全入手,以夯实中华优秀传统文化的创新发展的法治基础,从而做到有法可依、有法可循、有法为据。

一是完善法律法规。中华优秀传统文化的创新发展法治机制建立健全的关键性工作,在于要进一步完善有关的法律法规,以便使其有法可依、有法可循、有法为据,否则中华优秀传统文化的创新发展将无章可循,必会变得盲目和混乱,自然难以取得预期性的效果。显然,法律法规的缺位必然导致中华优秀传统文化的创新发展法理基础的薄弱,最终其合法性也面临质疑。当前,法律法规的完善需要做到以下几方面。其一,加强中华优秀传统文化的创新发展方面的立法工作。尽管我国的法治体系日臻完善,相关文化立法也不断健全,但是在传统文化传承发展领域依然存在诸多法律空白,相关立法工作的滞后造成了制度性安排的不足,因而当前亟须强化该领域的立法工作,这就需要从国家层面制定优秀传统文化生态保护法、文化产业促进法、公共图书馆法等相关法律,对中华优秀传统文化传承发展有关工作作出制度性安排。从地方层面,制定地方优秀传统文化保护相关的法律条例,强化了地方优秀传统文化传承发展的法治基础,并促进地方优秀传统文化在新时代的创新与发展。其二,强化优秀传统文化传承发展相关法律法规的修订工作。目前,我国针对优秀传统文化传承发展的专门法较少,而涉及该领域的相关法律法规较多,并且比较混杂,因而在今后相关法律法规的修改工作中应进一步厘清并完善。当前,亟须修订文物保护法,同时"在教育、科技、卫生、体育、城乡建设、互联网、交通、旅游、语言文字等领域相关法律法规的制定修订中,增加中华优秀传统文化传承发展内容"。显然,通过施行以上两个方面的举措,必将强化优秀传统文化创新发展的法治基础,并完善"创造性转化和创新性发展"的法治机制。

二是推进法律法规的执行。建立健全优秀传统文化创新发展方面的法律法规,只是完善其法治机制的首要环节,还要重视对那些相关法律法规实施执行的监督,以进一步使法律法规落到实处,从而夯实"创造性转化和创新性发展"的法治机制。实际上,优秀传统文化传承发展在立法上的突破及完善,并不意味着这些法律法规就能够切实为人们所执行,为社会所贯彻和接受,正如《关于实施中华优秀传统文化传承发展工程的意见》所指出的,还需"加大涉及保护传承弘扬中华优秀传统文化法律法规施行力度,加强对法律法规实施情况的监督检查"。否则,有法不依、有法不循等现象的大量发生,不仅会破坏相关法律法规的严肃性和权威性,导致公信力的丧失,更会影响优秀传统文化创造性转化和创新性发展推动工作的法治机制建设,进而影响优秀传统文化创新发展。当前,强化优秀传统文化创造性转化和创新性发展相关法律法规的执行,首先就是要"加大涉及保护传承弘扬中华优秀传统文化法律法规施行力度,加强对法律法规实施情况的监督检查"。同时,还要针对违法违规、阻碍及破坏优秀传统文化创新发展推动工作的不良现象进行严厉打击与惩罚,要"充分发挥各行政主管部门在传承发展中华优秀传统文化中的重要作用,建立完善联动机制，严厉打击违法经营行为"。

三是加强法治宣传教育。中华优秀传统文化的创新发展的法治机制建设，离不开良好法治氛围的营造与支持，因而当前还需要加强针对该方面的法治宣传教育，在全社会形成良好的法治环境，进一步夯实优秀传统文化创新发展推动工作的法治根基。尽管法治宣传教育是一种软手段，不具有强制性的效力，但是其在"创造性转化和创新性发展"的法治机制建设上是必要的，并发挥了巨大的作用。其对"文化"法治工作起到了推动作用，并为优秀传统文化创新发展提供了良好的法治环境支持。加强法治宣传教育，需要在现实空间与网络空间两个维度着力，需通过报纸、电视、电影、杂志、公益广告、网络等各种传播载体进行广泛宣传，通过市民大讲堂、学校课堂、电视论坛、周末讲坛、党校课堂、网络课堂等课堂教育方式广泛开讲，以实现相关法律法规入脑入心。同时还要积极开展法治宣传日、法治宣传周、送法到基层、送法进校园、公益法治讲座、法律知识竞答、法治知识辩论、法治知识演进等活动，促进相关法律法规入口、入心，并见行见效。实际上，加强法治宣传教育是一项长远而紧迫的工作，关键是要将其融入到人们日常生活实践的各项活动中，使相关法治文化渗透到日常生活的各个方面，使相关法治精神影响每一个人，"增强全社会依法传承发展中华优秀传统文化的自觉意识，形成礼敬守护和传承发展中华优秀传统文化的良好法治环境"。

二、扶持政策的完善及落实

中华优秀传统文化"两创"工作的开展还需要以相关扶持政策为保障。所谓"扶持政策"，是指各级政府及社会组织针对中华优秀传统文化的创新发展而出台的一系列扶持办法和激励措施。当然，不同于"机制"对"运行"与"协调"的强调，它更侧重于"扶持"和"照顾"，因而其更具灵活性、倾向性及引导性。实际上，从"扶持政策"上来促进中华优秀传统文化的创新发展，涉及"扶持政策"的制定、实施，以及进一步优化完善等多个环节。

一是加强中华优秀传统文化"两创"工作的相关扶持政策的制定。推动中华优秀传统文化的创新发展离不开相关扶持政策的支持，而这些政策的制定是一个复杂的统筹过程，涉及对项目、金融、人才、产业、遗迹遗址保护、生态保护区规划等诸多方面的考量。当然，在制定"扶持政策"的过程中，需要始终围绕进一步促进中华优秀传统文化转化发展的目的，否则"扶持"就会偏离方向，"政策"制定的初衷将难以实现。当前，促进中华优秀传统文化的创新发展需要从以下几方面着手。首先，需要制定和完善中华优秀传统文化的创新发展相关项目及产业的金融支持政策，以解决"推动"的资金问题，从而为中华优秀传统文化的创新发展提供财力保障。其次，需要制定和完善中华优秀传统文化的创新发展相关项目政策，以科学统筹项目的设计、攻关、运行、评估等环节，进而以"项目"吸引更多的人来推动中华优秀传统文化转化发展，并以"项目"为载体来推动中华优秀传统文化转化发展过程中难题的解决。再次，还要加快制定和完善历史文化名城名镇名村和历史文化街区保护的相关政策，制定特色传统文化生态保护政策，以促进历史文化遗存及特色传统文化的生态保护。此外，还要加快完善中华优秀传统文化的创新发展相关的奖励、补贴政策，并落实税收优惠政策，以激励更多的人投入到"两创"事业中。中华优秀传统文化的创新发展相关扶持政策的制定，旨在通过"政策"的灵活设计和科学统筹，来激发主体的积极性，并助推相关法治机制的运行。

二是强化中华优秀传统文化"两创"工作相关扶持政策的实施。中华优秀传统文化的创新发展相关扶持政策的制定是前提，而关键则在于政策的落实，即政策的落地与实施。显然，政策的实施才是政策富有生机与灵魂的根本所在，也只有被付诸具体的实践中，政策的初衷才得以实现，政策才能促进人的主观能动性的发挥，才能使中华优秀传统文化的创新发展得到推动。否则，扶持政策无论多么科学严谨，一旦束之高阁，也就丧失了扶持的意义。扶持政策的实施，需要以中华优秀传统文化的创新发展的推动为目的导向，注重政策的有效性，实施的科学性及可行性，并且要坚持将原则性与灵活性相结合，从而使扶持政策的效力得到充分发挥，使主体的积极性得以调动。当然，为了强化中华优秀传统文化的创新发展相关扶持政策的实施，还需要做好监管工作。其一，强化扶持前的审核。这是一种前置性的监管，意指通过前期的严格审核，以明确扶持政策的适用范围、扶持对象的价值、扶持条款的选择等事项，把好扶持的入口关。其二，加强实施中的监察。这是一种扶持过程中的监管，意指

通过对扶持政策实施的常规检查或抽检,以了解扶持政策实施的规范性、科学性,以确保扶持政策逐步落实。其三,加强实施后的效果评估。这是一种后置性的监管,主要是指通过对扶持政策实施效果的综合评价,把握中华优秀传统文化"两创"工作的相关扶持政策实施的质量,判断预期目标实现的状况,从而为扶持政策的进一步调整奠定基础。

三是注重中华优秀传统文化"两创"工作相关扶持政策的进一步优化。中华优秀传统文化"两创"工作相关扶持政策,通过实施环节使政策得到了落实,但是这绝非意味着政策支持目的的高质量完成,而是还需要通过对实施效果进行评估,并综合评价扶持政策,以进一步对其调整和优化。实际上,扶持政策的优化是一个重要的环节,意在对扶持政策实施过程中的不足及经验进行总结,并通过诊断问题,分析不足,评价实施效果,进而对中华优秀传统文化"两创"工作相关扶持政策做出调整,以促进其进一步完善。显然,优化建立在效果评估的基础之上,其目的是使中华优秀传统文化的创新发展相关扶持政策进一步完善后,更具科学性、适用性。对中华优秀传统文化"两创"工作相关扶持政策进行优化,要注重政策措施的系统性协同性操作性,并以其为优化的着力点。其中,系统性的优化,是指对中华优秀传统文化的创新发展相关扶持政策的统筹性进行强化,使扶持政策的各要素及要件能够形成一种合力;协同性的优化,是指对中华优秀传统文化的创新发展相关扶持政策的协调性、适用性等进行强化,意在增强扶持政策之间的协调性、扶持政策各构成元素的合力性;操作性的优化,意指对中华优秀传统文化"两创"工作相关扶持政策的可实施性、可落实性进行强化,以促使扶持政策易于落实,便于实施。当然,注重对扶持政策的系统性、协同性及操作性进行优化,将有效解决中华优秀传统文化"两创"工作相关扶持政策的调整及实施问题,此外,还需要对扶持政策的条款进行一定的完善,以提升政策实施的效率。

三、引导机制的建立健全

传统文化的发展有一定的客观规律,并因时代的变化而不断变迁,但是这种自发的变迁已跟不上现代社会急剧发展的步伐,会导致传统文化与当今时代的不协调、不适应。因此，新时代中华优秀传统文化的创新发展还需要以一定的引导机制为基础，推动中华优秀传统文化的转化发展，促使传统文化向当今时代变迁，实现与当代社会的适应，与现代文化的协调。"创造性转化和创新性发展"引导机制的建立健全，是其机制保障建设的内在要求，也是新时代推动中华优秀传统文化传承发展的重要手段，因而是十分必要的，并主要从试点机制、激励机制、宣传引导机制等的建立健全为突破口。

一是建立健全试点机制。传统文化的变迁由来已久，而对其的传承发展也历史悠久，但是新时代中华优秀传统文化的创新发展却是一个全新的文化课题，更是一项伟大的开创性工作。"创造性转化和创新性发展"是政府主导的，高度强调中华优秀传统文化的现代性转化，并指向于服务时代、服务社会，最终同"革命文化"、社会主义先进文化统一于中国特色社会主义文化发展的进程之中。显然，这并没有多少现成的经验可资借鉴，更没有多少现成的方法可依可循。因此，试点机制的建立健全是一个不错的推动方法。而这里的"试点"主要是指对中华优秀传统文化的创新发展"推动工作"的试点，就是选择一个区域或就中华优秀传统文化中的某一项传承任务进行试验。当然，"试点"的目的是通过"推动工作"的试验来分析、观察、总结相关的经验教训，然后再以点成线、以线带面地进行大范围实施，逐步形成覆盖全国的推广，以促进中华优秀传统文化的创新发展目标的实现。当然，"试点"工作的开展需要一定的机制作保障，因而需要建立健全相关的试点机制，来促进中华优秀传统文化的创新发展的试验。当前，建立健全中华优秀传统文化创新发展推动工作的试点机制，需要从容错机制、试验机制、反馈机制、分析机制、推广机制等的建立健全着手，针对各种推动方法进行可行性试验，对各种推动措施进行科学性试验，对各种推动方案进行实践性检验，从而总结出大量经验，运用到对中华优秀传统文化的创新发展的"推动"工作中。然而，需要注意的是，"试点机制"只是关于推动中华优秀传统文化的创新发展的一种积极性引导机制，其最终旨趣在于通过"点"的实验，带动更多的地区、更多的人找到更多的方式方法，以促进"推动工作"的开展。而绝不可成为那些停留在"试点"止步不前或利用"试点"套取资源等不良行为举措的保护伞。否则，"试点机制"就丧失了科学性，"试点"也就失去了意义。

二是建立健全激励机制。激励机制是一项十分有效的引导机制,也是新时代推动中华优秀传统文化的创新发展的重要保障。在中华优秀传统文化的创新发展的推动过程中,建立健全相关激励机制是十分必要的,也是十分重要的,因为激励机制作为一种正向的引导机制,将对中华优秀传统文化转化发展的主体产生积极作用。显然,"激励机制设计的基本假设是利益驱动和个人理性",因而其实质就是刺激人的积极性,以促使并带动更多的人去推动中华优秀传统文化的创新发展的开展。实际上,"人"才是"推动"的关键,新时代中华优秀传统文化的创新发展归根到底是由人来推动,离开了人的"推动"就失去了力量支持,失去了主体,因此只有从"人"的推动的积极性上给予激励,才能真正起到促进和引导作用。当前,建立健全"推动工作"的激励机制,就是要加快建立推动中华优秀传统文化转化发展相关的奖励措施,对那些在学术研究、遗迹保存、宣传教育、产业转化等方面起到积极推动作用的人进行激励,从而在社会上树立"推动"的典范,建构一定的正向引导,吸引更多的人,并凝聚更多的力量投身于中华优秀传统文化的创新发展的推动工作。同时,还应当建立健全相关的惩戒机制,尤其是建立黑名单制度,以维护中华优秀传统文化的创新发展的正常进行。惩戒机制是一种反向的激励,即负激励,主要告诫人们哪些是错误的,哪些是不该做的,意在对那些阻碍或破坏中华优秀传统文化的创新发展的不良现象或行为给予曝光,将个体或组织记入失信名单,以确保主体对中华优秀传统文化的创新发展的推动。可见,奖励机制与惩戒机制共同构成了中华优秀传统文化的创新发展推动工作的激励机制,而当前就是要建立健全激励机制,以促进推动工作的积极开展。

三是建立健全宣传引导机制。尽管中华优秀传统文化创造性转化与创新性发展具有很强的学术性,但是其推动工作的落实离不开社会各方力量的参与,这就使宣传引导工作变得必要和重要,进而需要建立健全相关的宣传引导机制,使更多的人理解这项工作的重要性,并自觉地参与到对其的推动工作中去。宣传引导机制,是一种以舆论宣传为手段的引导机制。而"宣传是运用各种符号传播一定观念以影响人们的思想和行动的社会行为",其手段多样、方法众多、介体丰富。宣传引导,实质上是一种舆论引导,就是指通过对中华优秀传统文化创造性转化与创新性发展的各种宣传,在社会营造良好的舆论氛围,并吸引人参与到推动工作中,从而形成积极的引导。显然,宣传引导并不是一种强力性的引导,它主要通过影响力、凝聚力来实现对人的感召及吸引。新时代,建立健全宣传引导机制,就是要从影响力、凝聚力等的提升入手,加快建立中华优秀传统文化创造性转化与创新性发展的宣传报道机制、宣传反馈机制、宣传教育机制、宣传活动机制等,从而促进人们对中华优秀传统文化创造性转化与创新性发展的了解。实际上,"宣传引导机制"的建立健全,旨在加大对中华优秀传统文化的创新发展的宣传力度,这需要"综合运用报纸、书刊、电台、电视台、互联网站等各类载体,融通多媒体资源,统筹宣传、文化、文物等各方力量,创新表达方式,大力彰显中华文化魅力"。同时,还要实施中华文化新媒体传播工程,并充分发挥图书馆、文化馆、博物馆、群艺馆、美术馆等公共文化机构的宣传作用,以影响并吸引更多的人自觉推动中华优秀传统文化的创新发展。四动力机制的建立健全

四是建立健全动力机制。新时代中华优秀传统文化的创新发展的机制保障,离不开其动力机制的建立健全。这里的"动力机制"主要指一种整合社会各种要素及各方面力量,来推动中华优秀传统文化的创新发展高效开展的运行机理。中华优秀传统文化的创新发展的动力机制由内驱动力与外驱动力构成。其中,"内驱动力"是一种内生动力,也是一种推力系统,是推动中华优秀传统文化的创新发展的根本性力量和决定性力量;"外驱动力"是一种外生动力,也是一种拉力系统,在推动中华优秀传统文化的创新发展的过程中起到了重要的作用。显然,当前建立健全中华优秀传统文化的创新发展的动力机制,就是要从内驱动力与外驱动力两个维度的优化完善出发,重点做好文化生活需求的驱动、中国特色社会主义文化建设的推动、民族复兴伟大实践的拉动工作。

一是文化生活需求的驱动。黑格尔认为,需要、热情、兴趣等是"一切行动的唯一源泉"。新时代中华优秀传统文化的创新发展的原动力,来源于人们文化生活的需求。文化生活的需求是一种内在的驱动力,它是广大群众在日常生活中的一种文化需要,而这种需要是一种精神上的需要,也是一种"利益"关系的表达。恰如马克思所言,"人们为之奋斗的一切,都同他们的利益有关"。随着当代社会转型发展的加快,人们对文化生活的需求越发明显,对优秀传统文化的兴趣也与日俱增。实际上,随着当代生活节奏的加快,尤其是

功利主义、享乐主义等的盛行，人们越发需要从文化中寻求一种心灵的安顿和精神的慰藉，并从文化中寻找思想启迪和智慧支持，而这些是西方文化所不能够提供的，因而需要到中华传统文化中去找寻。中华传统文化中所蕴含的丰富思想理念、道德规范、人文精神，在当代社会矛盾化解、道德问题解决、人际关系协调、心理健康培育、精神慰藉安顿、人与自然和谐发展等方面能够发挥重要的作用，因而它成为当代人们文化生活必不可少的精神资源。当下，建立健全中华优秀传统文化的创新发展的动力机制，要对人们的这种文化需求做出正确引导。事实上，传统文化的构成繁杂，既有积极因素，也有消极因素，为人们提出了甄别、拣选的难题。此外，传统文化的内涵及形式有的已经变得陈旧，需要给予创新发展，这进而为人们提出了转化发展的难题。显然，以上难题的解决需要推动中华优秀传统文化的创新发展。因此，当下我们要以广大人民群众对优秀传统文化的强烈需求为内在驱动，通过对这种文化需求的科学引导，进而增强对中华优秀传统文化的创新发展的推动。

二是中国特色社会主义文化建设的推动。中国特色社会主义文化是激励全党全国各族人民奋勇前进的强大精神力量，积淀着中华民族最深层的精神追求，代表着中华民族独特的精神标识。为此，新时代要积极推动中国特色社会主义文化发展。实际上，中国特色社会主义文化由传统文化、"革命文化"及社会主义先进文化构成，可谓"源自于中华民族五千多年文明历史所孕育的中华优秀传统文化，熔铸于党领导人民在革命、建设、改革中创造的革命文化和社会主义先进文化"。因此，发展中国特色社会主义文化离不开优秀传统文化的支撑，也对中华优秀传统文化的创新发展提出了强烈的诉求。中华优秀传统文化是中国特色社会主义文化的根源，是中华民族的精神基因，它的传承发展直接关系到中国特色社会主义文化的发展，并影响中国特色社会主义文化的建设。新时代建立健全中华优秀传统文化的创新发展的动力机制，就是要利用好中国特色社会主义文化发展及建设的契机和社会各方的力量，调动社会各层次主体的积极性，来推动中华优秀传统文化的创新发展的高效运行。这涉及政府主导、社会力量参与、个体积极推进，并形成中国特色社会主义文化发展的合力。而这种合力最终成为中华优秀传统文化的创新发展的驱动力。因此，新时代需要将中华优秀传统文化的创新发展融入到中国特色社会主义文化发展的进程中，并将其发展的合力转化为"创造性转化和创新性发展"的驱动力，进一步推动中华优秀传统文化的时代变迁和发展。

三是民族复兴伟大实践的拉动。实现中华民族伟大复兴是中国人民长期以来的梦想，也是中华儿女为之奋斗的目标。在民族复兴伟大实践的征程中，需要一种伟大的精神为支撑，而中华优秀传统文化则是这种精神最为重要的载体之一。实际上，中华优秀传统文化在中华民族复兴的伟大实践中发挥着重要的启迪、借鉴及支撑作用。恰如习近平所言，"中华文化既坚守本根又不断与时俱进，使中华民族保持了坚定的民族自信和强大的修复能力，培育了共同的情感和价值、共同的理想和精神"。所以，中华民族伟大复兴的实现，离不开中华文化的繁荣兴盛，离不开中华优秀传统文化的思想启迪、智力支持及精神滋养。而这种繁荣兴盛，以及中华优秀传统文化作用的发挥，则需要"创造性转化和创新性发展"来实现。显然，中华民族复兴伟大实践成为中华优秀传统文化的创新发展的重要驱动力，只不过这种驱动力是一种外生性的力量，可称为拉力。事实上，中华优秀传统文化的创新发展是中华民族复兴伟大实践的一项重要任务，它渗透并服务于这一伟大实践的征程之中。因此人民对中华民族复兴伟大实践的推动，在一定程度上也带动了中华优秀传统文化的创新发展。可见，"伟大实践"的推力直接转化为对中华优秀传统文化的创新发展的拉力，进而形成了良性的驱动机制。新时代，就是要将中华优秀传统文化的创新发展融入到中华民族复兴伟大实践中，以"伟大实践"的推力来拉动中华优秀传统文化的创新发展，并在民族复兴的实现中来实现中华优秀传统文化的变迁及发展。

第四节 优化完善中华优秀传统文化创新发展的环境支持

尽管环境支持是一种外在的影响因素，但是中华优秀传统文化的创新发展的开展绝不能离开良好的"环境支持"。中华优秀传统文化的创新发展总是置身于现实的环境之中，并常常受到环境的影响与制约。当前中华优秀传统文化

的创新发展的环境支持相对薄弱,因而亟须进一步强化和完善。为此,本节主要从舆论环境、文化环境、教育环境等三个方面对中华优秀传统文化的创新发展的环境支持进行探讨,以揭示其实质,并为新时代中华优秀传统文化的创新发展的全面开展提供必要的氛围保障。

一、中华优秀传统文化的创新发展的舆论环境支持

"舆论环境"意指新时代中华优秀传统文化的创新发展面临的一种舆论氛围,而这种舆论氛围往往由各类媒体、人们的议论等所建构。舆论环境对中华优秀传统文化的创新发展有重要的作用,良好的舆论环境能够起到巨大的推动作用,而恶劣的舆论环境则起到一定的制约或阻碍作用,并产生较坏的影响。当前,中华优秀传统文化的创新发展的舆论环境支持,涉及网络舆论环境与社会舆论环境两个维度的优化完善。其中,网络舆论环境特指互联网虚拟空间的舆论氛围,而社会舆论环境意指广大民众利用大众媒介与新兴媒介在现实社会所营造的舆论氛围。当然,"网络舆论和社会舆论的差异始终存在",网络舆论环境反映了网络社会的舆论状况,而社会舆论环境则反映了现实社会的舆论情况。

(一)网络舆论环境的优化完善

新时代中华优秀传统文化的创新发展置身于复杂的网络舆论环境之中,尽管大多数网民及主流媒介能够秉持客观的态度看待中华优秀传统文化及其"两创",但是在互联网世界依然充斥着一些非理性的声音,诸如对中华优秀传统文化的极端否定、丑化、歪曲等,在一定程度上影响了中华优秀传统文化在网络空间的健康传播,也给人们造成了一定的误导。因此,当前亟须从网络舆论的净化、监管、引导等方面着力,以进一步优化完善网络舆论环境,继而为中华优秀传统文化的创新发展构建一个良好的网络舆论氛围。

一是加强网络舆论净化。"良好的网络舆论环境的建立和维持离不开行之有效、科学严谨的法规和制度。"当前,有关中华优秀传统文化的创新发展的网络舆论并非始终和谐,而是夹杂着一些歪曲、丑化、攻击的声音。尤其是随着西方极端思潮的传播及文化保守主义的泛起,错误言论充斥网络空间,网络

舆论的失范也越发凸显。因而亟须从制度设计的优化完善人手，建立健全互联网方面的法律法规，完善互联网行业的公约，以促进网民的理性发言、媒介的理性报道，从而进一步规范网络舆论，并为网络舆论环境建设奠定基础。

二是完善网络舆论监管。网络舆论环境的优化，离不开强有力的网络舆论监管。新时代，需要加快建立一套科学的网络监管体系，及时把握有关中华优秀传统文化的"网络舆情"，并对其进行科学研判，进而分析中华优秀传统文化的创新发展的网络舆论动向。同时，还要进一步完善"中华优秀传统文化"的网络舆论监管阵地建设，以网络信息化保障部门、网络信息化监管部门等的建设为重点，打造一支高效的网络监管队伍。此外，还要进一步发展网络技术，夯实网络监管的技术保障。为此，"我国应加大研究投入，努力开发新的技术手段，在网络监管方面多下功夫，以适应网络世界突飞猛进的变化，促进网络舆论环境的优化"。以上网络舆论监管手段，旨在及时把握中华优秀传统文化的创新发展的网络舆论情况，并从技术上对负面言论、丑化言论、歪曲报道等进行屏蔽，进而确保网络舆论环境的健康和谐。

三是强化网络舆论引导。网络舆论引导是网络舆论环境优化的重要手段，旨在通过对中华优秀传统文化的创新发展的积极宣传和舆论报道，形成正确的舆论态势和良好的舆论氛围，进而对广大网民起到积极引导作用。新时代做好中华优秀传统文化的创新发展的网络舆论引导，需强化网上正面宣传，培育一种积极向上的网络文化，并"用社会主义核心价值观和人类优秀文明成果滋养人心、滋养社会"，以弘扬主旋律，传播正能量，从而为广大网民营造一个健康向上的网络空间。显然，网络舆论引导的目的在于以正确的网络舆论增强网民对中华优秀传统文化的创新发展的认知，增强网民对错误言论的抵制，进而促进网络空间的净化及网络舆论环境的改善。

（二）社会舆论环境的优化完善

社会舆论环境由大众及媒介通过言论所营造，对中华优秀传统文化的创新发展的影响较大。当前有关中华优秀传统文化的创新发展的社会舆论环境，整体上是良好的，但是依然有一些偏激的声音及负面的舆论。主要由个别群众对中华优秀传统文化及其创造性转化和创新性发展的主观偏见及错误认知造成。

实际上，对中华优秀传统文化及其创造性转化和创新性发展，无论是极端歪曲或否定，还是盲目肯定，都是一种错误的认知，最终都将导致负面舆论的产生，并造成不良的影响。为此，社会舆论环境的优化完善需要加强社会舆论的规范及监督，并树立正确的社会舆论导向。

一是加强社会舆论的规范及监督。中华优秀传统文化的创新发展的社会舆论建设，首要任务是对社会舆情准确了解，并通过舆情的分析，初步做出科学的舆情研判，从而为社会舆论的引导及规范奠定基础。这里的舆情主要是指针对中华优秀传统文化的创新发展的社会舆论情况，即广大民众对其的认识、看法及评价。可见，社会舆情的监测及分析是一种前置性的工作，也是一种基础性的工作，其为相关"社会舆论"建设提供了信息保障。当前做好中华优秀传统文化的创新发展的社会舆情监测及分析，需要加快建立一套舆情监测体系，并建立健全相应的监测机制，从而为社会舆论信息的搜集和把握创造条件。基于中华优秀传统文化的创新发展相关社会舆论的复杂性，以及其不时遇到"文化保守主义"和"文化虚无主义"攻击的情况，亟须给予引导及规范。

二是树立正确的社会舆论导向。中华优秀传统文化的创新发展的社会舆论建设，需要在全社会树立正确的社会舆论导向，使广大民众对中华优秀传统文化及其创造性转化和创新性发展形成正确的认知，并在全社会形成良好的舆论推动力。这需要主流媒体加大对中华优秀传统文化的创新发展的舆论宣传，尤其是"社会思想意识的多元、多样、多变，需要我们进一步提高舆论引导能力"，并进一步推动社会舆论的净化，从而在全社会形成一种正确的舆论导向。当然，所谓正确的舆论导向，主要是指在马克思主义指导下所形成的一种正向舆论引导，而这种舆论引导为人们的客观认知指明方向，并激励人们致力于对中华优秀传统文化的创新发展的推动。显然，这种舆论导向不仅解决了舆论引领的问题，更为社会舆论环境的优化提供了保障。

三是加强社会舆论的规范。社会舆论规范意指通过对负面的、不良的舆论进行批评、抵制及纠正，促进社会舆论的净化，从而为中华优秀传统文化的创新发展创造一个良好的社会舆论环境。显然，"规范"的对象是负面舆论或不良舆论，而"方法"主要是通过建立健全相关的法律法规，完善社会舆论领域的制度安排，利用法律法规来实现对社会舆论的治理。实际上，社会舆论的规范绝不是一种非理性的言语对抗，而是将社会舆论的治理纳入法治之中，从而实现社会舆论治理的法治化。此外，还应强化有关社会舆论方面法律法规的实施，以确保社会舆论的净化和规范，进而为中华优秀传统文化的创新发展建构一个良好的社会舆论环境支持。

二、中华优秀传统文化的创新发展的文化环境支持

文化环境是中华优秀传统文化的创新发展面临的文化氛围和文化土壤，并对其产生直接影响。这里的文化环境，意指一种对中华优秀传统文化的创新发展起到积极推动作用的文化氛围，而这种文化氛围由文化宣传、文化建设、文化实践等所营造，并且能够转化成一种强大的精神力量，对中华优秀传统文化的创新发展起到推动作用。此外，良好的文化环境还能够为中华优秀传统文化的创新发展提供必要的知识保障和思想支持。因此，当前要以文化宣传、文化建设、文化实践等活动的积极开展，来为中华优秀传统文化的创新发展建构一个良好的文化环境支持。

一是通过文化宣传为中华优秀传统文化的创新发展营造良好文化氛围。文化环境的建设，离不开良好氛围的营造，并需要强化文化宣传。而这里的文化宣传主要意指对中华优秀传统文化及其相关知识的宣扬与传播，其内容涉及中华优秀传统文化的思想观念、道德规范、人文精神、历史传统、民俗、经典故事、传统艺术等各个方面。同时，也涉及当代文化理论方面的知识。尽管文化宣传往往围绕某一特定的主题，但现实中却混杂着多方面的文化内容，并涉及多元化的文化知识，而这里主要强调对中华优秀传统文化及其创造性转化和创新性发展相关知识的宣传。显然，随着当代社会的转型发展，文化宣传是必要的，它不仅推动了中华优秀传统文化的社会传播，更对青少年群体传统文化观的形成产生积极的影响。此外，文化宣传促进了中华优秀传统文化的普及，使中华优秀传统文化得到弘扬传承，并在社会上形成了人人了解中华优秀传统文化、人人热爱中华优秀传统文化、人人学习中华优秀传统文化的良好社会风尚。当然，强化中华优秀传统文化的普及宣传，旨在使中华优秀传统文化融入人们的生活，从而促进其变迁与发展，使广大民众的知识水平、道德素养、精神情怀等得到提升。当前，中华优秀传统文化宣传的媒介丰富，有传统的大众

媒介，如报纸、书刊、电视、电影、广播、立体广告等，也有新兴的媒介，如手机移动客户端、网络、数字化产品等。中华优秀传统文化宣传的方式方法众多，如广告宣传、广电宣传、网络宣传、报告宣传等。可见，"文化宣传"是一种典型的中华优秀传统文化传播手段，对人们产生潜在的影响，并为中华优秀传统文化的创新发展营造了一个良好的文化氛围。

二是通过文化建设为中华优秀传统文化的创新发展营造良好文化环境。所谓文化建设是指当前人们正在开展的中国特色社会主义文化建设，是对各项文化事业推进发展的持续性活动。文化建设是塑造及优化"文化环境"的重要手段，也是中华优秀传统文化的创新发展的重要推力。当前，抓好文化建设，不仅能够"满足人民日益增长的精神文化需求……增加社会的精神文化财富"，而且能够为中华优秀传统文化传承发展营造良好的文化环境。改革开放40多年来，尤其是党的十八大以来，我国文化建设取得了丰硕的成果，公共文化服务水平逐步提高，文艺创作日趋繁荣，文化事业和文化产业蓬勃发展，中华优秀传统文化也得到广泛弘扬。新时代我国社会基本矛盾发生了转变，但依然需要文化建设来满足人民对美好生活的向往。因此，我们要以文化建设为抓手，为中华优秀传统文化的创新发展构建一个良好的文化氛围。实际上，文化建设是一项创造性的活动，涉及指导思想建设、意识形态阵地建设、文化事业繁荣、文化产业发展、中华优秀传统文化传承等诸多方面的内容。在习近平看来，"夯实国内文化建设根基，一个很重要的工作就是从思想道德抓起，从社会风气抓起，从每一个人抓起"。新时代中国特色社会主义文化建设是一项复杂而宏大的事业，需注重在各种社会因素的协调中促进文化发展，并对文化系统各元素进行科学统筹，形成发展的合力。而文化建设中的"协调"及"统筹"，最终建构了一种有利于中华优秀传统文化变迁发展的氛围。

三是通过文化实践为中华优秀传统文化的创新发展营造良好文化环境。文化实践就是指将文化（包括思想、精神、理念等）通过实践的方式创造及表达出来，它是社会实践的一种基本形式，"文化实践活动既包括了人们创造、传播和享受各类精神文化产品的活动，也包括了人们所从事的科学实验活动"。人无时无刻不"文化着"，又无时无刻不"被文化着"，因而文化实践渗透到生活的各个角落，并伴随人发展的始终。实际上，良好文化环境的塑造离不开文化实践的推动，因为"文化实践把文化观念以艺术作品、教育活动、道德践履、文化产业等形式呈现出来"，赋予人一定的文化内涵，展现了丰富多彩的文化生活，从而一定程度上滋养了社会的文化基础。当前，以文化实践营造良好文化环境，一方面要积极推动文化创新，鼓励文化创造。尤其强调在文化创新及创造过程中对中华优秀传统文化元素的吸收和人文精神的渗透，从而使中华优秀传统文化的核心思想、道德规范、人文精神在新的文化生产中得以延续。另一方面要广泛地开展文化活动，丰富人们的文化生活。当然，要始终将中华优秀传统文化中的思想观念、道德规范及人文精神等渗透到文化活动之中，并借助文化活动加强对其宣传，从而提升人们对中华优秀传统文化客观的认知。显然，文化实践作为一种手段，促进了良好文化氛围的营造，并为中华优秀传统文化的创新发展的开展起到了助推作用。

三、中华优秀传统文化的创新发展的教育环境支持

中央"两办"出台的《关于实施中华优秀传统文化传承发展工程的意见》明确指出，要将中华优秀传统文化贯穿于国民教育始终，并按照一体化、分学段、有序推进的原则，把中华优秀传统文化全方位地融入教育的各个环节，并"贯穿于启蒙教育、基础教育、职业教育、高等教育、继续教育各领域"。中华优秀传统文化向教育领域的融入，为中华优秀传统文化的创新发展的教育支持奠定了基础。实际上，中华优秀传统文化的创新发展的重要载体之一就是"教育"，而其成果转化的应用主要也面向"教育"，因而它需要良好的教育环境为保障。当然，新时代中华优秀传统文化的创新发展的教育环境支持主要由学校教育、家庭教育及社会教育的支持所构成，并通过它们的进一步优化完善而实现。

一是学校教育的支持。中华优秀传统文化融入教育的关键，在于向学校教育的融入，因而教育环境建设的重点在于强化学校教育的支持，即促进中华优秀传统文化进校园。其一，促进中华优秀传统文化向课堂的融入。新时代要将中华优秀传统文化作为一项重要的课程内容融入到课堂教学的活动之中，并要分学段有序地推进中华优秀传统文化教育。其中，小学课堂注重学生的中华优秀传统文化启蒙，中学课堂培养学生对中华优秀传统文化的理性认知。此外，

加快推动各类高校开设中华优秀传统文化的必修课,"在哲学社会科学及相关学科专业和课程中增加中华优秀传统文化的内容",以培养大学生对中华优秀传统文化的探究能力。同时,"在课程建设和课程标准修订中强化中华优秀传统文化内容"。其二,促进中华优秀传统文化向教材的融入。积极地推动中华优秀传统文化向各级教材及其辅导读物的融入,"修订相关教材和组织编写中华优秀传统文化普及读物"。坚持以义务教育阶段的教材为重点,建设中华优秀传统文化教材体系,编写相关的幼儿读本、绘本、歌谣、动画等,并进一步修订中小学语文、历史、道德与法治等教材。在高等学校推广使用《中国文化概论》《中国传统文化》等教材,鼓励具有地域特色的优秀传统文化读本的使用。其三,促进中华优秀传统文化向师资培养的融入。将中华优秀传统文化融入各级师资日常培训的教材、课程、考评中,"加强面向全体教师的中华优秀传统文化教育培训",提高各级各类教师开展中华优秀传统文化教育的能力。显然,推动中华优秀传统文化进课堂、进教材及向师资培养的融入,一定程度上为中华优秀传统文化的创新发展营造了良好的教育氛围。

二是家庭教育的支持。中华优秀传统文化向家庭教育的融入,为中华优秀传统文化的创新发展提供了良好的家庭教育环境。家庭教育是一切教育的起点,对人的世界观、文化观、价值观的形成有着重要的影响,因而要将中华优秀传统文化视为家庭教育的重要内容,使中华优秀传统文化渗透到家庭生活的各个方面,并贯穿于子女成长的全程。首先,为了让子女能够直观地感受到中华优秀传统文化的存在,家庭生活空间的装扮及布置应积极地吸纳中华优秀传统文化的元素。在家庭生活的不同活动中,应积极地传播中华优秀传统文化的思想、观念、道德规范、人文精神,并将有关历史典故、名人逸事、经典传说等渗透到家庭交往、家庭休闲、家庭劳动的过程中,从而不仅提高家庭成员对中华优秀传统文化的认知,而且丰富家人的精神文化生活。其次,发挥家长言传身教的作用。父母对中华优秀传统文化的热爱及学习,必然会提升子女对中华优秀传统文化的兴趣,也必然对整个家庭的中华优秀传统文化教育产生积极的影响。可见,家庭教育支持的关键则在于父母示范作用的发挥,因此要"倡导家长通过言传身教……营造弘扬中华优秀传统文化的家庭教育氛围"。再次,应积极地利用传统节日和风俗习惯的熏陶,来实现中华优秀传统文化的灌输。充分利用我国各种传统的节日，对子女进行中华优秀传统文化知识的普及与教育，让子女在各种节日和风俗中了解中华优秀传统文化的思想渊源，感受中华优秀传统文化的人文情怀，认知中华优秀传统文化中的道德规范，感悟中华优秀传统文化的博大精深。家庭作为一种基础性载体，对中华优秀传统文化的传承发展起到重要的推动作用。为此，我们要通过家庭教育的强化，为中华优秀传统文化的创新发展营造一个良好的家庭环境氛围。

三是社会教育的支持。社会教育是学校教育与家庭教育的有益补充，也是中华优秀传统文化传承发展的重要载体，并对中华优秀传统文化的创新发展起推动作用。当前，强化社会教育支持，要从社会促进机制的建设入手，构建中华优秀传统文化学习的长效机制，并将中华优秀传统文化贯穿社会继续教育、成人教育、老年教育、拓展教育、艺术教育等过程。同时，要充分发挥博物馆、纪念馆、文化馆（站）、图书馆、美术馆、音乐厅、剧院、故居旧址、名胜古迹、文化遗产、历史文化街区等对中华优秀传统文化传播的重要作用，供广大市民、学生免费参观学习。学校则可以"组织学生进行实地考察和现场教学，建立中小学生定期参观博物馆、纪念馆、遗址等公共文化机构的长效机制"。此外，积极发挥大众传媒对中华优秀传统文化宣传教育的推动作用，将中华优秀传统文化通过专题片、公益广告、动画片、纪录片、图书、报刊、音像制品等进行广泛传播；积极利用市民讲坛、百姓讲坛、周末大讲堂、文化大讲堂、开放课程、公开课等进行中华优秀传统文化的宣传及传播，使广大群众通过观赏、阅读、视听而获得中华优秀传统文化知识，增强对中华优秀传统文化的了解、理解及理性认知。同时，还要积极地开发网络资源，设立专门的网站，并在公共服务网站开辟专门的视窗，用于中华优秀传统文化的传播，以便为广大群众提供一个便捷的学习平台。显然，社会教育环境的建设，可以提升广大民众对中华优秀传统文化的热爱，更为中华优秀传统文化的创新发展营造了良好的社会氛围。

新时代舆论环境、教育环境、文化环境的优化完善，夯实了中华优秀传统文化的创新发展的环境支持，并在全社会营造出一种有利于中华优秀传统文化变迁发展的氛围。环境支持是中华优秀传统文化的创新发展顺利开展的基本保障条件之一，并需要和机制支持、要素支持等其他方面的支持协同推进，最终形成一股合力。当然，舆论环境、教育环境及文化环境也仅是环境支持最为核心的要素构成，其他方面的环境因素也绝不容忽视，需要给予进一步优化完善。实际上，中华优秀传统文化的创新发展置身于新时代的背景下，面临着时代巨变和社会的转型发展，更遭遇"文化虚无主义""文化保守主义"等错误思潮的冲击。环境支持促进了文化生态系统的改善，推动了中华优秀传统文化向当今时代的融入，从而使中华优秀传统文化更好地服务于新时代，更好地服务于"以文化人"的时代任务。

以上四个方面举措的探讨，意在为人们推动中华优秀传统文化的创新发展提供科学性与现实性的指导。指导的科学性体现在坚持理论逻辑与实践逻辑相统一，能够在理论的探讨中强调对实践的契合，又在实践的推进中强调以理论为指南。而指导的现实性体现在契合于当代中华优秀传统文化发展之现实性问题的解决，并且能够给人们深刻的思想指引及行动启迪。当然，推动中华优秀传统文化的创新发展的战略举措，绝不囿于以上讨论，有待于人们从各个方面给予进一步的补充及完善。显然，中华优秀传统文化的创新发展是中华民族伟大复兴征程中的一项重要使命，并且有着一个增量式实现的过程，而有关"如何实现"的思考则是一个开放性的话题，也有待于人们从不同视角去进行多元化的探索与实践。

第五章

中华优秀传统文化传承与创新的战略举措

- 第一节　中华优秀传统文化传承与创新的方向指引
- 第二节　加强中华优秀传统文化的保护性开发与创造性转化
- 第三节　中华优秀传统文化的多元化传播路径
- 第四节　中华优秀传统文化教育的多样化主体
- 第五节　中华优秀传统文化的创新型文化业态

中华优秀传统文化与中华民族伟大复兴的中国梦紧密相连的，关乎社会主义现代化建设的伟大构想。一方面，中华优秀传统文化为社会主义精神文明建设提供了强大的精神动力和价值支撑，为中国梦奠定了深厚的文明根基，是孕育中国梦的重要文化源泉和精神因子，是璀璨的智慧宝库。传承中华优秀传统文化、促进中华优秀文化的创新性发展，是实现中国梦的重要载体和重要战略。另一方面，中国梦是中华优秀传统文化内涵的进一步丰富，是新时代中华优秀传统文化的创新性发展。

第一节　中华优秀传统文化传承与创新的方向指引

中华优秀传统文化中蕴含着丰富的治国智慧和深邃的文化自信品格，是我国在新的历史征途上优化治国政策的重要法宝，是坚定中国特色社会主义道路的理论自信、文化自信、制度自信的重要基础。中华优秀传统文化的传承与发展、中华民族伟大复兴中国梦的实现必须要有坚强的领导核心。中国共产党是先进文化的倡导者、中华优秀传统文化的忠实传承者，无论是中国梦的实现，还是中华优秀传统文化的传承与发展，都是一项伟大的系统性工程，离不开党和政府的指导、科学的顶层设计以及各项方针政策的支持。

一、中国共产党是弘扬中华优秀传统文化实现中国梦的领导力量

中国共产党是先进文化的发展者、捍卫者，是中华优秀传统文化忠实的拥护者，引领广大人民群众排除西方错误思潮的干扰，贯彻马克思主义理论的科学指导，在中华民族独立和复兴的伟大征程上，带领我们继承并弘扬了中华优秀传统文化的内涵与精神，同时吸收了其他文化的精华和优秀的思想文化成果，创新发展了具有中国特色的社会主义文化。近代以来的历史充分证明了，只有坚持中国共产党的领导和马克思主义思想的指导，才能带领中华民族走向民族独立，描绘独具中国特色的富强民主、和谐自由、生活富裕的社会蓝图，最终实现民族振兴、国家富强、人民幸福的中国梦。中国梦的实现和中华优秀

传统文化的传承与发展，关键在党和政府，在党和政府的凝聚力和创造力。在当前社会主义现代化建设的新的征途中，我们必须坚持党的领导，深入弘扬中华优秀传统文化，谱写中华民族伟大复兴的新篇章。

二、充分发挥党和政府的政策保障优势

坚持党和政府的引领，将中华优秀传统文化的传承与创新发展提高到战略高度。党和政府是中华优秀传统文化传承与创新发展的指导，从制度自信、文化自信、实现中国梦的高度，切实将中华优秀传统文化传承与创新发展的重大任务摆上日程，通过宏观指导，充分发挥党和政府的综合协调职能，整合全社会优质文化资源，调动各方力量，形成以党为统一领导、以党政群为骨干力量，各部门协同推进、各负其责的，多层面、全社会共同参与的中华优秀传统文化传承与创新发展工作新格局。

第二节　加强中华优秀传统文化的保护性开发与创造性转化

实现中华民族伟大复兴是几代中国人的信念凝聚，是所有中国人的共同理想。伟大复兴中国梦的实现必须有强大的精神动力和文化支撑，这种精神动力和文化支撑就蕴含在内容丰富、内涵深刻的中华优秀传统文化之中。

一、做好中华优秀传统文化的保护与传承工作

中华优秀传统文化具备深刻的精神内涵和文化价值，为中国梦的实现提供强大的文化支撑和精神动力。因此，我们要充分挖掘发挥中华优秀传统文化深刻内涵和时代价值，整合优质文化资源，在此基础上积极构建中华优秀传统文化的传承体系。

第一，整合传统文化资源，对其精华进行整合、吸收与创新。传统的文化的发展必须以继承自身文化精粹为基础，同时整合新文化、有鉴别地汲取

其他优秀文化的精粹，以不断创新和充实中华民族主体文化。面对新时期的新任务和新要求，我们要对丰富的传统文化进行系统地整理和科学地归纳，去粗取精。必须要深刻地认识到，我国当前对传统文化内涵和价值的挖掘、整理和汲取仍存在明显不足，这是一项庞大的、繁琐的工作，还有广阔的施展拳脚的空间。在整合过程中，我们应善于运用马克思主义的观点和方法，细致梳理传统文化资源整，深入挖掘传统文化的精神内涵和文化价值，去粗取精，实现传统文化的古为今用，使对中华传统文化进行更进一步地深入挖掘，取其精华、去其糟粕，使其更为丰富、更加多样，为中华民族伟大复兴中国梦的实现提供力量。同时，我们要认真审视中华优秀传统文化面临的困境，一方面来自于中华优秀传统文化内部资源的流逝，另一方面来自于外来文化，特别是西方强势文化的冲击，慎重思考如何用广大人民群众普遍认可和赞同的方式诠释中华优秀传统文化，如何用既能生动形象又能被广大人民群众喜闻乐见的方式展现和传播中华优秀传统文化，使中华优秀传统文化的深厚文化底蕴能够在人民群众的心里生根发芽、开花结果。

第二，要积极构建中华优秀传统文化的传承体系。中华优秀传统文化的保护与传承，特别是珍贵的文化遗产，要坚持以保护为主、以抢救为辅、合理利用、科学开发的原则。近年来，我国实施了一系列中华优秀传统文化传承与保护工程，如典籍整理工程、戏曲振兴工程、民族民间文化保护工程、历史文化纪录片创作工程等。在保护与传承中华优秀传统文化及其文化遗产过程中，要以保护好文化遗产为首要任务，尽全力抢救、保护濒危文物，做好实施馆藏文物修复计划，加强新型城镇化和新农村建设中的文物保护。

实施非物质文化遗产传承发展工程，进一步完善非物质文化遗产保护制度。非物质文化遗产的保护与传承工作的实施难度更大，近年来，我国在政策法规、项目保护与建设、专项投资等方面的工作加强，显示出国家对非物质文化遗产保护与传承的决心。如实施传统工艺振兴计划，抢救濒危民间文艺、振兴传统工艺等。在规范国家通用语言文字的同时，重视保护方言文化。实施少数民族特色文化保护工作，对少数民族语言文字、经典文献实施有效保护和传播，做好少数民族经典文献互译出版工作；推动民族传统体育项目的整理、保

护、推广工作,实施中华民族音乐传承出版工程、中国民间文学大系出版工程。做好非物质文化遗产保护与传承的基础性工作,运用多种传播渠道做好知识普及和文化传播,使中华优秀传统文化薪火相传,成为中华民族生生不息、发展壮大的精神养料。

二、不断实现中华优秀传统文化的现代化、时代化

时至今日,中华优秀传统文化的传承与弘扬已不仅限于"继承和弘扬"的范畴,而是积极创新,广泛吸纳世界其他优秀文明的文化成果,积极创新,促进中华优秀传统文化的多元化发展,换言之,对于中国梦的实现有重要意义的中华优秀传统文化需要在新时期实现创造性转化和创新性发展。

从文化传承的层面来看,任何一种文化,无论其历史多么悠久、影响多么深远,它的文化核心都是在一定历史背景下形成的,经过历史变迁,文化中的一些观点和认识必定会与当代社会存在不兼容的问题。而让我们能够树立文化自信的传统文化,一定是在时代变迁中仍具有旺盛生命力和强大活力的那部分,是能够实现"传统"与"现代"对接的、能够赋予当代人先进精神力量和正确价值引领的优秀传统文化。从文化发展和文化建设的层面来看,尽管中华优秀传统文化在文化自信和文化建设中具有不可替代的重要作用,但我们须清醒地认识到,文化自信和文化建设不能只依赖于对传统的复兴,还需要当代文化的蓬勃发展。换句话说,我们拥有中华优秀传统文化这座丰富的宝藏,也不能"坐吃山空",做文化的鸵鸟,既要做中华优秀传统文化的忠实的传承者和弘扬者,也要做中国当代先进文化的积极倡导者和发展者。

总而言之,用中华优秀传统文化助推中华民族伟大复兴的中国梦,要坚持兼容并蓄、融会贯通、推陈出新的原则,通过赋予时代内涵、转换现代表达形式、吸收借鉴世界文明成果等方式、方法,使中华民族最深厚的文化基因与当代文化相适应、与现代社会相协调,推动中华文化繁荣兴盛、走向现代化,成为实现中华民族伟大复兴中国梦的显著标志和强大精神力量。

第三节 中华优秀传统文化的多元化传播路径

中华民族伟大复兴中国梦的实现需要有一个良好的国内外发展环境，而国内外发展环境的建设要从弘扬中华优秀传统文化开始。一个与历史和传统做切割的民族是无法通过"移植"外来文化创造属于自己的辉煌的。要实现中国特色社会主义现代化建设，就要弘扬中华优秀传统文化，善于运用多元化文化传播路径，发挥中华优秀传统文化的文化价值，实现其以文化人、以文化促，为中国梦的实现创造良好的国内外发展环境。

一、充分发挥各类媒体的宣传教育力度

用中华优秀传统文化助推中国梦，关键要让中华优秀传统文化在广大人民群众心中生根发芽、开花结果，因此，要促进中华优秀传统文化走入社会、走入家庭，进入教材、进入讲堂、进入头脑，融入到人民群众日常生活的方方面面，实现"润物细无声"。文化只有走进大众、走进人心，才能做到文化入理、文化入情，指导人们的生活实践，形成践行践行中华优秀传统文化的良好社会氛围，为中国梦的实现创建良好的国内发展条件。因此，我们要善于运过多样化传播媒体和多元化的传播载体，加强中华优秀传统文化的宣传和教育，将文化教育、道德教育纳入学校教育、家庭教育和社会教育之中，引导广大人民群众树立社会主义核心价值观和高尚的道德追求。要将中华优秀传统文化纳入社会公共服务和新型城镇化建设的全过程，使优秀传统文化渗透到人们的日常生活、融入人们的精神基因，转化为日用而不觉的思想自觉和行为习惯。

二、加大中华优秀传统文化的对外传播力度

中华民族拥有五千多年连绵不断的文明历史，创造了博大精深的中华文化。放眼世界，只有伟大的中华文明传承数千年从未断绝，时至今日仍焕发着强大的生命力。要提高中国的国际影响力，就要让世界真正的认识中国、理解

中国、接受中国，打出最具中国特色的文化名片。将中华优秀传统文化推向世界，有利于提高我国的文化软实力，充分地展示我国真实的国际形象，有利于实现增信释疑、凝心聚力，打破文化壁垒和信息封锁，在国际交往中减少被动、争取主动。

首先，促进中华优秀传统文化走向世界，打好文化牌，有助于我国在国际交往减少被动、争取主动。中华优秀传统文化汇聚了我国的民族精神和价值理念，有助于增进世界各国对我国的了解和认识，加强国际人民对我国现实情况和发展道路的理解，为我国社会经济发展和对外经贸合作创造良好的舆论氛围和国际环境。

其次，促进中华优秀传统文化走向世界，有利于实现增信释疑、凝心聚力。我国正处于快速上升期和深刻转型期，势必对整个世界的政治经济格局带来改变，以及不可避免的种种不适应。其他国家对于中国的发展成就会表现出不同且复杂的态度和情绪，既有关注和赞许，也有忧虑和怀疑，支持和不和谐的声音并存。会出现这种情况的原因，除了国家力量的角力、意识形态的较量之外，还有其他国家对我们的文化误读。中华优秀传统文化是我国实现增信释疑、凝心聚力的纽带。促进中华优秀传统文化走向世界，能将中华民族勤劳勇敢、闻融敦厚、坚韧不屈、开拓进取、热爱和平等民族性格和价值理念更充分的展现出来，通过情感沟通、理性说服、价值共鸣的方式消除文化误读误解，形成相互理解、相互尊重、相互信赖的和谐国际关系，为中华民族伟大复兴中国梦的实现营造更好的外部环境。

第四节　中华优秀传统文化教育的多样化主体

中华优秀传统文化的传承与创新发展、中华民族伟大复兴中国梦的实现必须将十几亿人民凝聚到一起，形成强大的合力，这需要充分发挥领导干部、知识精英、人民群众多方的积极作用，在全社会开展中华优秀传统文化教育，增强中华优秀传统文化的向心力、凝聚力和号召力。

第五章 中华优秀传统文化传承与创新的战略举措

一、加强中华优秀传统文化在人民群众中的宣传和推广

人民群众是实现中国梦的力量源泉。中国梦把国家的追求、民族的向往、人民的期盼融为一体，这种价值主体的共同性既是由社会主义制度的性质决定的，也是由血浓于水的亲情关系决定的。要想充分发挥人民群众的作用、凝聚人民群众的力量，需要强有力的思想动员和先进的行动指引。从宏观上来说，中华优秀传统文化是凝聚中华民族的强大精神纽带。宣传和推广中华优秀传统文化的，有利于对人民群众的思想进行整合，增强文化的向心力和凝聚力。从微观上来说，让中华优秀传统文化走进人民群众的生活中、心目中、脑海中，有利于形成昂扬向上的精神氛围，增强文化的感召力。

人与文化的作用是相互的。人类创造文化的过程也是汲取文化精粹、促进文化发展的过程，因此，中华优秀传统文化必须扎根于人民群众，走进人民群众的生活。要让中华优秀传统文化落地，真正地回归人民群众的日常生活，立足于人民群众的精神文化需求，让中华优秀传统文化的精髓内化为人们生活必不可少、不可替代的一部分。

二、加强各级领导干部对中华优秀传统文化的学习力度

中华民族伟大复兴的中国梦不仅是民族的梦、国家的梦，也是每个中国人的梦。中国梦的实现需要坚定不移地走中国特色发展道路，汇聚中国力量、弘扬中国精神，在德才兼备的领导干部带领下，每个人都发挥自己的一份力量。个人力量的发挥离不开各级领导干部的带头作用，率之以德，才能在激发广大人民群众崇尚道德之风，从而推动全社会形成良好的道德风尚，最终为中国梦的实现凝聚起人民群众的精神力量，为社会主义现代化建设提供强有力的道德支撑，形成磅礴的人民力量。除此之外，从文化发展的角度来，各级领导干部学习并弘扬中华优秀传统文化有助于学习中华优秀传统文化的优良传统在更大范围内传播，构建传承优秀中华传统文化的良好社会氛围，使中华优秀传统文化深刻的文化内涵和精神财富在人民群众中发挥作用，为中国梦的实现激发人民群众的精神潜能。同时，各级领导干部要自觉成为中华优秀传统文化的学习者、继承者、弘扬者和践行者。坚守社会主义核心价值观，传承并弘扬中华优

秀传统文化，结合时代特色，创造中华文化新辉煌，在领导干部的带领下，提升人民群众的文化素养。国家文化软实力的提升需要充分激发中华文化的活力，这些都离不开各级领导干部和社会文化精英对中华优秀传统文化的坚守与传承，成为先进文化的倡导者、引领者、继承者和传播者，只有这样，才能进一步凸显我们的文化阵容、文化格局和文化自信。

第五节　中华优秀传统文化的创新型文化业态

近几十年网络技术和数字技术成为现代科技的典型代表，以极快的速度渗透到社会生活的方方面面，成为对人类生活产生深刻影响的重要力量，也成为改造传统文化产业重要的动力，并同时催生一大批新型文化形态和文化业态，成为新时代背景下推动文化形态和产业发展的重要引擎。多样化的新型文化业态以更加直观的表现形态展现在世人面前，正因为这种表现姿态使其成为了中华优秀传统文化传承与创新发展的新的载体和表达方式，能以更加鲜活、更具魅力的形态被人民群众了解和认识，在中华优秀传统文化传承与创新发展中承担起不可替代的独特作用。可见，发展新型文化业态既是文化产业转型与升级的必然趋势，也是提升中华文化品质、传承与发展中华优秀传统文化、满足人民群众精神文化需求和对美好生活的向往。

一、新型文化业态对中华优秀传统文化多样化的表达

近年来，中华优秀传统文化逐渐成为新型文化业态的创意资本，可以通过与影视、游戏、动漫、音乐等多个领域的合作实现多平台的商业拓展，从产品创意设计、推广营销到服务创新等各价值链环节，都在不同程度上带动效益增长，为实现中国梦提供强大的经济支撑。

中华优秀传统文化有多姿多彩、海量的文化资源，但是，由于中华优秀传统文化是以小农经济为基础形成和发展的，在新型文化业态利用、整合中华优秀传统文化过程中，要对其进行再次整合与推陈出新，通过现代化表达形式更

好地呈现中华优秀传统文化与时代的融合成果，在当代文化中赋予中华民族最基本、最深刻的文化基因，使中华优秀传统文化与现代社会实现跨越时空的、富有独创魅力的、具有当代价值的文化，将立足本国、独具中华文明特色的文化创新成果传播出去，增强中华文化的亲和力、感染力、影响力、竞争力，推动中华优秀传统文化现代化，使中华文化走向世界，成为实现中国梦的显著标志和强大精神力量。

二、新型文化业态对中华优秀传统文化多样化的创意表达与实现

近年来，我国文化产业蓬勃发展，新兴文化业态进入了新的发展时期和全新的发展阶段，在未来的一二十年间将会是我国新型文化业态发展的重要机遇期。促进新型文化业态发展，充分挖掘并利用中华优秀传统文化的深刻内涵和思想规约，同时融入现代文化理念，以人民群众熟悉的、接受度更高的方式实现对中华优秀传统文化的多样化表达，形成良好的社会文化效应，为社会主义现代化建设提供强大的文化动力。新型文化业态在人民群众中更具亲和力，因其多样化、多元化的表现形态，更容易在人民群众中传播，文化渗透力更强，群众接受度更高。中华优秀传统文化拥有深厚的历史色彩和民俗色彩，相比于其他文化业态更具创造性，一旦拥有良好的市场运作和营销，势必能够成为独具特色的文化品牌，使中华优秀传统文化能够以吸引人的姿态走进人民群众的生活，形成潜移默化的影响，为社会主义市场经济的发展提供强大的、具有创意的文化支撑。

需要注意的是，新型文化业态对中华优秀传统文化的多样化表达要把握好文化表达尺度，避免低俗、庸俗、媚俗的"三俗"趣味，不要过分娱乐化。在对中华优秀传统文化进行创意表达的同时要精准把握其文化精髓和核心价值，不要"过度包装"，造成文化失真。

第六章

新时代中华优秀传统文化传承与创新发展的生动实践

- 第一节 中华优秀传统文化在"五位一体"总体布局中的传承和创新发展
- 第二节 中华优秀传统文化在"四个全面"战略布局中的传承和创新发展
- 第三节 中华优秀传统文化在"五大发展理念"中的传承和创新发展
- 第四节 中华优秀传统文化在"构建人类命运共同体"中的传承和创新发展

理论与实践相结合是马克思主义哲学的基本原则,在中华优秀传统文化传承与发展过程中,我们既要坚持理论与实践的统一,同时也要认识到实践是理论的源泉。新时代,我国不仅对中华优秀传统文化的传承与创新发展进行了丰富的理论构建,还在促进中华优秀传统文化传承与创新发展的生动实践,产生了一系列新的理论与观念,为文化现代化与全球文化发展贡献了中国智慧。本章从国家战略角度探析中华优秀传统文化的传承与创新发展的实践,从中华优秀传统文化的"五位一体"总体布局、"四个全面"战略布局、"五大发展理念""构建人类命运共同体"等实践进行解析,揭示中华优秀传统文化新时代传承与创新发展的内在规律,为新时代中华优秀传统文化的传承与创新发展提供借鉴。

第一节 中华优秀传统文化在"五位一体"总体布局中的传承和创新发展

"五位一体"总体布局是指结合我国政治、经济、社会、文化、生态文明五个方面建设的战略目标对中华优秀传统文化传承与创新发展的实践。"五位一体"即政治建设、经济建设、社会建设、文化建设、生态文明建设的"五位一体",换言之,就是要构建国家强盛、民主政治、经济发达、社会和谐、文化先进、人民富裕的美丽中国。"五位一体"总体布局是十八大提出的新思想,具有"新时代"的话语特色,然而我们仍然能从中看到其对中华优秀传统文化文化精髓的汲取,并能看到其对我国政治、经济、社会、文化、生态文明等方面的发展做出的贡献。在文化复兴、文化建设的呼声下,不难看出,五位一体"总体布局势必能在中华优秀传统文化肥沃深厚的文化土壤中汲取思想基础和文化支撑。当然,这种思想汲取必然是包容的、开放的、全方位的,是集众家之所长的,并不断在实践中逐步完善,最终形成独具特色的发展道路。从中华优秀传统文化中汲取智慧是一个重要向度,是文化现代化的必然选择,是新时代"五位一体"总体布局统筹推进这一开创性事业的重要智慧源泉。

一、传统执政理念的创新发展

构建并维系良好政治秩序离不开执政者的政治建设。特别是以走中国特色社会主义道路、实现全体人民解放为崇高追求的今天，更加需要不断完善政治建设，最终实现政治文明，推进中华民族伟大复兴这一伟大梦想的实现。中国共产党自诞生之日起就围绕政治建设进行了多年探索与实践，取得了非凡的成就。在迈入新时代的今天，我国已经走上了独立自主、民主富强的道路，政治建设的重点是平衡人民日益增长的对美好生活的需要与社会发展不平衡、不充分之间的矛盾，这说明我国社会主义民主政治在政治体制、运行机制、程序、规范、运行等方面仍存在不足之处。新时代背景下的政治建设仍然需要根植于中华优秀传统文化，从中汲取优秀的理政思想和理念。事实上，我国政治建设中民本思想、德治理念、政治改革等思想就是吸收并借鉴了传统理政思想和理念，并通过传承和创新发展，赋予其时代内涵，使其适用于当下时代背景，为我国新时代的政治建设贡献智慧。

以人民为中心的思想就是民本思想传统理政思想在当代的传承和创新发展。我国古代先贤很早就认识到了"民"对国家发展的重要性，如"敬德保民""民贵君轻"，充分肯定了人民对国家发展的重要作用，逐渐形成了我国古代主要理政思想之一——民本思想。可以说，民本思想是构成我国封建制度下政治原理的重要思想基础之一。"以民为本"是民本思想的核心，主张"立君为民""民惟邦本，本固邦宁"的理念，强调"君，末也；民，本也""德惟善政，政在养民"。传统文化中的民本思想阐述了人民与君主和国家之间的关系，着重强调了人民的政治性作用及其在国家发展中的重要作用，对我国古代政治制度建设和统治产生了深远的影响。在当代，我国充分肯定了民本思想的文化意义和政治价值，汲取其中"爱民""重民""尊民""为民"的理政思想和理念，从"民本"的阶级性局限性整那个超脱出来，对其进行传承和创新发展，逐渐形成了以人民为中心的思想。在党和国家看来，要将广大人民群众的根本利益作为国家一切工作的根本出发点和落脚点，关注民情、尊重民意、顺应民心、致力民生。以人民为中心的思想是对传统民本思想的批判性继承，充分肯定了传统民本思想中人民群众对国家发展和历史发展的重要作用，并将"民"的内涵升华为"人民"，用新时代话语重新阐释了"民"的内涵、地位和价值，肯定了"民"在历史发展进程中不可缺少的作用，树立了"民"的价值旨归，从而使传统民本思想能够在新时代背景下发挥巨大作用。

"仁政"是古代评价统治者理政能力的重要标准，也是国家发展的重要举措，在今天，通过对传统"仁政"进行传承和创新发展提出了发展社会主义政治文明的思想。我国古代"仁政"思想经过孔子、孟子等思想家的发展与完善，成为我国古代政治伦理的基础。孔子用"爱人"深刻阐释了"仁者"的意义，孟子再次基础上提出了"夫仁政，必自经界始"的思想，即"仁政"。"仁政"既是统治者对待"民"的政策，也代表了统治者的理政思想和施政品格。儒家倡导的"仁政"认为"民"都是善的，因此主张统治者宽以待民，对"民"实施恩惠，行王道政治。儒家认为，"以得民心为本"，治理一国不能用严刑峻法施行"霸道"治民。"仁政"的核心是"德政"，主张用礼仪教化治民，以民为本；同时，要求统治者作为民之典范应加强自身道德修养，以"德政"为主，以"法治"为辅。事实上，儒家的"仁政"思想一方面要求统治者要"克己"同时"内修""自省"，另一方面倡导统治者要"爱民""惠民""济民"，营造相对宽松的政治氛围。这种思想对我国古代影响长达数千年，即便是今天，其中一些思想仍具有重要借鉴意义。当代，我国积极吸取传统"仁政"思想中宽以待民的思想，批判性继承了"仁政"思想中要求统治者"克己""内修""自省"的观念，在坚定不移走中国特色社会主义道路的同时，稳步推进民主政治建设，发展社会主义政治文明。这一观点科学地继承了传统"仁政"思想，吸取了"仁政"思想的思想精华，如主张领导队伍廉洁奉公、无私奉献、加强思想道德与政治素养。发展社会主义政治文明，剔除了传统"仁政"思想重德治轻法治的弊端，融合时代精髓，使传统"仁政"思想焕发出新的魅力。

积极稳妥推进政治体制改革对我国古代"变法"思想批判性继承和创新发展。"变法"是促进历史发展的重要节点，历朝历代都有不甘于墨守成规的政治家用于破除陈规旧制，结合当下时代和社会发展通过变法之道打破腐朽的政治结构，建构新的政治秩序和新的政治结构，如商鞅变法、吴起变法、王安石变法、戊戌变法等。"变法"是古代社会破除陈腐寻求发展的必然选择，是统治阶级内部构建新利益关系的措施。"变法"的核心思想是"变"，顺应时势，"变通者，趣时者也"。"变"的根本原因在于"穷则变，变则通，通则久"。尽管我国古代的诸多变法以及"变法"思想都没有触及到变法的本质，只是在保留本体的基础进行的变形和改良，但这种以"变"求"通"的思想、敢于破除旧制的勇气、通过变法图新求强的愿景以及舍生忘死的精神等都值得当代学习和借鉴。几乎我国历朝历代都经历过变法运动，古代先贤更是留下了"治世不一道，便国不法古"的豪言壮语。新时代，我们要借鉴古代"变法"思想中积极的因素，进行传承和创新发展，在保证广大人民根本利益的基本前提下，稳步推进政治体制改革，提高执政能力，为建设社会主义政治文明努力奋斗。积极稳妥推进政治体制改革的思想继承了古代"变法"思想以"变"求通的思想核心和开拓进取、勇于创新的崇高精神，并对古代"变法"思想的话语进行了创新，打破其思想局限性。积极稳妥推进政治体制改革的思想相比于古代"变法"思想更具时代性，拥有更加丰富的思想内涵，在价值诉求、指导思想、方法等方面都是对古代"变法"思想的超越。积极稳妥推进政治体制改革的思想将古代"变法"思想积极求"变"的基本精神进行了延续，并通过传承和创新发展进行了新思想布展，使其在新时代背景下焕发新的生机。

二、古代经济发展思想的传承和创新发展

发展经济是推动历史发展的重要力量，也是社会进步的基础保障。社会经济结构是每个时代形成现实的必要基础，以此为基础构建符合该时代特色的政治结构、哲学观念以及其他观念形式所构成的上层建筑。在我国古代社会，无论是统治阶层还是普通百姓都很重视劳动生产，统治者提出各种政策发展生产，如"劝农桑，薄徭赋""轻关市以厚商而利农""工商皆本"等。生产不发展，不仅造成"民"贫，更会导致"国"贫、"国"弱，阻碍社会的发展。正因意识到这一点，我国古代形成了"利民""富国""富而后教"等经济发展的思想和理念，成为了我国古代社会生产发展的重要思想指导，在今天，通过传承和创新发展为我国"五位一体"总体布局提供思想启迪和智慧支撑。

社会主义国家的性质决定了国家以人民的利益为根本出发点和根本落脚

第六章 新时代中华优秀传统文化传承与创新发展的生动实践

点,关注人民群众的根本需求,致力于满足人民群众不断增长的物质需求,这也是我国对传统"利民"思想的传承和创新发展。尽管,传统"利民"思想的根本出发点是为了维护封建统治,具有明显的阶级局限性,但其中一些思想内涵对当代仍具有指导意义。古代先贤认为,"利民"在某种程度上就是"富民",是国家长治久安的关键因素之一,提出了"凡治国之道,必先富民"的观点。我国古代思想家围绕"利民"和"富民"产生了诸多谈论。孔子认为"足食,足兵,民信之矣";刘安提出"为治之本,务在于安民;安民之本,在于足用";贾谊更是提出了"富安天下"的口号,认为"民非足也,而可治之者,自古及今,未之尝闻"。从上述观点我们可以看到,古代思想家强调的"足民""富民"最终的目的都是为了"安民",根本目的是为了维护和稳定政治秩序。新时代,我们仍然可以借鉴传统传统"利民"思想,但要摒弃这一思想的阶级局限性,重点突出其物质属性,即满足人民群众物质需求的根本特征,抓好经济建设,提升物质财富。将满足人民日益增长的物质需求作为社会主义经济建设的根本价值旨趣,正式继承了传统"利民"思想的价值追求。事实上,传统"利民"思想强调的"利民""富民"能够切实为人民群众带来实惠,同时促进了社会生产的良性运转,但传统"利民"思想的立场并非是广大人民群众,只是要求统治者为实现政治需求而做出的让"利"于"民"的,并不是统治阶级的政治自觉。新时代,在满足人民日益增长的物质需求的同时,更具时代话语气息、更具人民性,这是中国共产党作为人民群众先进代表的一种发自内心的政治自觉,是对全心全意为人民服务这一宗旨的践行,是对传统"利民"思想的发展和超越。

以经济建设为中心是兴国之要是对传统"富国"思想的传承和创新发展。在古代社会,国家富足是社会各阶层的美好期望,"今者王公大人为政于国家者,皆欲国家之富,人民之众,刑政之治"正是这一情况的真实写照。法家认为"民无逃粟,野无荒草,则国富,国富者强";墨家针对如何"富国"提出了五条建议;李觏认为"治国之实,必本于财用……是故贤圣之君,经济之士,必先富其国焉";王安石指出,"富其家者资之国,富其国者资之天下,欲富天下则资之天地"。以上"富国"的观点、主张或建议都是以生产发展为基本路径,并且大多数观点都倡导节俭生活积累财富,这一点带有一定的历史

性局限,但也在一定程度上促进社会生产和经济发展,提高了财富的积累。当代,我国批判性继承了传统的"富国"思想,重视发展生产,强调经济建设对社会物质财富积累的重要作用,并进行传承和创新发展,提出了以经济建设为中心是兴国之要的观点。毫无疑问,无论处在何种时代背景下,人们看待生产发展与经济发展之间关系的看法是一致的。新时代我国结合时代背景重新诠释了"富国"的内涵与价值,以唯物史观为指导,重点强调经济建设,为社会经济发展提供科学的思想指导。

在发展经济的基础上进一步推动社会的全面进步是新时代我国对传统"富而思进"思想的传承和创新发展。我国古代重视发展生产,以此实现"足民""富民",最终实现"富国""强国"的目的。同时,传统"富而思进"思想强调的"富"还有另一层含义,即"富而思教",进而实现"富而思进",因此有"既富矣,又何加焉"的观点。在儒家看来,国家和人民生活富足才会广泛开展教育,开展教育才能提高人民的道德素养,从而推动社会发展。"富而思教"对我国古代的影响十分深刻,其实,这种"思教"思想的实质就是一种"思进",它与"温饱而思淫"的观点不同,使积极的、能够催人奋进的、充满理想的观点。几千年来,"富而思进"作为我国古代重要的指导思想,对士大夫阶层的影响深厚,使其能在教育、文化、艺术、科学等事业上"慷慨解囊",一方面维护并稳固了古代政治结构,另一方面也推动了文化事业的发展,进而推动整个社会的进步。新时代,我们要善于把握传统"富而思进"思想中积极的文化内涵,正确理解"富"的重要性和必要性,突出"仓廪实则知礼节,衣食足则知荣辱"的朴素唯物思想,重点强调"思进"对文化和经济发展的积极作用,牢记经济建设的中心任务,在此基础上稳步推进社会的全面发展。显而易见,这一观点充分汲取了传统"富而思进"思想的精神内涵,突出了经济发展的先决性和必要性,最终目的是实现社会的全面进步,同时对传统"思进"的内容进行了丰富。这种新时代话语的诠释不仅坚定了历史唯物主义的立场,遵循了推动社会全面进步的理想,也是对传统"思进"思想道德追求的时代性超越,赋予其更为广泛的社会性内涵。

三、传统社会建设思想的传承和创新发展

尽管我国古代社会时常遭遇各种灾荒、战争、社会动荡等严酷的挑战,但这并不能说古代社会是无序的,实际上,我国古代社会相对而言是长期处于有序治理中的。古代思想家、政治家大多都十分关注国家发展和社会建设,并提出了许多关于社会建设的观点和建议,如"礼乐治国""天人合一"等,逐渐形成了我国古代以道德为中心的传统的社会建设思想。尽管这一思想是以小农经济为基础,具备阶级和时代局限性,但其提出的社会治理、社会救助等观点和建议在今天仍散发出不朽的魅力,对当代社会建设具有重要的启迪意义和借鉴价值。我国多年来致力于推动社会发展,特别是在社会治理方面,重视发挥对中华优秀传统文化的价值,科学地继承了传统社会建设的思想,并对其进行了传承和创新发展,形成了适合当代中国发展的社会建设思想。社会建设是我国"五位一体"总体布局的重要环节,以构建和谐社会为最终目的,全面实现社会的有序治理,进一步加强社会保障建设,这些思想和措施都能看到中华优秀传统文化的身影。

建设社会主义和谐社会的伟大愿景是新时代我国对传统"和谐"思想的传承和创新发展。我国古代以"和谐"为美好愿景。国家层面有"国泰民安""天下大同""海晏河清""四海升平"的美好夙愿;在社会层面倡导"老吾老,以及人之老;幼吾幼,以及人之幼"的和谐人际关系;在家庭层面追求"事父母,能竭其力"的和睦家庭;在个人层面提出"三省其身""克己""修己安人"的主张。由此可见,我国古代社会的"和谐"思想涉及社会生活的方方面面,阐述了人与自然、人与国家、人与社会、人与人、人与自身等各方面建立和谐关系的美好愿望。传统"和谐"思想的内涵十分丰富,包括和平、和睦、协和、和合、中和、泰和等。传统"和谐"思想体现了我国古代对社会建设的理想和追求,其核心精神与优秀的思想内涵在今天也值得我们学习和借鉴。当代,我们对传统"和谐"思想进行了传承和创新发展,提出了建设社会主义和谐社会的美好愿景。这一愿景既是对传统"和谐"思想思想精华的继承,延续了"天人合一"的原则,将构建和谐社会的范围扩展到国家、社会、家庭、个人等多个层面,也是对传统"和谐"思想的丰富和超越,摒弃了其中重德治、

轻法治的不足，以及"无为而治""小国寡民"等思想局限。建设社会主义和谐社会的倡议内容更加丰富，内涵更加深刻，将社会发展提升到了本质属性的高度，团结一切可以团结的力量，提升社会创造活力，稳定社会秩序，实现国家的长治久安。为此，我国对建设社会主义和谐社会进行了深刻诠释，强调了建设社会主义和谐社会对全社会发展的重要作用，阐明了建设社会主义和谐社会的方法。建设社会主义和谐社会是对传统"和谐"思想的超越和创新，是传统"和谐"思想在当代的延续。

加强社会治理是我国对对传统社会治理理念又一创造性转化成果。尽管我国古代社会在遭遇自然灾害、匪患、战乱、外敌入侵等情况时会出现暂时的社会失序，但相对而言是长期处于有序治理中的，很重要的一个原因是传统的道德的规训作用的深刻影响。我国古代社会治理的思想核心是"德治"，即通过道德教化实现对人的规训作用，因而十分重视道德修养，上至一国之主下至升斗小民都应将"修身"放在首位，只有实现"修身"，才能谈及"齐家、治国、平天下"。同时，我国古代先贤还构建了"善"的标准，为底层人民树立一个积极的价值引导，如"其身正，不令而行；其身不正，虽令不从""勿以恶小而为之，勿以善小而不为""君子耳不听淫声，目不视女色，口不出恶言""略己而责人者不治，自厚而薄人者弃废""从善如登，从恶如崩"等。当然，古代社会并非单纯依靠德治，还会用"法治"来弥补德治的不足，以实现社会的有效治理。我国古代的社会治理面向全体社会的成员，核心思想是德行修养，社会治理的范围覆盖社会生活的方方面面，以封建伦理纲常和刑法为主要治理手段，治理的根本目的是通过稳固社会秩序维护阶级统治。新时代，我国对古代社会治理思想和原则进行了传承和创新发展，提出了加强社会治理的主张。该主张继承了古代社会治理思想中重视"德治"、维系社会稳定的部分观点，进一步丰富了社会治理的内容，如在治理目的更具人民性，强调要使人民安居乐业；同时，突出制度建设与完善，努力维护社会公平公正；在社会治理中突出人民群众的作用，让人民广泛参与到社会治理之中而不是一味的说教和规训。在治理方面，用改革破除陈旧的、不合时宜的机制和方法，用符合社会现状和时代背景的创新方法来提高社会治理效能。

强化社会保障体系是新时代我国对传统社会救助思想的传承和创新发展。

我国古代就已经开始关注对弱势群体的帮助，构建了较为完整的社会救助体系。许多思想家、政治家都提出了关于社会救助的思想和观点，如"恻隐之心，仁之端也""鳏寡孤独废疾者，皆有所养""济贫救弱""九惠之教""博施于民而能济众"等，这些思想为我国古代社会救济提供了思想指导，是维护社会稳定的思想保障。实际上，我国古代的社会救助思想就是对儒家"仁爱"观和墨家"兼爱"观的社会化阐释，以"仁爱"为本，肯定了"民"对国家和社会发展的重要性，既提出了国家应积极赈灾救济，也提出要高瞻远瞩实施前瞻性预防，鼓励个人积极参与慈善和社会救助。我国古代的社会救助是一种朴素的社会保障行为，在灾难中保障人的基本生存，为社会弱势群体提供基本的救助。这种朴素的道德情感体现了人的群居性和互助性。这一思想光辉在今天仍然熠熠生辉，我们继承了传统社会救助思想中"救弱"的原则，以及社会救助应多层面协同工作、多方位推动社会保障体系的观念，结合当前时代背景，使社会救助工作更具科学化与前瞻性，实施常态化运行。同时，我国对传统社会救助思想的内涵和内容进行了丰富和新的诠释，如提出了"兜底"原则，即对特殊困难人群要强化社会保障兜底，实现应保尽保；加强社会救助体系化与制度化建设，形成惠及全民、覆盖城乡、保障适度、可持续的多层次社会保障体系等。新时代我国延续了传统社会救助思想的精华，，并赋予其新的内涵和新的话语表达形式，使其以新的面貌焕发出独特的思想魅力，且有益于当代社会公共事业的开展。

四、古代文化建设思想的传承和创新发展

我国古代十分重视文化建设，文化建设对社会发展的作用十分巨大，既能促进文化生产，丰富人民的精神文化生活，还能够通过价值引导强化道德规训，起到稳定社会秩序，巩固阶级统治的作用。我国古代通过大量的探索和实践形成了具有中华民族特色的文化建设思想，这些思想涵盖文化发展、道德建设、价值塑造、文化交流与传播、人文精神培育等多个方面，并形成了针对不同领域的观念和主张。虽然这些思想形成于阶级社会，具有明显的阶级属性，但其关注文化发展、倡导文化交流、突出价值引领的社会作用等方面在当下仍具有现实意义，也是当前我国社会主义文化建设值得学习和借鉴的。新时代，

我国十分重视文化建设，将满足人民群众日益增长的精神文化需求放在重要地位，多年来致力于做好文化建设，增加社会精神文化财富。文化建设需要多向度的智力支持，我们完全可以从传统文化建设思想中学习经验，并对赋予其时代内涵进行传承和创新发展，使文化建设思想焕发生机，为新时代的文化发展做出贡献。

　　社会主义核心价值观就是我国对传统价值理念的传承和创新发展。我国自古十分重视人与其他向度关系的建立，关于人与自然、人与国家、人与社会、人与人、人与自身等问题产生了诸多思考，形成了如仁爱、诚信、和合、大同、正义、爱国、恕道等价值理念，这些价值理念逐渐发展为古代人民信奉并遵循的基本行为准则。我国传统价值理念包含古代先贤倡导的多种美德，如仁、义、礼、智、信，这些美德既体现了人对自身的道德和行为的要求，也体现了个体利益与集体利益关系、人际交往准则等。这些传统价值理念为古代人民提供了积极的价值引导，是维护社会秩序的道德基础，不仅在古代散发出迷人的思想魅力，其不朽的价值引导意义在今天仍能发挥重要作用。因此，我们要深入挖掘中华优秀传统文化的精神内涵，充分展现其时代价值。同时，对传统文化中传承下来的优秀价值理念和道德规范要推陈出新，有鉴别地继承与弘扬，做到科学的古为今用，让中华民族几千年来创造的一切精神财富惠泽每一个当代人。新时代，我们对传统价值理念科学地传承，提出了建设社会主义核心价值观的观念，凝聚共识、汇聚力量，使社会主义核心价值观内化为每个人的精神追求，外化为每个人自觉行动。从国家层面来看，社会主义核心价值将"富国""文明""协和"等传统价值观念的转化并发展为"富强、民主、文明、和谐"；从社会层面来看，社会主义核心价值将"逍遥""守正""公平"等观念转化并发展为"自由、平等、公正、法治"；从个人层面来看，社会主义核心价值将"守业""爱国""诚信""睦邻""友善"等观念转化并发展为"爱国、敬业、诚信、友善"。社会主义核心价值观是对传统价值理念的升华，它摒弃了传统价值理念的阶级局限性以及禁锢人性发展与人的自由发展的糟粕，用新时代话语重新诠释，并赋予其"文明""自由""友善""法治"等新的内容与内涵，既保留了传统价值理念的文化基因和思想内涵，又对其进行超越与发展最终使那些不朽的价值理念跨越时空依然散发出思想魅力，依然

第六章 新时代中华优秀传统文化传承与创新发展的生动实践

发挥着对生产生活的价值指导。

推动文化事业和文化产业发展是我国对古代文化事业发展观的传承和创新发展。发展文化事业既能教化百姓，稳定社会秩序，还能促进社会进步，巩固阶级统治。我国古代许多政治家和思想家都提出过发展文化事业的观点或建议。在国家层面，有发展官学、编修史书和典籍、做好档案工作等；在社会层面，兴办地方或民办书院、发展印刷事业、兴办各类艺术团体等；在个人层面，提倡贤者著书立说、开展讲学等。可见，我国古代通过多种方式全方面促进文化事业的发展，逐渐形成了以"兴文重教""以学资政"等为核心理念的古代文化事业发展观。虽然我国古代文化事业发展观仍没有摆脱对"利"的追求，但其在推动社会教化、弘扬文化道义等方面做出了巨大贡献。可见，我国古代文化事业发展观具有教化百姓、正社会风气、维护社会秩序的价值追求。我国古代文化事业发展观的价值追求在新时代并没有过时，我们可以对其进行批判行继承，汲取其"民本"性、"弘义"性特征，并进行传承和创新发展，提出适合当代中国发展的推动文化事业和文化产业发展新观念。推动文化事业和文化产业发展，要求文化事业与文化产业的发展始终应以人民为中心，以满足人民群众对美好生活愿景的期待，为人民提供丰富的精神文化资源。同时，要实现社会效益和经济效益的统一，将社会效益放在第一位，经济效益要为社会效益服务。

加强中外人文交流是我国对古代文化交往观的传承和创新发展。文化不是一潭死水，它是流动的，是动态发展的，是不断向外扩散与传播的。文化自身具备较强的包容性，可以在与不同文化的交流中促进自身发展，变得更加丰富多彩。我国自古以来就十分重视文化交流，既有鉴真东渡、郑和下西洋，也有马可·波罗、利玛窦的中国游、日本、朝鲜遣使来访等。我国古代在频繁的对外文化交往中逐渐形成了以包容、开放、交流、借鉴等为核心理念的传统文化交往观，在相互尊重的文化交流中促进自身文化事业的繁荣发展。事实上，我国古代在大多数时期都秉持着开放、包容的文化态度，特别是在对待外来文化和外来文明时，往往秉持着海纳百川、包罗万象的态度，如佛教、基督教、天主教等外来宗教文化都曾在我国广泛传播，并在不同程度上与本土文化相互碰撞融合。我国古代在文化交往上一直保持着"各美其美，美人之美，美美与共，天下大同"的态度，不实行文化霸权主义和文化中心主义。新时代，我们充分肯定了古代文化交往基本原则，有鉴别地继承了传统文化交往观，同时赋予其时代内涵，提出了加强中外人文交流的观念。加强中外人文交流的观念一方面继承了传统文化交往观的政治功能和社会功能，通过文化交流消除文化隔阂和文化误读，加强两国人民的交流，这也是维护世界稳定、促进国际经济发展的重要推动力。因此，我国在对外文化交流上始终秉持着相互尊重、相互平等的态度与准则，共建人类命运共同体的人文基础。另一方面，继承了传统文化交往观的坚守中华文化主体地位，在文化交流中强调"以我为主、兼收并蓄"，而不是完全摒弃中华传统文化主体，走入全盘西化的误区。此外，加强中外人文交流的观念还继承了传统文化交往观的包容、开放、交流、借鉴等精神，摒弃了狭隘的民族主义观、重器物轻制度等偏见，突破了传统文化交往观的阶级局限性，拓展了其外延，激活了传统文化交往观在新时代的生命力，为当代文化交流提供思想指导。

五、古代生态文明思想的传承和创新发展

人是无法脱离自然而生存的，人是自然的一部分，也是自然的改造者。我国古代思想家很早就对人与自然的关系展开了深入思考，影响最为深远、最为深刻的就是"天人和合"的观点，认为人与自然是一体的，提出"以类合之，天人一也""天地与我并生，而万物与我为一"的说法。在肯定人与自然相统一的基础上，我国古代思想家主张不应过度向掠夺自然、征伐自然、破坏自然，而应"仁爱万物""天人协调""取之有度""万物并育"。我国古代思想家对于处理人与自然的关系、重视生态价值的思考和观念逐渐形成了朴素的生态文明思想。新时代，我国对古代生态文明思想进行传承和创新发展，提出生态文明建设的主张，并将其作为"五位一体"总体布局之一。

人与自然和谐发展的观念是我国对古代生态和谐观的传承和创新发展。我国古代思想家认为，人与自然是一体的，"天地人，万物之本也"，认为人与自然并不是非此即彼、相克相斗的，万物并育也不是压缩人类生存空间、限制人类发展，这种"天人合一""万物共生"的观点逐渐形成了一种朴素的生态和谐观。传统生态和谐观主张"天人和合""爱无差等"，因此认为"仁爱万

第六章　新时代中华优秀传统文化传承与创新发展的生动实践

物"，强调万物应"和谐共生"。这种观点强调人不应过分向自然索取，而应与自然和谐共存，不能"杀鸡取卵""竭泽而渔"。这种观点还体现在对河流、田地的治理上，产生了科学的治理洪水、田间灾害、开垦荒地荒山的方法。古代生态和谐观指导人民科学地利用自然、开发自然、改造自然，同时提出了尊重自然、顺应自然的观点，促进了人与自然的和谐共生。虽然这一观念较为朴素，但是其核心思想和精神理念在跨越几千年的今天仍然具有指导意义。新时代，我国提出了人与自然和谐发展的新理念就是对古代生态和谐观的传承和创新发展，继承了古代生态和谐观对自然、人与自然关系的认识，以及人与自然和谐共生的核心思想，延续了其合理利用、开发自然的基本精神，并对古代生态和谐观进行了新的诠释。新时代，我们要充分考虑人民的生活和民族未来的发展，坚持人与自然和谐共生的基本观点，通过绿色发展解决人与自然和谐共生的诸多现实问题，树立生态文明观，建设人与自然和谐发展的现代化新格局。人与自然和谐发展的理念是古代生态和谐观在新时代的创新发展，以社会主义生态文明建设为最高追求，以实现社会和人的全面发展为最终归宿，解决当下生态"不和谐"的诸多问题。

"绿水青山就是金山银山"的理念是我国对古代生态价值观的传承和创新发展。我国古代认为人与自然是一体的，主张应爱护自然、保护自然，但这并不意味着要人们远离自然。人是自然的一部分，是生活在自然中的，人们生活所必须的物质资料都是从自然中汲取的，所以人无法脱离自然，但可以合理地利用自然。这一观点进而涉及到如何解读自然的价值，换言之，即生态价值观。我国古代思想家已经意识到人类生存对自然的高度依赖性，"教民养育六畜，以时种树，务修田畴，滋植桑麻，肥墽高下，各因其宜，丘陵阪险不生五谷者，以树竹木。春伐枯槁，夏取果蓏，秋畜疏食，冬伐薪蒸，以为民资。是故生无乏用，死无转尸""观鸟兽之文与地之宜，近取诸身，远取诸物……作结绳而为网罟，以佃以渔"，看到了人的生存和发展需要良好的生态环境；同时也意识到人们可以采取一些措施保护自然，通过创建良好的生态环境而使人类受益，提出了"是故草木之发若蒸气，禽兽之归若流泉，飞鸟之归若烟云，有所以致之也"的观点。因此，古代思想家强调要遵循生态规律，"山林非时，不升斤斧，以成草木之长"，不能过分破坏自然，"凿地数百丈，销阴气之精，地臧空虚，不能含气出云，斩伐林木亡有时禁，水旱之灾未必不由此也"，这样势必会带来灾祸。可见，我国古代生态价值观能够正确评估生态的价值，意识到生态保护对人类生存和发展的重要意义，为古代社会的生态保护提供了思想指导。新时代，我国对古代生态价值观进行了科学继承，提出了"绿水青山就是金山银山"的新理念。"绿水青山就是金山银山"是对古代生态价值观核心思想和生态获益精神的继承，是通俗化和意象化表达，是对其内容的丰富与内涵的外延。近年来，我国不断提高将"绿水青山"转变为"金山银山"的能力，积极探索"绿水青山"转变为"金山银山"的路径，将具备条件的地区作为实践试点，构建以政府为主导、企业及社会多方参与的、可市场化运作的实践路径。

  维护生态安全的观点是我国对古代生态保护观的传承和创新发展。我国古代受"中和"思想的影响提出了"焚林而田，偷取多兽，后必无兽""故苟得其养，无物不长；苟失其养，无物不消""先王之法，畋不掩群，不取麛夭，不涸泽而渔"等朴素的生态保护观。并且，我国古代的生态保护观还具备思辨色彩，主张通过禁时、限用等方式引导人民保护环境，强调人与自然应和谐共存，如"山不槎蘖，泽不伐夭。""山林虽广，草木虽美，禁发必有时"等。可见，我国古代生态保护观以限制开发自然为主要方法，重点呼吁统治者和人民自觉保护自然，有时候也会制订一些乡规乡约补充强制约束。上述观点和做法为古代保护生态做出了有力贡献，也为现代生态治理、生态安全提供了启发和借鉴。新时代，我国对古代生态保护观进行传承和创新发展，提出了维护生态安全的观念。维护生态安全的观念继承了古代生态保护观中禁时、限用等保护环境的思想和方式，在环境保护约束机制建设、鼓励人民民众积极参与以及环境保护的内涵和方法上进行了丰富和拓展。维护生态安全通过制度建设为生态安全践行提供了强大的制度保障。如加强对自然资源和自然环境的监管，建立并完善自然资源管理体制，落实生态环境损害赔偿制度，积极推动人民群众参与制度、建立污染责任追究制等。生态安全与人民生活和民族生存息息相关，每个人都应做环境保护和生态安全的推动者和践行者，因此要动员全社会积极参与生态文明建设。

  综上所述，"五位一体"总体布局有选择地汲取了中华优秀传统文化中的思想精华和深刻内涵,并进行了传承和创新发展,反过来也进一步丰富了这些优秀的思想、理念和方法,并进行了时代性的延展,使其在新时代背景下焕发出新的生机与活力。同时,这也为"五位一体"总体布局提供了思想借鉴和智力支持,展现了新时代我国战略发展布局对中华优秀传统文化的汲取、继承与发展。中华优秀传统文化的传承和创新发展是其在新时代传承与延续的重要形式,也是中华文化复兴与繁荣的重要方式和表现。中华优秀传统文化的延续不是一蹴而就的,而是需要一个漫长的过程,我们在文化建设过程中应秉持着开放、包容的态度,充分挖掘、肯定中华优秀传统文化中的优秀思想的时代价值,促进中华优秀传统文化在新时代的延续和发展。需要注意的是,在对中华优秀传统文化的传承和创新发展中,我们要善于甄别其中的思想局限性,不过分夸张中华优秀传统文化的作用,也要警惕不要陷入文化保守主义的窠臼。

第二节 中华优秀传统文化在"四个全面"战略布局中的传承和创新发展

"四个全面"战略布局即全面建成小康社会、全面深化改革、全面依法治国、全面从严治党的战略布局。"四个全面"战略布局是党和国家从我国实际情况和发展现实需求出发,符合广大人民群众对美好生活的期待,也为解决当前国内社会主要矛盾和突出问题提供了解决思路和方法。"四个全面"战略布局是事关国家长远发展的总战略和总部署,是实现中华民族伟大复兴中国梦的重要保障。虽然"四个全面"战略布局是党的十八大提出的全新的治国理念,并不是毫无文化依据的理论创新,而是从中华优秀传统文化中汲取了文化基因,如传统变革观、传统和谐观、传统小康思想等,并对其进行传承和创新发展,赋予其新的时代内涵和新的话语表达,重新焕发出生机与活力,为新时代国家治理提供强大的智力支持。

一、传统小康思想的传承和创新发展

"小康"一词并不是现代发明的,早在《诗经》中就有"民亦劳止,汔可小康。惠及中国,以绥四方"的说法,表达了古人对美好生活的向往。孔子在《礼记》中解释了"小康"的含义,"以著其义,以考其信,著有过,刑仁讲让,示民有常。如有不由此者,在执者去,众以为殃,是谓小康。""小康"是在我国古代中被认为是一种美好生活和理想社会的象征,代表了政治清明、社会秩序良好、百姓安居乐业。党的十八大以来,我们对传统的"小康"进行了现代化诠释和发展,并提出了全面建成小康社会的新思想。

首先,针对"小康"的内涵我们进行了新的诠释和发展。在我国古代,"小康"最早代表的是一种安乐祥和的生活状态,后来,人民面对"民亦劳止"的残酷社会现实,对"小康"产生向往以消减生活带来的压迫。随着社会经济的发展,"小康"的发展水平越来越高,朱棣认为"小康"就是"家给人足"。而在 20 世纪 80 年代,我国认为"小康"是"丰衣足食"的生活状态,尽管家庭不富裕,但日子是好过的。从经济指标的角度来看,"小康"的发展水平"换算"为国民生产总值的话大约是年人均达到八百美元。随着改革开放的不断深入,我国"小康"的发展水平不断提高,从最初的实现总体小康生活到全面建设小康社会,"小康"的内涵和表达形式也得到了进一步丰富与发展。新时代,我国提出要全面建成小康社会的目标,从经济指标的角度来看,就是要使中国经济总量达 17 万亿美元,2020 年国内生产总值和城乡居民人均收入要比 2010 年翻一倍,显著提高人民的生活水平。可见,新时代"小康"的内涵已经不再局限于"生活安乐""经济宽裕"和"丰衣足食",而是要用"发展水平"的眼光来看人民的生活。

其次,进一步丰富和拓宽传统小康的外延,要"全面小康"而不是"片面小康",不仅重点突出了小康的目标,还强调要做到全面。这种全面一方面要求实现覆盖所有领域、所有区域的小康,是"五位一体"全面进步的小康,是城乡协同发展的小康;另一方面要求是覆盖全体人民的小康,惠及当下和未来的小康。就是要建设一个惠及十几亿人口的更高水平的、更全面的、发展比较均衡的小康社会。

再次，我国对传统小康进行了时代化表达和话语上的创新，提出了全面建成小康社会的战略布局。用"小康"的概念定位我国的发展目标是符合我国国情的，也容易被广大人民群众所理解和支持。同时，我国围绕全面建成小康社会展开了深入的分析与探讨，从提出原因、根本目标、现实意义、重要任务、基本标志等都做出了明确的解释，丰富了全面建成小康社会的内涵，并最终使"全面建成小康社会"成为一个具有固定表述形式及内涵日趋丰富的词，从而实现了对传统小康思想的传承和创新性发展。

最后，对传统小康社会定位进行了科学的继承与发展，提出了全面建成小康社会的目标。在儒家看来，"小康"是人们对理想社会的美好构想，但是一种较为低级的社会状态的构想，更高级的理想社会应该是"大同社会"，这才是人们应该真正追求和向往的。早在《礼记》中就有对"大同"的记载和解释，是人们公认的理想社会状态。相比于"小康"社会，"大同社会"强调人人平等、相互友爱、互帮互助，百姓安居乐业，没有战乱纷争。东晋陶渊明的《桃花源记》就是对"大同社会"的生动写照。"小康"社会强调的是"天下为家"，描述的是社会安定、人民生活温饱的状态；"大同"社会强调的是"天下为公"，人民生活更加富足，人的尊严得到了强调和保护。因此，儒家认为，"小康"社会是通往"大同社会"必经之路，是实现"大同社会"这一总目标过程中的阶段性目标。新时代，我国发展了传统小康的社会定位，提出了全面建成小康社会的奋斗目标，从而实现了对"小康"社会更加科学的定位。因此，我们将全面建成小康社会视为首要奋斗目标，这就是新时代我国对传统"小康"社会历史性定位的重要发展。

2021年7月1日，在庆祝中国共产党成立100周年大会上，总书记庄严宣告，经过全党全国各族人民持续奋斗，我们实现了第一个百年奋斗目标，在中华大地上全面建成小康社会，历史性地解决了绝对贫困问题，正在意气风发向着全面建成社会主义现代化强国的第二个百年奋斗目标迈进。因此，"小康"只是我国一个阶段的奋斗目标，在此之后还有建成社会主义现代化强国、实现中华民族的伟大复兴、实现共产主义等更加宏伟远大的目标。

二、传统变革观的传承和创新发展

人类社会是在不断变化着、发展着的，特别是在社会长时间处于僵化状态时，旧的生产关系日益无法适应生产力发展的需求，就需要进行变革扭转这一局面，成为促进社会发展的重要动力。我国古代先贤对变革的认识十分深刻，提出了许多关于社会变革的思想、观念或建议，如"穷则变，变则通""革故鼎新""改易更化"等。这些传统变革观念体现出我国古代人民对变化、革新的强烈愿望，于是出现了商鞅变法、庆历新政、王莽改制、王安石变法等革旧推新的壮举。20世纪70年代，我国科学地继承了传统变革观，并结合时代发展提出了改革开放的新主张。党的十八大以来，我国在此基础上，进一步对传统变革观进行传承和创新发展，提出了全面深化改革的新理念，为中国特色社会主义建设提供了思想指引。

首先，针对传统"改易更化"的思想进行传承和创新发展，提出了推进国家治理体系和治理能力现代化的主张。在传统变革观中，"改易更化"是非常重要的思想主张，"易"指"变化"，"更化"指对国家治理策略、治理方法进行调整。"改易更化"即指在国家治理策略和方法上进行变化和调整，使百姓安居乐业，稳定社会有序，巩固封建统治。新时代，我们摒弃了"改易更化"观念的阶级局限性，并对其能指与所指进行饿了丰富，扩充其内涵，提出了提出了推进国家治理体系和治理能力现代化的主张。

其次，我国对"穷则变，变则通"的思想进行了创新发展，提出了自觉通过完善上层建筑适应经济基础发展要求的主张。古人认为，"易穷则变，变则通，通则久，是以自天佑之，吉无不利。""穷则变，变则通"表明了变革的必要性特征，且应具备前置性，并且，指出了"通"是"变"的结果。事实上，我国古代思想家对"变"已经形成了较为完整和科学的认识，能够较为客观地看待"变"对社会发展的价值，以及对"变"的时机和结果有较为清晰的理解。新时代，我国在吸收借鉴"穷则变，变则通"的基础上，对其进行了传承和创新发展，提出了自觉通过完善上层建筑适应经济基础发展要求的主张。这一主张是一个自觉调整的过程，同时也是一个求"变"的过程。

最后，我国对传统"变革"观念进行了创新发展，提出了让发展成功惠及全体人民的观点。我国思想家追求变革的目的是为了转变动荡、僵化的社会和思想，挽救腐朽不堪的政治，使国家转危为安，具有阶级局限性，因此变革并没有触及根本。尽管如此，传统的变革观念稳定社会秩序、增强社会活力、济民安民的目的仍值得我们称颂和学习。新时代，我国通过对传统变革观念进行科学性继承和创新发展，摒弃了其阶级局限性，有选择性地继承其惠民、利民、为民的思想精华，提出了让发展成果惠及全体人民的观点。事实上，无论是古代的"革故鼎新"还是今天的改革创新，都充分体现了人们渴望通过变革图新、图强的愿望和追求，这种用于求变、求新、图强的精神也将一代代传承下去，中华民族的发展也将一代代延续下去。

三、传统法治思想的传承和创新发展

中华民族创造了丰富多彩、光辉璀璨的中华文化，其中蕴含了许多治国理政的经验和思想。我国古代思想家对法治的认识十分深刻，早在夏商时期就有"夏有乱政而作《禹刑》"的记载。并且，围绕着法治的重要性、可行性、科学性和局限性等方面提出了许多观点或建议，提出了"天下之事，不难于立法，而难于法之必行""法令行则国治，法令弛则国乱""故治国无法则乱，守法而弗变则悖"等观点，逐渐形成了传统法治思想，对我国古代发展建设产生了深远的影响。

首先，我国从"道法者治"思想中受到启发，提出了建设中国特色社会主义法治体系的治国方略。"道私者乱，道法者治"，我国古代思想家、政治家对法治的推崇和追求就是来源于"道法者治"思想，"道私者乱，道法者治"。古人认为，法治是实现国家治理和天下大治重要手段和方法。商鞅指出，"法令者、民之命也，为治之本也。""明主之治天下也，缘法而治。"法家认为，"国无常强，无常弱。奉法者强则国强，奉法者弱则国弱。"足见古人对法治重要性的认识。并且，我国古代政治家已经认识到科学制订法律的必要性，以及法律的落地实行对社会的安定和国家的长治久安具有重要意义，因而产生了许多律法典章，如《秦律》《贞观律》《武德律》《唐律疏议》等，为我国古代法治思想和法治建设的发展提供了重要支撑。新时代我国科学继承了并创新发展了"道法者治"的思想观念，提出了建设中国特色社会主义法治

体系的观点。法治体系的建设关乎我国全面依法治国的总目标，关系到国家治理体系和治理能力的现代化程度。建设中国特色社会主义法治体系的观点不仅是对"道法者治"重"法"思想的继承，并对其进行了创新发展，进行时代性表达，涉及到法治内容的现代化发展，为我国法治社会建设提供了思想指导。

其次，我国从"礼法合治"思想中得到启迪，提出了依法治国和以德治国相结合的观点。虽然"法治"是一种强制性的社会治理方式，通过强制约束实现社会的规范治理，但如果过分强调"法治"缺少"德治"就会走上"暴政"的漩涡。我国古代思想家和政治家很早就看到了"法治"的局限性，并意识到要用"德治"补充"法治"的不足，因而在"亲亲"和"尊尊"观念的基础上，提出了"礼法合治"的观念，通过强调伦理秩序这种软性的治理方式实现社会治理，调和了"法治"的刚性治理。我国对"礼法合治"思想中德治与法治相结合的思想意涵进行了延续，摒弃了其阶级局限性，同时进行创新，赋予其时代化内涵，提出了依法治国和以德治国相结合的观点。"德润人心，法安天下"，这一观点要求要充分发挥道德教化的作用，从整体上提高社会文明程度，为依法治国创造良好的社会环境。

最后，我国从"中者立法之本"的传统思想中得到启发，提出了保障和促进社会公平正义的观点。公平正义是依法治国的基础，缺少了公平正义，依法治国就丧失了合理性与合法性。这源自对"中者立法之本"思想内涵的科学继承。我国古代思想家认为，"中者立法之本，信者行法之要"，揭露了公平正义是法治的出发点，也是实施法治的最终归宿，更是法治在运行过程中必须秉持的原则，因而有"法分明则贤不得夺不肖，强不得侵弱，众不得暴寡"的说法。新时代，我国提出的保障和促进社会公平正义的观点既是对"中者立法之本"思想中公平正义意涵的延续，也是对其进行的时代化创新与发展，赋予其丰富的话语表达，为我国当代法治建设贡献智慧。

四、传统吏治思想的传承和创新发展

"吏者，民之本纲者也，故圣人治吏不治民。"我国古代思想家很早就提出了关于国家公职人员的主张或观念，如"清廉从政""欲治国者必先治吏，欲治吏者务必从严""修身正己""勤勉奉公"等，并逐渐形成了传统吏治思

想，为我国古代官吏治理提供了思想指导。虽然传统吏治思想形成于封建社会，有明显的思想局限性和阶级局限性，但其倡导的廉洁奉公、体恤民情等思想仍然对当代社会的国家治理具有重要的借鉴意义。事实上，我国在治国理政方面对传统吏治思想进行了积极的借鉴，将继承传统和改革创新相结合，将总结自身经验和借鉴他国经验相结合，形成符合本国国情的治国理政策略。为此，我国通过对传统吏治思想进行传承和创新发展，提出了全面从严治党的新观念。

首先，我们对传统廉政观中的思想内涵进行继承与创新发展，提出了全面从严治党、加强反腐倡廉建设的主张。我国古代吏治的核心内容之一就是"廉政"，如"廉者，民之表也""能吏寻常见，公廉第一难"等观点，并逐渐形成了一套具有封建特色的传统廉政观。在我国古代，"廉政"要求各级官吏能大公无私、清正廉明。"廉政"是古代官吏的基本操守，其主张的"廉"被认为是个人道德与为官品格的高尚追求，为官者需具备廉德、廉心、廉能，否则就容易成为贪官污吏。同时，传统廉政观强调为官者应克制自己的私欲，一心为公，即"奉公"。可见，"廉政"要求为官者清正廉明、一身正气，才能使治理有序；"奉公"要求为官者克制私欲，公平公正。古代许多关于廉政的观点在今天也特别值得我们借鉴和学习，古代社会反腐倡廉的经验对今天也有诸多启发意义。新时代，我国对传统廉政观倡导的清正廉明、廉洁奉公等核心思想进行科学性继承，摒弃了其中的阶级局限性和思想局限性，使其以新的话语表达散发不朽的思想魅力。

其次，我们对传统治吏范式进行科学性继承与创造性发展，提出了思想建党与制度治党相结合的主张。我国古代时期就已经形成了一套十分完整的德法并举的治吏范式。我国传统治吏范式以道德教化为主要手段，十分重视对为官者的道德水平和道德教育，倡导为官者应"自省""自修"，主张为官者实施"德治"，提出了"公生明廉生威""立德、立功、立言""清、慎、勤""政者，正也"等主张，诞生了《官箴集要》《朱文公政训》《西山政训》《州县提纲》等为官箴训，通过道德教化规劝和引导为官者树立"良吏"的崇高目标，最终实现"吏治"的目的。同时，国家还会通过法律制度为手段促使为官者的良性治理。关于官吏治理，我国古代形成了一套完整的制度，如周代的监

察制,"周制:三载考绩,三考黜陟";再如,唐代颁布的《唐令》等,进一步完善了我国古代官吏考绩制度。除此之外,我国古代还制定了较为严厉的官吏惩戒制度,如周代的"五过之疵"、唐代的《唐律》、明代的《大明会典》等,都包含有对不法官吏进行惩治的规定。将官吏治理付诸法治,通过刚性约束强化治吏范式,是一种行之有效的治理方式。新时代,我国借鉴了传统"德法并举"的治吏范式,创造性提出了思想建党与制度治党相结合的主张。从严治党不仅要靠思想政治教育,还要依靠制度建设,柔性指导与刚性约束相结合,同时、同向发力才能真正实现从严治党。思想建党是指通过思想道德教育加强党的治理,这是对传统以德治吏思想的科学继承与创造性发展;制度治党是指加强制度在各级领导干部治理中的运用,这是对传统以法治吏思想的科学继承与创造性发展。同时,思想建党与制度治党相结合的主张摒弃了传统"德法并举"治吏范式的阶级局限性和规训性不足的弊端,推动了话语表达的时代化及"能指"建构的科学化。

最后,我们对传统"修身正己"观念进行传承和创新发展,提出了加强作风建设的主张。我国自古以来在官吏治理中就十分重视作风建设,特别重视对为官者的修养。古人认为,"修身正己"是一种高尚的个人修养,强调要通过"道心"克制"人心"。"修身"指提高自身涵养德性、陶冶身心,是有序治理国家的基础,"身不修则家不齐,家不齐则国不治,国不治则天下难以太平"。因此,儒家提出了"天下之本在国,国之本在家,家之本在身"的观点。在儒家看来,"君子之守,修其身而天下平。"这里说的"正己"是端正自己的言行,如此才能以身作则,成为他人的典范。可见,"修身正己"是我国古代为官者的基本修养。当然,传统"修身正己"思想强调的"自律"在今天仍然具有借鉴意义。坚持作风建设的主张正是继承并创新发展了传统"修身正己"观念中以"修身"为本的建设方法,延续了其严于律己、严于修身的核心思想,以及慎独、慎微的核心精神。同时,我国结合新时代党的作风建设,对传统"修身正己"思想的内涵和外延进行了丰富,并通过群众路线教育实践活动、"三严三实"专题教育、党史学习教育等教育形式实现对"修身正己"观念的传承和创新发展。

可见,新时代"全面从严治党"广泛吸收借鉴了传统吏治思想的积极因

素，并且更加强调全面、从严，而治理的"对象"也更为广泛。同时，"全面从严治党"的表述富有中国特色社会主义话语特色，也更能为当代人所接受和传播，进而在表达形式上实现了创新。此外，我国还就"全面从严治党"的必要性、实施战略、目标等进行了讨论，使得"全面从严治党"的思想内涵日趋丰富，并最终成为一个富有时代气息的创新性思想理念。

第三节 中华优秀传统文化在"五大发展理念"中的传承和创新发展

理念是行动的引导，党的十八大以来，我国从中国特色社会主义的基本国情和民族复兴伟大实践的要求出发，提出了创新、协调、绿色、开放、共享的五大发展理念。"五大发展理念"是我国在多年发展实践中获取的新知识、新经验，是根植于中华优秀传统文化沃土中发展出来的新思想，以时代性的表达形式、新的思想内涵为社会主义现代化建设服务。

一、传统维新观的传承和创新发展

创新为人类社会的不断发展和进步提供了源源不断的动力，是民族进步的灵魂，是一个国家兴旺发达的不竭源泉。历史和实践证明，中华民族具备创新精神的禀赋。我国古代思想家就颇具创新的思想，提出了诸多关于创新的观点或建议，如"苟日新，日日新，又日新""不日新者必日退"等，这些观点逐渐形成了传统维新观。几千年来，传统维新观激励着人们用于打破陈规旧习和束缚偏见，通过创新促进社会的发展。事实上，传统维新观对我国现代创新理念的产生也具有重要影响，"创新是引领发展的第一动力"即是在其基础上经过传承和创新发展最终形成的创新发展理念。

早在《诗经》中就有对创新的描写，"周虽旧邦，其命维新"，强调"维新"是"旧邦"的重要使命。"旧邦维新"体现了我国古代对"维新"的高度重视，表达了古代人民对求新、求变的追求。创新与人民生活和国家发展息息相关，落实创新、推动创新需要从国家层面进行推动。党的十八大以来，我国从传统"旧邦维新"思想中汲取思想精华，并通过传承和创新发展，提出了实施创新驱动发展战略的观点。这一观点创新发展了古代"维新"观念为"创新"，也将"旧邦"发展为现代性的"国家"，同时重点突出了创新的引领地位，实现了对"旧邦维新"意涵的拓展及话语形式的丰富。

我国古代从"维新"对社会发展巨大作用的实践中认识到了"维新"的重要性，因而发出了"不日新者必日退"的箴言，最初是用于劝谏人们努力学习，后来用于警示人们重视对"新"的追求，否则将会被时代淘汰。"日新"和"日退"之间存在辩证关系，"日新"意味着发展，"日退"代表了失去未来。今天，我们仍然肯定"日新"对促进历史发展的重要作用，同时创新性提出了"抓创新就是抓发展，谋创新就是谋未来"的观点，将创新视为引领历史发展的不竭动力，并强调要不断创新、持续创新。

我国古代思想家认为，"维新"是一项长久的事业，需要不断坚持，因此提出了"苟日新，日日新，又日新"的箴言，鼓励人们坚持创新。这一箴言既表明了"日新"需要持之以恒，不断坚持，还说明了"日新"是无止境的，应该将"日新"看成是一项恒久的事业。今天，我们仍然肯定这一箴言中"日新"是持久的、需要坚持的观点，并将"日新"创造性转化发展为"创新"，提出了要不断进行全方面的创新，构建创新社会风尚的观点。当然，无论是传统"日新"观念还是现代的创新精神，都旨在通过创新推动社会发展，通过创新发展促进中华民族伟大复兴中国梦的早日实现。

创新发展的理念不是单纯对"创新"和"发展"进行话语表达上的嫁接，而是基于传统维新观、日新观的传承和创新发展，延续了其思想内核和积极因素，结合时代背景和发展需求赋予其新的意涵和新的形式，使其能在当代重新焕发生机与活力，服务于新时代治国理政的需要。

二、传统"和合"理念的传承和创新发展

传统"和合"理念是中华民族在漫长的历史发展进程中逐渐形成的，是协调人际关系、人与社会关系、人与自然等关系的价值理念。"和"在中华传统文化中具有重要地位，是古代社会为人立世、谋事兴业的指导原则，《中庸》

有云"和也者,天下之达道也。""合"意为合作、融合,荀子认为,"合,群者也"。"和合"的理念具有丰富的思想内涵,主要表现为"中和""协和""贵和"等。我国通过对传统"和合"理念进行传承和创新发展,提出了协调发展的新理念。

首先,协调发展的理念是对传统"协和"思想的传承和创新发展。"协和"是"和合"理念的重要表现形式,《尚书》中记载"百姓昭明,协和万邦"。我国古代思想家认为,"协和"代表着和睦、融洽,是通力协和,有"上下交畅,然后万物协和,庶类获义"的说法。"协和"思想强调世间万物之和与力量之和,我们正是继承了"协和"思想这一深刻要义,提出了促进现代化各个环节、各个方面协调发展的主张,强调要在实现城乡协调发展,促进新型工业化、信息化、城镇化、农业现代化的同步发展,推动国家软实力和硬实力的协同发展。

其次,协调发展的理念是对传统"中和"思想的传承和创新发展。传统"和合"理念强调"中和""持中","中"则指"中庸"。儒家认为,"中庸之为德也,其至矣乎"。《中庸》也有记载,"喜怒哀乐之未发,谓之中;发而皆中节,谓之和。","中和"以中庸为追求,强调贵和尚中,要求人们能够掌握自己喜、怒、哀、乐等情欲,避免出现偏、倚的行为。新时代,我们科学地继承了"中和"思想中的精华,强调我国的发展应重点解决中的偏、倚问题,这要求我们在发展过程中既不能畏首畏尾陷入保守主义的窠臼,也不能陷入平均主义的思想极端,这也是我国协调发展理念对传统"中和"思想的超越。

最后,协调发展的理念是对传统"贵和"思想的传承和创新发展。我国古代将"和"视为一种崇高的精神追求和价值追求,因而奉行"以和为贵""以和为上"的思想和行事准则,逐渐形成了"贵和"的思想。儒家认为,"礼之用,和为贵。"这里所说的"贵和"就是传统"和合"理念的重要表征,主张万事万物和谐共生,避免"厚此薄彼,顾此失彼。"不协调的发展会造成不和谐的局面,"和"也就无从谈起。

新时代,我国结合时代特点和基本国情,将传统"和合"理念的思想融入协调发展理念之中,并赋予其新的时代内涵和话语表达形式,使其焕发生机,

能为当代社会发展提供智慧支持。协调发展全面建设小康社会的内在要求,是一种政治智慧。我国长期以来处于发展不平衡、不协调的状态,城乡之间、地区之间、行业之间的发展水平呈现明显差距,协调发展理念的提出为解决这一问题提供了思想指引。

三、传统生态发展观的传承和创新发展

人是自然孕育的产物,人的生存和发展都离不开自然,可以说,人与自然是相互依存的关系。我国古代思想家关于人与自然之间关系的讨论从未停止过,提出了许多深刻的见解,如"道法自然""万物一体""仁民而爱物""万物并育""用之有节"等观点,这些观点逐渐形成了我国传统生态发展观,为古代人民正确看待自然、认识自然提供了思想指导,也为人们正确处理人与自然的关系提供了思想启示。在今天,我国从生态环境保护的严峻现实出发,对传统生态发展观进行传承和创新发展,提出了绿色发展的新理念。绿色发展,要求我们必须以节约自然资源、保护生态环境的基本国策,走可持续发展道路,坚持生态良好的文明发展,建设资源节约型、环境友好型社会,构建人与自然和谐发展的社会主义现代化建设新格局。由此可见,绿色发展理念的实质要义是要实现人与自然和谐共生,核心主张是尊重自然、保护自然、顺应自然。

首先,绿色发展要求我们要尊重自然,这也是对传统生态发展观中"万物一体"思想内涵的时代性延续。在看待自然的问题上,我国古代思想家并不认为自然是能够任人宰割的对象,而是认为自然是与人地位同等的事物,即"万物一体"。在古代思想家看来,人与自然是相互依存的关系,主张人与自然和谐共生,万物与人同等高贵,"仁者以天地万物为一体"。王阳明则对"万物一体"做进一步解释,提出"风、雨、露、雷、日、月、星、辰、禽、兽、草、木、山、川、土、石,与人原只一体"的看法。可见,我国古代"万物一体"的思想赋予了自然以人格,从而引导人们尊重自然。今天,我国根据这一思想内涵提出了绿色发展的理念,延续了"万物一体"思想尊重自然的精神,充分肯定了人与自然本为一体的观点,并对的"一体"的内涵进行了创造性发展,提出了人与自然共生共存的主张,从传统的尊重自然升华到人与自然命运

共生的高度。显然，绿色发展的理念不仅强调了人与自然的相互依存的关系，还主张应站在促进人的全面发展的角度来科学地看待人与自然的关系，以及对待自然的方式。这一理念赋予了"一体"更高的内涵，对其进行了"命运共同体"的指认。

其次，绿色发展要求我们要保护自然，这也是对传统生态发展观中"量入为出"思想的创新发展。我国古代倡导"节用"，在物质资源利用上提出了"量入为出"的主张，"地力之生物有大数，人力之成物有大限，取之有度，用之有节，则常足；取之无度，用之无节，则常不足。生物之丰败由天，用物之多少由人，是以圣王立程，量入为出。"量入为出的主张一方面要求人们对自然的索取要适度，不能"竭泽而渔""杀鸡取卵"；另一方面，强调对物质资源的使用要有节制，"钓而不纲，弋不射宿"，不能肆意滥捕滥杀。量入为出的思想是一种尊重自然、保护自然的主张，使自然资源不会因人们的过度索取而枯竭。绿色发展的理念正是科学地继承了"量入为出"思想所蕴含的这一观点，提出合理利用自然资源、节约资源的要求。绿色发展的理念要求，我们要以保护和节约优先，以自然恢复为主，构建资源节约型、环境友好型社会；同时，要促进产业结构、生产方式、生活方式的调整，降低对自然资源的消耗和环境污染。除此之外，保护自然要求坚持可持续发展观，坚持资源节约和环境保护基本国策，最终实现人与自然的和谐发展。

最后，绿色发展要求我们要顺应自然，这也是对传统生态发展观中"道法自然"思想的创新发展。尊重自然要求我们要顺应自然，而不是违背自然规律，对自然肆意掠夺，违背自然规律。"道法自然"就是要求世间万物的运行都应需遵循自然规律，"人法地，地法天，天法道，道法自然"。儒家认为，"道法自然"即万物并育，"万物并育而不相害，道并行而不相悖，小德川流，大德敦化，此天地之所以为大也"。顺应自然就是"道法自然"的根本要求，遵循自然规律，不肆意破坏自然，不挑战自然。绿色发展理念的提出是对"顺应自然"思想的传承发展，从"道法自然"阐述的人与自然和谐共处的关系中探索顺应自然的方法，提出要科学合理地开发自然，"物尽其用，地尽其力"。综上所述，绿色发展的理念是新时代加强生态文明建设的必然要求，是对传统生态发展观的传承和创新发展，是对其核心思想的科学性继承和时代化发展，并在话语表达形式上的时代化创新。

四、传统开放观的传承和创新发展

国家并不是孤立存在的，是需要与其他国家建立联系的，只有与其他国家开放合作，相互交流、相互学习借鉴才能不断发展，否则只能固步自封。特别是新时期，面对百年未有之大变局，全球化、一体化浪潮不断，国与国之间的交往越来越密切，开放发展是全球化背景下国家的必然选择。那种无视全球化趋势，实行贸易保护、封闭锁国的政策，违背了全球化的趋势，这种典型的"闭关主义"将自己囚困在自我封闭的牢笼中，显然是没有广大前途可言的。古代中国就已经深刻意识到国家开放的重要性，注重与周边民族、国家的交往，提出了"百货不通、生民日蹙""内守国财而外因天下""招徕远人，阜通货贿"等观点，逐渐形成了一些列互利互惠、精诚合作的传统开放观，为我国古代对外贸易、文化交流等提供了重要的思想指导。正因如此，才有了万里驼铃万里波的丝绸之路，有了多民族、多文化交相辉映的盛唐气象。我国通过对传统开放观进行传承和创新发展，提出了开放发展、人类命运共同体的新理念。开放发展就是在互利共赢的原则上实现更高层次的开放，积极参与全球经济发展和公共产品供给，建立利益共同体，实现共建共赢。开放发展的理念是对传统开放观思想内涵的丰富，同时赋予其新的语义表达形式，促进了传统开放观的当代新生。

尽管我国封建社会曾经有一段时期实行闭关锁国的政策，但我国仍然是古代时期开放时间最长、规模最大的国家。我国古代开放的目的是通过对外贸易往来促进经济发展，最终实现国富民强、社会繁荣发展的目的。我国古代在对外开放的过程中能够很好地平衡"义"与"利"之间的关系，提出了"义利"原则。这一原则一方面体现在"开放"的目的上，即对"利"的追求。我国古代社会的开放观并不会回避对"利"获取，并且，国家为了推动贸易往来会设置专门的对外机构，如秦代的典客、唐代的市舶使、宋代的市舶司、明代的会同馆和督饷馆等；其次，我国在开放的价值上崇尚"义"。中华民族自古就有尚"义"轻"利"的文化传统，主张"义利相兼"，但往往"舍利取义"。因此在开放过程中，为了构建睦邻友好的国际关系，传达友善，常高扬道义而不

第六章　新时代中华优秀传统文化传承与创新发展的生动实践

惜让利，甚至不计较利益得失。传统义利原则在促进我国古代贸易发展、增进国家交往过程中发挥了巨大作用，但从公平性、可持续性、平等性等层面来看，却存在一定弊端。我国古代的对外开放从实际来看是一种以自我为中心的开放，是片面的、相对的开放，只敞开了自己的大门允许其他国家走进来，却并没有自己人民的走出去。新时代，我国对传统开放观进行了传承和创新发展，提出了互利共赢的开放战略，以开放发展、互利共赢为价值追求，主张"义"，主张"义利相兼"。互利共赢的开放发展延续了传统开放观对"利"的追求，但既不会轻视"利"，也不会丢弃"义"。同时，摒弃了传统开放观片面的、相对的、以自我为中心的开放，而是强调了"互利"，凸显开放的公平、公正、平等，只有这样的开放才是可持续的，才能实现"共赢"。

我国古代大多数时期都是包容开放的，这种开放既包括与其他国家在贸易上的互通有无，也包括在思想、文化、技术等方面的交流与学习，并且这种开放并不是单向的，是双向输出的，但绝大多数时期都以我国对外输出为主。在对外贸易方面，我国有丝绸、茶叶、陶瓷、铁器、布匹等"畅销"且独特的商品，主要进口的是玉石、马匹、香料等。受社会发展水平影响，古代的开放是一种低层次的开放，主要目的在于贸易通商，促进经济发展。而新时期我国的开放是一种高层次的开放，是对传统开放观的科学继承和创新发展，既保留了传统开放观的商贸互通，还创新赋予了全面开放、双向开放的深化内涵。新时代，我们要坚持高水平、高层次的开放，发展开放性经济，积极参与全球经济发展，建立面向全球多领域、多层次、全方位的开放格局。同时，要形成双向开放，形成海内外、东西向的开放格局。可见，新时代的开放发展中的"开放"相比于传统开放观具备更加广阔的格局和内涵，指涉多重语义，涉及到全球治理的参与及公共产品的供给，这是在传统开放观的基础上对"开放"进行的一种创新性发展。

我国古代的开放相较于今天是一种低质量、浅层次的开放，但我们依然能从其中看到鲜明的协同精神。"协同"，《说文解字》对其概念的解释是"协，众之同和也。同，合会也。"传统协同精神的影响深远，始终影响着我国古代开放历程，促进了中华民族与其他民族的友好交流和发展。无论是传统的协同精神，还是今天倡导的协同精神，初衷都是相同的，即求"利"。今天我们倡导的"走出去"和"走进来",都是为了互通有无、货通四海。我国古代主动的对外交流,如顺着"丝路"西行、郑和七次下西洋,都是为了互通有无,进行对外交流,"天下熙熙,皆为利来;天下壤壤,皆为利往"。在此过程中,都有协同精神的思想支撑。我国古代的开放通过货物的往来推动了经济和社会的发展,也使中华民族与其他民族建立了友好的商贸往来关系,形成了关系密切依存的经济"协同体"。新时代,我国继承并创新发展了传统开放观的协同精神,提出了人类命运共同体的观点,通过开放发展的方式建立中国与其他国家共同的利益纽带,实现共同发展。人类命运共同体的观点是对协同精神内涵的延续和丰富,它继承了协同精神中的协同意识,摒弃了其中唯利是图、因"利"而"协"的时代糟粕,丰富了"利益"的意涵,使其更富时代气息,更能实现对当代"开放"的话语表达。

"开放"是我国自古以来就具备的民族特色,也是建设中华民族现代文明的必然要求。新时代,我国不仅延续了传统开放观中的思想内涵和积极因素,并通过传承和创新发展提出了开放发展的新理念。一方面,开放发展理念的提出是对传统开放观核心的思想与积极因素的继承;另一方面,开放发展的理念赋予传统开放观新的时代内涵和话语表达形式,实现了传统开放观的时代化发展。当然,开放发展的新理念还需要一个不断健全完善的过程,在这个过程中需要扎根于中华优秀传统文化的沃土中汲取文化精髓,再通过传承和创新发展为新时代中国特色社会主义建设贡献力量。

五、传统"天下为公"思想的传承和创新发展

"天下为公"是我国古代先贤十分推崇的政治理想,也是几千年来中华民族矢志不渝的社会追求,"大道之行也,天下为公",主张天下应该是天下人共有的,因而天下事也应为天下人共谋之,进而形成了天下大事应为己任的担当和情怀。"为公"要求人们抛却私利,"忠者,中也,至公无私"。"天下为公"的理念体现了朴素的民本思想,以恤民、爱民、利民、为民为高尚情操。孙中山认为,"天下为公"就是民有、民治、民享的社会状态,这里他对"民"的认识相比于古代"民"的范畴更加广泛。新时代,我国从社会现状出发,根据当代社会分配问题的实际情况科学地继承了传统"天下为公"思想,

提出了共享发展的新理念。共享发展的内涵更加深刻,包括全民共享、全面共享、共建共享以及渐进共享。坚持共享发展,就是要坚持发展为了人民,发展依靠人民,发展成果由人民共享,使全体人民都能在共建共享的发展中产生更多的参与感和获得感,携手创造共同富裕的美好生活。

新时代,我国对传统"民有"观进行了传承和创新发展,提出了全民共享和全面共享的理念。全民共享和全面共享强调一切发展都是为了人民,所有发展成果都应由全体人民共享。从覆盖范围来看,全民共享体现了共建共享,指面向全体人民;从内容来看,全面共享体现了所有的发展成果都要与全体人民共享,全面保障人民的合法权益。可见,全民共享和全面共享的理念重点强调的是民享。全民共享和全面共享的理念科学地继承了传统"民有"观,延续了其天下"共有"的主张,并对面向对象和覆盖范围进行了创新和发展。一方面,消除了"民"的阶级色彩,取而代之的是拥有自由意志的"人民",并使其成为"共有"的主体;另一方面,进一步明确和细化了"民有"的内容,即包括政治、经济、社会、文化等各个方面的共有。这种传承和创新发展拓展了"民有"观的思想内涵,摒弃了不合时宜的阶级色彩,使其通过创新时代话语表达形式服务于新时代。

新时代,我国对传统"使民"观进行了传承和创新发展,提出了共建共享和渐进共享的理念。共建共享即要汇聚民众智慧,最大限度地激发人民群众的力量;渐进共享说明共享发展并不是一蹴而就的,而是需要一个从低级到高级逐渐发展的过程。共建共享和渐进共享都重点强调了"建"的意义,这体现出了传统"使民"观中"用民"的理念,"天下为天下人之天下,自然由天下人所谋之"。因此,儒家在提倡"民本"的同时还倡导要善于"使民""用民","节用而爱人,使民以时。"共建共享和渐进共享的理念摒弃了传统"使民"理念中劳民的落后因素,延续了其全民共谋天下的思想精华,并对其进行了传承和创新发展,升华了"民"的本质,从而使其所蕴含的思想精华为社会主义现代化建设服务。

新时代,我国对传统"富民"观进行了传承和创新发展,从共同富裕、人民获得感等角度诠释共享发展的理念,指出要使广大人民群众在共享发展过程中产生更多的获得感,努力向共同富裕的目标前进。这一观点就是科学地继承了传统"富民"观,延续了其恤民、惠民、利民、益民的精神。共享发展的理念重点突出了共同富裕和获得感就是借鉴了传统重民、利民的思想,并通过创新发展,赋予其时代气息,将传统"富民"观转化为共同富裕,强调要实现全人民的共同富裕,扩大了"富民"的覆盖范围,也阐明了"富民"的实质,并对"富民"观进行时代变迁和扩充,充分发挥其应有的价值和作用。

第四节 中华优秀传统文化在"构建人类命运共同体"中的传承和创新发展

人类都生存在同一个地球上,可以说地球命运与各国命运休戚与共,一荣俱荣、一损俱损。特别是进入 21 世纪以来,全球化已成趋势,世界各国往来和交流频繁,各国利益交错融合,彼此相互依存,你中有我,我中有你,各国发展与命运联系更加紧密。因此,我国提出了构建人类命运共同体的重要理念。构建人类命运共同体的观念拥有丰富深刻的内涵,其核心思想是构建一个普遍安全、持久和平、开放包容、共同繁荣、开放包容、清洁美丽的人类家园。构建人类命运共同体的观念有深厚的文化根源,它根植于中华优秀传统文化,并对其思想精华进行传承和创新发展。我国古代思想家很早就提出了"天下大同""天下一家"的美好构想,并提出了"海纳百川""休戚与共""天下太平"等思想或观点。新时期我国对传统的和平观、安全观、义利观、包容观、生态智慧观等观念进行传承和创新发展,为构建人类命运共同体观念的提出提供了重要的思想指导。

一、传统和平观的传承和创新发展

我国自古就是一个追求和平的国家,古代思想家们留下了"天下太平""协和万邦""国虽大,好战必亡"等诸多追求和平的宣言,逐渐形成了具有中华民族特色的传统和平观。几千年来,和平观已经融入中华民族的血脉中,刻入每个中国人的基因里。新时期，我国继承了传统和平观，并对其进行了传承和创新发展，提出了建设持久和平世界的观念，进一步丰富了构建人类命运共同体这一理念的内涵。

我国自古就有止戈避战的思想和观点，如"国虽大，好战必亡"，用于警示人们喜好战争、四处征伐最终只能走向灭亡；"化干戈为玉帛"强调要停止战争，修复关系才能创造美好未来。要构建一个持久和平的世界，首先平息战乱，消除地区冲突和纷争，否则和平只是纸上谈兵。建设持久和平世界的观念正是对上述观点的科学性继承，并赋予其时代特点，进行传承和创新发展，指导当代和平事业的建设。

我国古代奉行"讲信修睦""协和万邦"的对外交往原则。"协和万邦"指国与国之间和谐相处，共建太平盛世；"讲信修睦"意为国与国之间的交往应讲究信用，和谐相处。这些重信守诺、和平相处的思想形成了我国传统传统和平思想。新时代，我国继承了这一传统思想，并进行传承和创新发展，提出了建设对话不对抗、结伴不结盟的伙伴关系的倡议。通过"对话"消除误解，为创造和平的环境提供了可能，而"对抗"往往让冲突升级，最终滑向战争；"结伴"表明要构建友好的国际关系，在共建美好世界过程中齐心协力，而"结盟"容易形成"小团体"，容易走上霸权主义的道路。可见，在看待国际关系上，我国奉行以精诚协作的"伙伴"相待，信守承诺，树立修睦的恒心，从而促进世界和平。这是新时代我国对"协和万邦""讲信修睦"等思想理念的科学性继承，并赋予它们的时代的内涵，使其焕发活力，能够在当代国际关系交往中提供思想指导。

我国自古以来就倡导"亲仁善邻""四海一家"等睦邻友好的理念。"四海一家"意为天下各国间交往应像兄弟一样，相互平等、相互尊重，亲如一家，即"四海之内皆为兄弟"，这一思想体现出朴素的博爱观。"亲仁善邻"不仅是我国古代人际交往的重要原则，也是国际交往的基本原则。"亲仁善邻""四海一家"等传统思想观念体现的仁爱相待、和平相处的国际交往原则在今天国际交往中也同样具有重要指导意义。我国着眼于当今国际社会现状，对这些思想进行传承和创新发展，提出了不搞强权、不搞霸权的国际交往观念。这一观念不仅延续了"亲仁善邻""四海一家"等传统思想的精髓，而且通过新的话语表达形式、新的话语诠释，给世人以启迪。

和平、和睦、和谐是中华民族5000多年一直追求和传承的理念，中华民族热爱和平、追求和平、维护和平的理念已经深深扎根于血脉基因之中。传统和平观的思想核心与和平精神几千年来深刻地影响中华民族，每一代人都为和平事业不懈努力。和平十分珍贵，只有和平年代，国才能真正称为国，家才能真正称为家，社会才能不断发展和进步，才能实现人的自由全面的发展。可见，和平是发展的基础，是发展的保障，是实现中华民族伟大复兴中国梦的前提。新时代，在构建人类命运共同体的过程中，我们应坚守平和发展的理念，并从传统和平观中汲取思想精华，并通过传承与创新发展，使这些熠熠生辉的和平理念与精神能够继续发扬光大，能成为一种普遍的价值原则为世界人民所接受。

二、传统安全观的传承和创新性发展

普遍性安全是建设和平世界的保障。我国自古就十分反对战争、冲突、纷争，因而提出了如"止戈兴仁""铸剑为犁""铸甲销戈"等观点，倡导建立和谐、和平的关系，这些观点逐渐形成了我国古代以"兼爱非攻""止戈为武""休戚与共"等为核心思想的传统安全观。新时代，我国对传统安全观进行了传承和创新性发展，提出了建设一个普遍安全的世界的倡议，从安全的视角深化了共建人类命运共同体的思想。

我国自古就有天下"一家之人"的情怀，因而提出了"休戚与共"的观点，认为无论是人与人还是国与国之间都是利害相关的关系，共生共存、命运相连。进入21世纪以来，全球化已成大势所趋，国与国再也不是相互隔离的孤岛，而是交往越来越频繁、联系越来越紧密的、命运休戚与共的共同体。新时代，我国对传统"休戚与共"的思想理念进行了科学继承，提出了建设普遍安全的世界的主张。"普遍安全"是一种广泛性语指，强调各国的安全不能建立在威胁别国、牺牲别国的利益、破坏别国安全的基础上，充分延续了古代"休戚与共"的思想内涵。同时，我国倡导各国之间建立互帮互助的关系，凸显了大国的责任意识与担当意识，这是对"休戚与共"思想的进一步丰富。

墨家曾提出"兼爱非攻"的思想，倡导通过宣扬博爱、非攻的精神与主张实现道德教化作用，促使人们避免冲突和战争，寻求天下太平。"非攻"要求人们不要通过战争和冲突的方式解决问题；"兼爱"要求"大不攻小也，强不侮弱也，众不贼寡也，诈不欺愚也，贵不傲贱也，富不骄贫也，壮不夺老也。是以天下之庶国，莫以水火、毒药、兵刃以相害也"。"非攻"是"兼爱"的前提，"兼爱"为"非攻"提供精神支持。"兼爱非攻"包含反战、止战的思想，希望通过道德感化促使人们建立互爱互利的关系，最终建立一个"天下兼相爱则治，交相恶则乱"的世界。新时代，我国传承墨家"兼爱非攻"思想中的博爱精神和反战主张，并对其进行创新发展，为建设普遍安全的世界注入正能量。

要建设普遍安全的世界仅靠一个或几个大国是无法完成的，需要各国齐心协力才能实现这一美好畅想。我国古代提出的"同心勠力"的观念即强调汇聚力量的重要性，认为"二人同心，其利断金""单则易折，众则难摧"。"同心勠力"的前提是能够遵从某一共识，以合作为保障和桥梁，在当代国际安全方面表现为世界各国同心协力，共同建设并维护普遍安全的世界环境。在此意义上，我国对"同心勠力"思想的"聚力"理念进行了传承与创新发展，提出了以共同、综合、合作、可持续为核心要素的全球安全观，强调普遍安全的世界环境需要世界各国共同努力、共同创造，同时创造性地提出了可持续安全的理念，实现了对传统"同心勠力"思想的创新发展，从而使其能为促进全球安全治理和共同应对全球性挑战提供了必要的思想指引。

三、传统义利观的传承和创新性发展

社会安定、生活富足是每个人的对美好生活的憧憬，这也是构建人类命运共同体的重要意义之一。建设一个普遍安全、共同繁荣的世界不仅是中国对世界的美好追求，也应是全人类社会发展的目标和努力方向。要实现这一目标，各国要坚持合作共赢的基本前提，紧紧围绕繁荣发展的目标共同努力。这一观点也是我国对传统义利观的传承和创新发展。我国古代思想家在关于利益和道义的关系解读上做出了大量的思考，逐渐形成了以"义利相兼""义在利先""以义得利"等为核心的传统义利观念。今天，我国着眼于世界发展现状

和趋势对传统义利观念进行传承和创新发展，为世界各国在平衡自身利益和全球利益的关系上提供了宝贵的思想指导。

我国传统义利观认为，"义"为"利"先，因此，在面对义利选择时往往要求人们"重义轻利""舍利忘义"。故而那些"轻义重利""见利忘义"的行为会被人们唾弃。新时代，我国对"见利忘义"的警示进行创造性发展，提出了反对贸易保护主义的观念，倡导各国不要实行"损人不利己"的贸易保护主义，这样做只能是画地为牢，对自己国家的经济发展同样造成阻碍，将自己孤立与世界之外。反对贸易保护主义的观念是对"见利忘义"思想的反思，并对这种反思进行了时代性拓展，为当代国际贸易提供思想指导，建设合作共赢的国际关系。

我国古代并不排斥对"利"的追求，主张"君子爱财，取之有道"，强调"以义求利"，认为"先义而后利者荣，先利而后义者辱"。"以义求利"并不是说为"义"而"利"，而是在面对义利的选择时能突出"义"的优先性。肯定对"利"的追求合乎人的本性，"富而可求也，虽执鞭之士，吾亦为之"，传统义利观倡导通过"义"来求"利"，换言之，"利"的获得应符合"义"的要求，不能背"义"取"利"。新时代，我国科学地继承了"以义求利"的思想，突出了"义"的优先性，提出了互利共赢的合作原则；同时也肯定了对"利"的追求，提出了促进世界各国共同繁荣发展的理念。可见，我国从"以义求利"的观念中科学地继承了其思想精华，并结合时代的特点，进行了时代化语义表达和拓展，从而使其能为当代国际社会建立提供思想指导。

"义利相合"是我国古代思想家对价值追求描写的理想状态，新时代，我国对传统"义利相合"的观念进行传承和时代化拓展，倡导正确的义利观，强调在国际交往中不搞大国强权，践行平等相待的原则，并创造性提出了努力实现公平公正的观念，实现对传统"义利相合"观念的鲜活诠释。全球化发展已成必然趋势，各国发展不平衡、不充分的问题日益凸显，新的数字鸿沟正在形成。因此，经济发达国家应秉持"义利相合"的原则，关注经济落后国家的发展和帮扶，尽力解决发展不平衡、不充分的问题，努力实现公平公正，体现出大国担当。新时代，我国对传统"义利相合"的引申及运用，丰富了其话语表达形式，拓宽了其外延，使其能为当代世界和谐、可持续发展提供思想指导。

四、传统包容观的传承和创新性发展

在人类历史的漫长进程中，世界各民族创造了具有自身特点和标识的文明，不同文明各有千秋、各具姿容，每一种文明都彰显着思想之美、生活之美、创造之美，每一种文明都有其独特意蕴，都是人类的精神瑰宝。文明是多样的，正因如此世界才丰富多彩。在看待文明多样性的问题上，我国古代思想家提出了"兼收并蓄""海纳百川""万物并育"等开放包容的思想和观念，直到今天，这些思想和观念仍然能为世界文明间的相互交流与学习、世界文明的包容发展提供宝贵的经验。我国通过对传统包容观念进行传承和创新发展，提出了建设开放包容的世界的观点，进一步丰富了人类命运共同体的意涵，为创造自由、平等、美好的世界奠定了理论基础。

在人类发展过程中，由于地域、民族、国情、信仰、发展水平等存在巨大差异，逐渐行了各具特色的文明。我国古代思想家认为，"万物并育而不相害，道并行而不相悖"。"万物并育"就是我国古代思想家看待文明多样性的基本原则，只有认识到这一点，才能推动世界文明多元化、多样化发展。新时代，我国对传统"万物并育"思想进行科学性继承，提出了建设丰富多彩的世界文明的理念。尊重文明的多样性，肯定其他文明的价值，破除了西方文化中心主义宣扬的人类文明单一论的偏颇论调。"并育"强调不同文明和谐相处、共同生长。新时代，我国通过对"万物并育"思想的传承和创新发展，为人类文明多样性的科学认识提供了指导。

人类文明是多样的，不同文明之间存在巨大差异，正是这种差异使一种文明能明显区别于其他文明，也是其在世界文明中焕发自己独特风采的根源。关于如何对待文明的差异性，我国古代思想家提出了"海纳百川"的观念。"海纳百川"体现出对世间万物尊重、包容的思想，不但能接受"同"，也能肯定"异"。新时代，我国继承并创新发展"兼收并蓄"的理念，并结合时代发展，提出了尊重文化差异性的观点。每个文明都是各具特色、多姿多彩的，并没有谁优谁劣的说法，只有特色之别。文明差异不应该成为造成冲突的根源，

而应该是促进人类文明发展的动力。

不同文明之间并不是只有相互斗争、排挤、冲突、挑战等紧张关系，还有相互交流、学习、借鉴、促进等和谐关系，在和谐对话、友好交流中实现共同进步、共同发展。我国古代思想家提出的"兼收并蓄"的观念能为当代文明关系建立提供思想启发。"兼收并蓄"体现出了一种朴素的包容精神，主张不同思想、不同观念之间可以通过相互交流和借鉴，形成和谐共处的关系。新时代，我国继承并创新发展了传统"兼收并蓄"观念，提出了不同文明要取长补短的观点。只有相互学习才能实现共同进步，才能让不同文化之间的交流成为促进人类文明发展、社会进步的动力和纽带。文明没有高低贵贱之分，而是各有所长、各具特色的，因而各文明可以在其他文明中汲取其积极因素丰富自身，这正是传统"兼收并蓄"观念的时代化延伸，为各文明之间良好关系的建立提供了科学的思想指导。

五、传统生态智慧的传承和创新性发展

人类是自然的一部分，是无法脱离于自然之外的，人类因自然的馈赠而不断发展，自然也可以通过人类的保护实现可持续发展。在处理人与自然的关系上，我国古代思想家提出了"取之以时""民胞物与""天人合一"等观点，逐渐形成了传统生态智慧观，直到今天仍然能为维护生态平衡、建设美丽世界提供宝贵的思想指导。我国对传统生态智慧的思想进行了科学性继承和创新性发展，提出了发展绿色低碳，建设清洁、美丽世界的主张，为构建人类命运共同体指出了一条绿色生态路径。

在看待人与自然关系上，我国古代思想家提出了"天人合一"的观点，认为人与自然是共存共生的关系，一荣俱荣、一损俱损。这种观点强调人和自然是"物我为一"的平等关系，而不是征服与被征服的关系。新时代，对"天人合一"的观点进行了科学继承和创新发展，提出了人与自然共生共存的观点，并延伸出建设环境友好型社会的观点。无论是人与自然共生共存还是建设环境友好型社会的观点，都是对"天人合一"观点的肯定和时代化发展，将人与自然看做是命运相连的共同体，伤害自然就是伤害人类自己。

第六章　新时代中华优秀传统文化传承与创新发展的生动实践

我国古代思想家还提出了"仁民爱物"的观念。"仁民爱物"是"天人合一"思想的重要体现，肯定了人与万物同生同源的观点。要如何才能做到"仁民爱物"呢？张载认为"民吾同胞，物吾与也"，即要像手足亲人一般相亲相爱，体现出其朴素的博爱观。新时代，我国延续了"仁民爱物"的思想精华，提出了要像保护眼睛一样保护生态环境，像对待生命一样对待生态环境的观点。这一观点体现出我国对"仁民爱物"思想中博爱精神的继承与延续，倡导人们要爱护自然、保护生态，不能用破坏性方式搞发展，要为子孙后代造福。同时，对"仁民"进行了丰富和拓展，转化为更具广泛意义的"每个人"，这是对"仁民爱物"观念的丰富，扩大了其内涵与外延，使"仁民爱物"观念能够更好指导当代美丽世界的建设。

在保护自然的具体做法上，我国吸收借鉴了传统"取之以时"思想，提出了让自然生态休养生息的科学理念。自然有其运行的客观规律，自然不是人类任意掠夺、破坏的对象，自然资源也不是取之不尽、用之不竭，我们要尊重自然的客观规律，让自然有休养生息的时间。对此，我国古代思想家早有认识，如荀子认为"草木荣华滋硕之时则斧斤不入山林，不夭其生，不绝其长也；鼋鼍、鱼鳖、鳅鳣孕别之时，罔罟毒药不入泽，不夭其生，不绝其长也"；管子提出了"修火宪，敬山泽林薮积草；夫财之所出，以时禁发焉"的观点。在古人看来，如果无法做到"取之以时""以时禁发"，那么就是"为人君而不能谨守其山林、菹泽、草莱，不可以立为天下王"。由此可见，我国古代就已经产生了保护自然、让自然休养生息的认识，体悟到"以时禁发"的哲理。"取之以时"尊重了自然的客观规律，满足了自然的休养需求，是对"天育物有时，地生财有限"的客观认识。这些思想和观点在今天仍然具有十分重要的现实意义。在"取之以时"观念的启迪下，我国提出了"让自然生态休养生息"的理念，同时对其进行创新发展，引申出低碳、绿色、可持续的发展理念，实现了对"取之以时"思想的新发展。

理论是实践的指导，实践能够促进理论的发展。在传承和弘扬中华优秀传统文化过程中，我们结合时代特点、基本国情、国际情况对中华优秀传统文化中的思想精华进行传承和创新发展，用新时代话语和新的表达形式对这些优秀传统思想进行理论阐发，既为新时代中华优秀传统文化如何传承与发展指明了

· 209 ·

出路，也为国家建设、国际关系建立等时代难题的解决提供了思路。中华优秀传统文化在治国理政中的生动实践也为我们进一步探索其传承与发展树立了良好的示范。中华优秀传统文化传承和创新发展的生动实践是一个从点到面、逐步扩大示范效应范围的过程。同时，随着弘扬中华优秀传统文化的呼声越来越高涨，对中华优秀传统文化的传承和创新发展的实践势必会越来越广泛、越来越深入。通过实践验证理论、创新理论，随着实践的广泛开展势必会推动理论的发展和升华。

参考文献

[1] 李先明，成积春.中华优秀传统文化传承体系的构建：理论、实践与路径[J].南京社会科学，2016（11）：8.

[2] 张小平.论十八大以来中华优秀传统文化传承理论的新发展[J].学术论坛，2017，40（2）：8.

[3] 冀晓萍.将中华优秀传统文化传承贯穿国民教育始终[J].人民教育，2017：27-27.

[4] 崔乐泉，孙喜和.中华优秀传统体育文化传承发展的理论与实践——《关于实施中华优秀传统文化传承发展工程的意见》解读[J].北京体育大学学报，2018，41（1）：7.

[5] 颜世元.自觉传承优秀传统文化中的道德理念大力弘扬社会主义核心价值观[J].东岳论丛，2014（06）：7.

[6] 王浩.原创文化类节目与优秀传统文化的传承[J].青年记者，2017（32）：111.

[7] 杨九龙贺秉花尹莉.中华优秀传统文化传承发展：渭南鼎礼文化的弘扬创新[J].图书馆论坛，2022，42（9）：9-14.

[8] 秦惠民，吕萍.不断增强中华优秀传统文化的生命力和影响力——创新大学教育传播机制推动中华传统文化传承[J].中国高等教育，2018（7）：4.

[9] 王威峰李红革.以系统观念推动中华优秀传统文化传承创新[J].人民论坛，2022（5）：123-125.

[10] 戴妍，陈佳薇."一带一路"建设背景下中华优秀传统文化传承场域的教育重构[J].教育理论与实践，2020，40（10）：6.

[11] 张奎.中华优秀传统文化传承利用视角下短视频产业创新发展路径探析

[J]．出版发行研究，2020（5）：8．

[12] 丁岚，戚兵．多策并举助力中华优秀传统文化传承［J］．中国教育学刊，2019（1）：1．

[13] 陈莉．文化认同：中华优秀传统文化传承和发展的内在动力［J］．山东社会科学，2020（7）：6．

[14] 王梅琳，李安增．中华优秀传统文化传承中的青年责任［J］．广西社会科学，2019（4）：5．

[15] 张永奇．中华优秀传统文化传承发展机制的构建：价值，内容与策略［J］．马克思主义研究，2017（12）：8．

[16] 曹玉双．寻找三个"点"助力中华优秀传统文化传承与发展［J］．人民教育，2019（8）：1．

[17] 高玉敏，纪芬叶．文化自信背景下中华优秀传统文化传承路径研究［J］．四川戏剧，2018（2）：3．

[18] 李仙娥，孙坤明．社会主义核心价值体系对中华优秀传统文化的传承［J］．学校党建与思想教育，2008（11）：2．

[19] 万俊人．如何传承中华优秀传统文化精神［J］．中国国家博物馆馆刊，2015（12）：5．

[20] 崔华前．优秀传统文化传承的马克思主义向度［J］．中国高校社会科学，2010（007）：54-57．

[21] 宋伟，张德祥．坚定文化自信传承优秀传统文化［J］．中国高等教育，2017（7）：2．

[22] 赵景欣，彭耀光，张文新．中华优秀传统文化传承与学生发展核心素养研究［J］．中国教育学刊，2016．

[23] 张磊，张苹．论中华优秀传统文化的传承、转化与历史科学的发展［J］．华南师范大学学报：社会科学版，2017（5）：4．

[24] 王新刚．中华优秀传统文化"传承发展体系"建设初探［J］．思想理论教育导刊，2017（12）：5．

[25] 祁庆富．贯彻《非遗法》传承中华民族优秀传统文化［J］．西北民族研究，2011．

[26] 李楠，王懂礼. 国家意识形态安全视域下中华优秀传统文化的传承和弘扬［J］. 思想理论教育导刊，2019（4）：5.

[27] 韩美群. 新时代传承与发展中华优秀传统文化的方法论探析［J］. 马克思主义与现实，2020（5）：6.

[28] 毛峻凌. 中华优秀传统文化的传承与国家话语的对外传播［J］. 广西社会科学，2019（9）：4.

[29] 张文玲."五学并举"传承中华优秀传统文化［J］. 人民教育，2022（6）：2.

[30] 雷世威. 中华优秀传统文化的思政教育创新传承［J］. 中学政治教学参考，2022（20）：1.

[31] 王启涛. 从哲学，史学，文献学角度全面整理，研究与传承中华优秀传统文化［J］. 西南民族大学学报：人文社会科学版，2022，43（12）：10.

[32] 张磊. 新媒体语境下中华优秀传统文化的传承与发展［J］. 新闻爱好者，2022（12）：110-111.

[33] 储峰，赵聪聪. 习近平新时代中国特色社会主义思想对中华优秀传统文化的传承与发展探析［J］. 毛泽东思想研究，2019（5）：10.

[34] 董成雄. 中华优秀传统文化的历史诠释与现代传承［J］. 西安交通大学学报：社会科学版，2018（4）：8.

[35] 吴胜林，陈洁. 从优秀的中华传统文化中探索和谐发展的本源实践——读《传承与复兴实践——社会主义核心价值观的中华传统文化解读》［J］. 出版广角，2016（19）：2.

[36] 孙占元. 中国共产党对中华优秀传统文化的传承和创新发展［J］. 山东社会科学，2023：5-12.

[37] 张静，马超. 论习近平人类命运共同体思想对中华传统文化的传承与超越［J］. 学术论坛，2017，40（4）：6.

[38] 米华. 传播学视域下优秀传统文化的传承体系［J］. 青年记者，2018（17）：2.

[39] 侯才. 大力传承发展中国优秀传统哲学［J］. 理论视野，2017，000

（007）：1-1.

[40] 郭秀艳.让中华优秀传统文化"活"在当下[J].人民教育,2019（10）：2.

[41] 刘奇葆.坚定文化自信传承中华文脉[J].求是,2017（8）：6.

[42] 刘锋.改革开放40年来中国传统文化传承发展与党的理论创新互动探讨[J].学术探索,2018（9）：5.

[43] 徐晶晶.中华优秀传统文化的时代观照[J].中学政治教学参考,2023：19-21.

[44] 骆郁廷.论中华优秀传统文化价值观的现代转换[J].上海教育,2015（1）：1.

[45] 牛安生.党的思想建设的重大课题：弘扬中华优秀传统文化[J].学习论坛,2013（7）：4.

[46] 双传学,阚亚薇.中国特色社会主义实践的文化根基与传承维度[J].中国特色社会主义研究,2017（2）：7.

[47] 张安.让中华文化展现出永久魅力和时代风采——试论习近平关于中华优秀传统文化的思想[J].科学社会主义,2018（1）：5.

[48] 吴起民.群众路线与中华优秀传统文化的创新性发展：以冀鲁豫解放区为例[J].思想理论教育导刊,2023（1）：8.

[49] 范忠信.传统法治资源的传承体系建设与法治中国化[J].学习与探索,2016（001）：57-60.

[50] 王双群.中华优秀传统文化价值观的现代转化[J].湖北社会科学,2015（10）：5.

[51] 周颜玲,周向军.中华优秀传统文化视阈下我国主流意识形态建设理论研究[J].山东社会科学,2018（9）：6.

[52] 王易.马克思主义基本原理同中华优秀传统文化相结合的历史考察与时代要求[J].马克思主义研究,2022（3）：9.

[53] 安丽梅.中华优秀传统文化时代化——学习习近平关于中华优秀传统文化的重要论述[J].教学与研究,2020（6）：9.

[54] 宋玉静.中华优秀传统文化主要内容及其当代价值[J].沈阳农业大学

学报：社会科学版，2018，20（1）：4.

[55] 白云翔.传承中华传统美德与坚定文化自信［J］.山东社会科学，2021（9）：6.

[56] 姜珂.守望、融合与革新：从中华优秀传统文化透视提升文化自信之路［J］.河南社会科学，2019，27（5）：7.

[57] 郎劲松，陈曦.激活与出圈：中华优秀传统文化的全媒体传播［J］.电视研究，2021（11）：4.

[58] 黄基凤.中华优秀传统文化与国家认同培育的内在关系［J］.学校党建与思想教育，2019（14）：3.

[59] 刘茜茜张兵娟.智媒时代中华优秀传统文化的传播创新策略［J］.新闻爱好者，2022（8）：76-78.

[60] 魏勇.中华优秀传统文化创造性转化和创新性发展的逻辑进路［J］.中南民族大学学报：人文社会科学版，2022，42（7）：10.

[61] 王源.媒介融合视域下中华优秀传统文化具象化传播创新研究［J］.东岳论丛 2023（12）：45-51.

[62] 郭齐勇.优秀传统文化的传承与发展［J］.孔子研究，2017（01）：6-9.

[63] 王新刚.中华优秀传统文化"传承发展体系"建设初探［J］.思想理论教育导刊，2017，000（012）：85-89.

[64] 李凤亮，古珍晶.新时代中华优秀传统文化现代化转换的价值，路径及原则［J］.东岳论丛，2020（11）：9.

[65] 葛晨虹.弘扬中华优秀传统文化重在做好创造性转化和发展［J］.人民教育，2014（11）：2.

[66] 杨肇中.近年来马克思主义中国化与中华优秀传统文化研究述要［J］.毛泽东邓小平理论研究，2022（2）：12.

[67] 王泽应.论承继中华优秀传统文化与践行社会主义核心价值观［J］.伦理学研究，2015（1）：5.

[68] 阮晓菁，肖玉珍.习近平关于"中华优秀传统文化创造性转化，创新性发展"论述研究［J］.思想理论教育导刊，2019（1）：4.

［69］陆卫明冯晔.新时代中国共产党对中华优秀传统文化的传承与创新性发展［J］.探索，2021（006）：162-176.

［70］陈乙华，曹劲松.优秀传统文化时代创生的机理与路径［J］.南京社会科学，2021（10）：8.

［71］沈壮海，史君.传承发展中华优秀传统文化是文化自觉的时代体现［J］.中国高等教育，2018（7）：2.

［72］曹苗.中华优秀传统文化的创造性转化创新性发展研究——兼论中华优秀传统文化的基本精神［J］.理论探讨，2021（6）：7.

［73］周巍.论唯物史观推动中华优秀传统文化创造性转化创新性发展的作用［J］.学校党建与思想教育，2023（4）：86-89.

［74］洪晓楠，杨番.系统论视域下新时代中华优秀传统文化"两创"体系探析［J］.学习与探索，2021（9）：7.

［75］赵信彦，周向军.习近平关于中华优秀传统文化"两创"重要论述的内在逻辑［J］.当代世界社会主义问题，2021（3）：9.

［76］李洪峰.毛泽东用典：中华优秀传统文化创造性转化，创新性发展的典范［J］.毛泽东思想研究，2022（6）：11.

［77］胡孝红.中国共产党对中华优秀传统文化的创造性转化和创新性发展［J］.理论月刊，2021（12）：38-46.

［78］李宁.马克思主义基本原理同中华优秀传统文化相结合：百年思想演进［J］.东南大学学报（哲学社会科学版），2021（006）：14-22.

［79］齐文丽.文化自信语境下中华传统文化的创造性转化和创新性发展［J］.中学政治教学参考，2019（3）：3.